Enrico Galavotti – Piero Nigra

DIALOGO A DISTANZA SUI MASSIMI SISTEMI

Come conciliare il sistema federativo col socialismo democratico

Non credere che si possa diventare felici procurando l'infelicità altrui.
Lucio Anneo Seneca

Nato a Milano nel 1954, laureatosi a Bologna in Filosofia nel 1977,
già docente di storia e filosofia, Mikos Tarsis (alias di Enrico Galavotti)
si è interessato per tutta la vita a due principali argomenti:
Umanesimo Laico e Socialismo Democratico, che ha trattato in homolai-
cus.com
Per contattarlo info@homolaicus.com
Sue pubblicazioni: Amazon.it

Nato nel 1953 a Santhià (VC), Piero Nigra è un ex tecnico tessile ora
pensionato. Si diplomò a Biella, nel 1973, presso l'Istituto Tecnico Industriale per chimica tessile.
Per contattarlo PNigra@libero.it

Premessa

Questi testi sono frutto di uno scambio epistolare tramite posta elettronica tra i due autori (che nelle mail vengono qui definiti con le loro iniziali EG e PN), avvenuto dal settembre 2002 al marzo 2003.

L'occasione che ha fatto nascere il dibattito è stato un mio articolo dedicato al peccato originale, qui riportato integralmente.

Nigra inviò al sottoscritto anche due corposi articoli intitolati: *Il disegno della natura* e *Le autonomie comunitarie: «cellule sociali» per una vita migliore*, che non sono stati inseriti in quanto nel 2007 egli li ha sintetizzati in uno solo, dal titolo: *Il sistema federativo*, approfondendone notevolmente le tematiche, al punto che solo esso meriterebbe un altro dibattito sopra. Chi volesse comunque leggere gli altri due può consultare l'ipertesto nel sito homolaicus.com/politica/dialogo/

Le mail si fermano alla 15ma di Nigra perché il sottoscritto, interessato più che altro agli studi umanistici, non aveva competenze sufficienti per rispondere alle argomentazioni scientifiche dell'autore.

In generale posso dire che tutte le mail cercano di affrontare i seguenti interrogativi:

- Che cosa sono «Le autonomie comunitarie»? «Cellule sociali» per una vita migliore?

- Che cos'è il «Disegno della Natura»?

- Ha ancora senso parlare di «Socialismo Democratico»? Si può coniugare con un «Sistema Federativo»?

Si spera d'aver offerto un contributo a quelle associazioni, movimenti o partiti che vanno a pescare nel grande mare del *socialismo* le idee per curare i mali del nostro tempo.

Dio e il serpente:
dal collettivismo all'individualismo

Premessa

Nel libro del Genesi la colpa originaria dell'uomo, quella in forza della quale egli ha potuto abbandonare il comunismo primitivo e lanciarsi nell'avventura delle società divise in classi antagonistiche, non sta nell'aver voluto acquisire la conoscenza, poiché l'innocenza dell'uomo primitivo non era legata all'ignoranza, come d'altra parte non lo è oggi, né ha senso connettere la conoscenza alla colpevolezza.

L'unica vera ignoranza che aveva era quella sulle conseguenze ch'egli poteva subire su di sé se in luogo del collettivismo avesse scelto l'individualismo. Che poi una parte di conoscenza doveva averla, in quanto non gli sarebbe stato possibile cadere nella tentazione dell'individualismo se questa opzione esistenziale non fosse stata già praticata nel momento della scelta (a meno che non si voglia affermare che la caduta era inevitabile, in quanto nell'uomo esiste qualcosa d'imperfetto: cosa che però non spiegherebbe perché per milioni di anni l'uomo poté vivere in armonia con se stesso e con la natura). Il racconto del Genesi vuole rappresentare simbolicamente il mutamento avvenuto in uno stile di vita condizionato da uno stile di vita opposto. Ovvero il passaggio da una negatività di pochi a una di molti.

Per il resto l'ignoranza di Adamo era relativa al suo tempo storico, e la sua innocenza era consapevole, altrimenti non ci sarebbe stata colpa, ma solo inevitabile destino. Egli era perfettamente consapevole dei vantaggi del collettivismo, e questo tuttavia non gli impedì di metterli in discussione finendo con l'accettare l'individualismo.

La differenza tra ebraismo e paganesimo, nelle cosmogonie, sta proprio in questo: che la libertà umana nell'ebraismo gioca un ruolo rilevante. L'uomo non è mai obbligato a peccare, ma se lo fa, è obbligato a pentirsi, se vuole tornare a essere «umano». Non esiste un fato che lo induca a fare ciò che non vuole.

Ecco, in questo senso, se l'uomo contemporaneo accettasse consapevolmente il collettivismo libero, lo farebbe con una consapevolezza che l'uomo primitivo, prima di rompere col collettivismo, non poteva avere, se non indirettamente, osservando dall'esterno le forme individualistiche di quei soggetti che già avevano rotto con il collettivismo. Non per questo, tuttavia, la libertà dell'uomo contemporaneo sarebbe superiore a quella dell'uomo primitivo. Non è la consapevolezza di ciò che l'individualismo permette di fare che di per sé rende più liberi.

Il Genesi comunque non vuole essere una lode dell'ignoranza, in quanto sarebbe assurdo immaginare che il «frutto della conoscenza» fosse destinato a non essere mai mangiato. L'uomo primitivo avrebbe potuto beneficiare dei vantaggi dell'individualismo senza per questo dover rompere con la prassi del collettivismo. L'antinomia individuo/comunità è falsa, poiché la colpa sta proprio nell'aver voluto contrapporre l'individuo alla comunità, cioè di «aver scelto» una valorizzazione unilaterale dell'individuo senza passare attraverso la mediazione del collettivo. Si badi: qui non si vuole considerare il collettivismo in maniera astratta; il passaggio all'individualismo dipese in buona parte anche da alcuni elementi di crisi che necessitavano d'essere risolti. La scelta a favore dell'individualismo dipese appunto dal fatto che non si volle cercare nelle modalità del collettivismo la soluzione delle contraddizioni che ad un certo punto si erano sviluppate in questa formazione.[1]

Il Genesi comunque non ha l'intenzione di rievocare nostalgicamente il periodo infantile e primitivo dell'umanità, poiché se è indubbiamente un testo che guarda al passato, essendo stato scritto in un periodo storico di crisi e di decadenza, esso ha anche un'esigenza volta verso il futuro, com'è tipico della cultura ebraica (che, proprio per questa ragione, è sempre stata una delle culture più avanzate della storia). Il Genesi infatti non rappresenta tanto la rievocazione della felicità perduta, quanto il desiderio di ritrovarla.

Dunque, la felicità è stata perduta non perché l'uomo ha acquisito la consapevolezza del male, ma perché, nell'acquisirla, ha rotto un rapporto di solidarietà (i credenti qui usano l'espressione «comunione con dio»). L'uomo primitivo si è cioè staccato dalla comunità d'origine in modo arbitrario, affermando un potere personale, individuale (acquisito, in questo caso, attraverso la violazione di un divieto), contro le consuetudini vigenti nell'ambito della comunità. La contrapposizione quindi non è tra ignoranza e conoscenza, ma tra *solidarietà* e *arbitrio*, tra collettivismo e individualismo. E il divieto era appunto relativo alla pericolosità di un certo modo di vivere l'individualismo, anche se proprio la sua presenza «giuridica» era già indice di una tentazione o di una debolezza interna al collettivo.

Certo, si può qui obiettare che la consapevolezza piena del male

---

[1] Su questa difficoltà peraltro s'innesta la strumentalizzazione da parte dell'ideologia religiosa: il secondo racconto della creazione degli esseri umani si sovrappone al primo perché voluto dal clero.

non avrebbe potuto essere acquisita se l'uomo non ne avesse fatto diretta esperienza. In tal senso la minaccia del castigo della «morte» poteva essere colta dall'uomo collettivista solo nel suo significato simbolico, come qualcosa di «terribile» che gli sarebbe potuto accadere se avesse scelto la strada dell'individualismo.

Tuttavia, l'uomo collettivista non aveva bisogno di vivere l'esperienza dell'arbitrio per comprendere la differenza tra il bene e il male. Questa differenza già la conosceva, altrimenti non ci sarebbe stata neppure la tentazione di trasgredire il divieto. E, in un certo senso, egli conosceva anche gli effetti della trasgressione, benché non ancora su di sé come entità collettiva. L'uomo può vedere al di fuori di sé gli effetti del male senza per questo doverlo compiere.

Non si può sostenere che il divieto non avesse alcun senso, in quanto la consapevolezza della sua gravità l'uomo avrebbe potuto capirla solo dopo averlo trasgredito. Doveva già esistere una consapevolezza della colpa, solo che questa colpa era stata compiuta da soggetti esterni alla comunità o che dalla comunità erano già usciti. E lo stile di vita che questa colpa aveva generato costituiva una tentazione per quel collettivo che ancora non l'aveva compiuta.

L'albero della vita, cioè del bene, e l'albero della conoscenza del bene e del male potevano tranquillamente coesistere nel medesimo giardino. Si trattava soltanto di non cedere alla tentazione di stabilire autonomamente, senza la mediazione del collettivo, la differenza tra bene e male.

Sarebbe comunque sbagliato sostenere che la trasgressione, essendo già presente in qualche modo l'individualismo, fosse inevitabile. Il racconto vuole appunto dimostrare che, pur in presenza del «serpente», si trattò di compiere una *libera scelta*, cioè una scelta che avrebbe potuto essere evitata. Se non ci fosse stata la libertà di scegliere, cioè di assumersi una responsabilità personale, l'uomo non avrebbe potuto pentirsi della scelta compiuta, poiché non l'avrebbe colta col senso di colpa.

Indubbiamente, la necessità del «divieto» attesta di per sé la presenza di una crisi all'interno della comunità: la perdita di una credibilità; una crisi però non così vasta e profonda da determinare il passaggio inevitabile all'individualismo. Il divieto è sempre una soluzione transitoria, in attesa che maturi una responsabilità personale. Probabilmente la soluzione individualistica, scelta al principio da un ristretto numero di persone, stava cominciando a radicarsi, a trovare sempre più seguaci. Finché tuttavia essa rimase patrimonio di una minoranza, il dramma fu scongiurato. Il Genesi racconta proprio i due atti di questo dramma: il prima della minoranza e il dopo della maggioranza.

Prima del divieto la crisi della comunità si era manifestata in altri due modi:

- il bisogno da parte dell'uomo di un rapporto più stretto con gli animali, ovvero il bisogno di determinare la propria identità dando un'identità specifica a quella degli *animali* (si può forse qui intravedere la volontà di addomesticare gli animali per un profitto o un potere personale);[2]

- il superamento di questo rapporto strumentale non col recupero della dimensione collettivistica, ma con la valorizzazione di un elemento del collettivo: la *donna*, ovvero col bisogno di far prevalere il rapporto personale-privato su quello collettivo-sociale. In questo senso, il racconto che pone la creazione della donna dopo quella dell'uomo è più interessante dell'altro, poiché fa capire la dinamica di uno sviluppo progressivo negativo.

La crisi della comunità ha origine all'interno della comunità stessa, per motivi che solo con la libertà umana si possono spiegare. Quando gli uomini hanno cominciato a cercare delle soluzioni individualistiche ai loro problemi di «senso», essi hanno finito per accettare anche quelle esterne alla comunità.

Continuamente, nella storia dell'umanità, si ripropone il problema di come conciliare in modo adeguato l'individuo e la comunità. Spesso le soluzioni che si danno a questo problema propendono per un eccesso o per un altro: vivere maggiore collettivismo con minor autonomia personale, oppure, al contrario, vivere maggiore autonomia con minor collettivismo.

L'obiettivo della scienza è correlato a questo problema: è preferibile un socialismo con una scienza circoscritta, controllata, oppure è meglio un individualismo con una scienza illimitata, senza controlli? Nel socialismo la scienza dovrebbe essere acquisita gradualmente, rispettando i tempi di crescita dell'intera collettività. Nell'individualismo invece questa preoccupazione non esiste, per cui i guasti, gli errori che si compiono sono innumerevoli.

Il «peccato» dell'uomo non è stato tanto quello di voler diventare

---

[2] Adamo avverte, ad un certo punto, il bisogno di dare un nome agli ani-mali perché si sentiva solo. Cioè il bisogno di dare un nome (un significato alle cose) partiva da una perdita d'identità. Le cose, per lui, non erano più significative come prima. Il linguaggio è stato dunque il frutto di una debolezza ontologica (vissuta anzitutto a livello individuale). E l'uomo ne era consapevole, poiché il rapporto con gli animali non è appagante. Solo il rapporto con Eva libera, temporaneamente, Adamo dall'angoscia esistenziale e dall'illusione di aver trovato il senso nelle cose mediante il linguaggio.

«come dio», quanto piuttosto di diventarlo contro l'umanità stessa dell'uomo, cioè contro il suo simile e, in fondo, contro se stesso. È stato quello di non aver voluto rispettare alcuna legge obiettiva, alcuna necessità naturale e sociale, di aver voluto trasgredire un divieto contro la volontà della comunità. È stato quello di aver voluto porre una pretesa, una libertà, senza averne la responsabilità adeguata; quello di aver voluto diventare «come dio» prima del momento necessario, che solo la storia può decidere. La storia dell'uomo «arbitrario» è stata un continuo tentativo di cancellare le tracce dell'esperienza comunitaria primitiva, e nel contempo un continuo tentativo di riprodurre quell'esperienza in modo conforme alle mutate esigenze e modalità storico-sociali.

Analisi della «caduta»

L'albero della vita rappresenta, in un certo senso, il comunismo primitivo; l'albero della conoscenza è la possibilità dell'individualismo, che è sempre presente, anche nel comunismo primitivo. Nell'innocenza si è liberi, anche se non si è in grado di stabilire con esattezza (per inesperienza) dove sta il bene e dove il male, in quanto ancora non si conosce a fondo il male dell'individualismo. Si sa soltanto che esiste una comunione da rispettare.[3]

La mela forse può rappresentare il tentativo di attribuire un inedito primato all'*agricoltura* (ai frutti della terra ottenuti autonomamente e artificialmente) e quindi necessariamente a una qualche forma di *proprietà esclusiva*, rispetto a quella comune, o rispetto alla raccolta libera dei frutti (nella foresta) e anche rispetto all'allevamento (rapporto di Adamo con gli animali), in cui si escludeva a priori la proprietà privata, recintata.

La donna sarebbe dunque il simbolo della parte debole che nella comunità d'origine (boschiva) scopre l'importanza economica dell'agricoltura, e che cerca in una parte forte della medesima comunità l'appoggio politico per rivendicare un diritto esclusivo.

La risposta della donna al serpente (che rappresenta la giustificazione della tentazione dell'individualismo, non scevra da una mistificazione di tipo religioso) testimonia della presenza di una certa consapevolezza della differenza tra il bene e il male: Eva sa da un lato che non di «tutti» ma solo di «un albero» non debbono mangiare i frutti, e dall'altro sa che se trasgrediscono il divieto andranno incontro a una grave punizione, quella di essere espulsi dalla comunità.

---

[3] Da notare che una conoscenza approfondita del male, frutto di un'esperienza molto negativa, inevitabilmente riduce la percezione del valore del bene.

Se il vero «peccato» è quello ch'esiste nella consapevolezza di farlo, allora questo significa che la scelta dell'individualismo era già stata fatta, e la presenza del serpente stava lì a testimoniarlo. Solo che quella scelta ancora non era dominante, non aveva ancora avuto la forza d'imporsi sulla vita collettivistica. Ciò che Eva ancora non conosce sono tutte le conseguenze della trasgressione su di sé, anche se la presenza del divieto categorico stava ad indicare che le conseguenze sarebbero state drammatiche (il testo usa la parola «morte»).

Il «male» rappresentato dal serpente è sempre una forma di astuzia che inganna l'innocenza, la buona fede. In particolare, l'astuzia deve servirsi di una norma morale positiva, reinterpretandola negativamente: un compito tipico della religione, il cui linguaggio mistico è suscettibile di interpretazioni non scientifiche, non verificabili. Per il serpente «tutti gli alberi non dovevano essere mangiati». La donna s'accorge della falsità della domanda e la corregge precisando il vero obbligo, come prima si è detto.

Il serpente reagisce in due modi: 1) esclude la necessità della punizione («non morirete affatto»), 2) chiarisce, a suo modo, il motivo del divieto («dio non vuole che diventiate come lui, conoscitore del bene e del male»). In pratica esso mira a porre in contrasto le esigenze del collettivo con quelle dell'individuo, cioè l'oggettività dei fatti con la libera volontà degli uomini. Il divieto – vuol far capire il serpente – è funzionale a una gestione della comunità contraria agli interessi dei singoli individui. La comunità va superata perché opprime l'uomo. Il serpente (cioè la coscienza individualistica dell'uomo) ha dovuto affermare una menzogna credibile, che avesse la parvenza della verità.

Va detto, tuttavia, che se una parte (minoritaria) della comunità, separandosi da questa, aveva imparato a conoscere la differenza tra il bene del collettivismo e il male dell'individualismo, ciò significa che la rottura di Adamo non rappresenta tanto gli inizi delle società antagonistiche, quanto la loro piena affermazione, in netto contrasto con le dinamiche sociali delle società collettivistiche primitive (non dimentichiamo che la stesura del Genesi risale al VI sec. a.C.).

Che la comunità fosse in crisi è attestato da due aspetti: 1) la perdita d'identità dell'uomo e 2) la presenza del divieto.

Nel testo l'importanza attribuita alla donna, quale entità singola, emerge nel momento in cui comincia a declinare quella dell'uomo collettivo, il quale, per ritrovare la propria identità o verità di sé (che si era indebolita), si era relazionato, prima ancora di valorizzare la donna singola, col mondo animale, fallendo nel tentativo: è sintomatico che l'uomo dia un nome agli animali nel momento in cui sente di perdere la propria identità. È altresì evidente, nel racconto mitico, che è la donna ad aiutare l'uomo, sul piano privato-personale, a ritrovarla, anche se tale ritrovamento non impedirà all'uomo di scegliere l'individualismo. Anzi è proprio il rapporto con la donna, vissuto in maniera unilaterale, esclusiva, che porta l'uomo ad accettare meglio la via dell'individualismo (la famiglia vissuta come forma di esclusione dal collettivo). La donna, come prima gli animali, è soggetta a una strumentalizzazione da parte dell'uomo ogni volta che l'uomo la mette in antitesi all'interesse della comunità.

Il divieto avrebbe lo stesso scopo della donna, ma sul piano sociale: esso serve per rinsaldare la coscienza di un uomo in crisi, che si angoscia a causa delle possibilità che la sua libertà gli offre; esso, in maniera formale, non sostanziale, ha lo scopo di farlo sentire più unito alla comunità. Il «peccato» non sta nella debolezza esistenziale, poiché la debolezza è parte costitutiva dell'identità umana, che non può percepire o vivere il senso delle cose con un'intensità sempre uguale, ma sta proprio nel fare di questa debolezza un motivo di orgoglio o, al contrario, di disperazione, tale per cui ad un certo punto scatta il meccanismo della estraniazione.

Nel rispetto del divieto l'uomo può nuovamente rendersi conto delle proprie capacità o responsabilità, riacquistare fiducia nel proprio ruolo, sentirsi più realizzato, almeno finché non avrà interiorizzato il bene, rendendo inutile il divieto. L'uomo pone un limite alla sua responsabilità personale solo quando s'accorge che le possibilità di modificare arbitrariamente una consuetudine esistente da tempo sono ad un certo punto diventate troppo grandi: è così che subentra la rassegnazione, l'avvilimento, ma anche appunto la tentazione della trasgressione.

È in questo contesto d'incertezza, di precarietà morale, di sfida alle istituzioni che avviene l'abbandono del comunismo primitivo. Per compiere la rottura, l'uomo ha dovuto darsi delle giustificazioni soggettive, che nella fattispecie sono di tre tipi, in ordine d'importanza. L'albero della scienza era: 1) «buono» (il piacere fisico), 2) «bello» (il piacere estetico), 3) «desiderabile» (il piacere intellettuale).

L'ultimo «piacere» è quello che fa scattare, in definitiva, la trasgressione: l'uomo potrà acquisire la libertà attraverso il potere di decidere, autonomamente, senza la mediazione collettiva, ciò che è bene e ciò che è male. Qui sta una delle più profonde illusioni delle società divise in classi, quella cioè di ritenere che la libertà non sia tanto l'esperienza sociale del «bene», quanto la possibilità individuale di scegliere tra il bene e il male. Una delle grandi differenze tra il comunismo primitivo e la società divisa in classi sta proprio nella pretesa di voler considerare la libertà individuale superiore alla vita sociale, o meglio: quella di far coincidere *conoscenza del bene e del male* ed *esperienza del bene* dal punto di vista della mera conoscenza, cioè di far coincidere arbitrio e libertà a partire dall'arbitrio.

Viceversa, il testo documenta che con la trasgressione l'uomo non si rende conto della propria libertà (che ha già perso), ma delle conseguenze del proprio arbitrio. Egli infatti perde l'innocenza e acquista la colpa, di cui si angoscia. Si badi, non diventa colpevole per aver acquisito la scienza del bene e del male, ma per averla acquisita in modo arbitrario. La colpa non sta tanto nel «sapere» quanto nel «volere arbitrario».

La vita, in realtà, è superiore alla conoscenza, tant'è che nell'innocenza l'ignoranza del male non era avvertita come un peso. La contraddizione di Adamo non stava tra la realtà del divieto e la possibilità della trasgressione, non stava tra innocenza e ignoranza, ma stava nella consapevolezza di non riuscire più a identificarsi totalmente con la comunità, stava nella perdita progressiva dell'identità, cui non riusciva ad opporre una vera forza morale.

Oggi, il compito, estremamente difficile, dell'uomo è diventato proprio questo: tornare a vivere il bene del comunismo primitivo nella consapevolezza dei limiti dell'individualismo.

Tuttavia, la vera colpa d'origine non sta solo nella trasgressione ma anche e soprattutto nel rifiuto del pentimento. Dal primo gesto al secondo vi sarà stato senz'altro un periodo di tempo sufficiente per recuperare l'identità originaria.

Che tale identità potesse ancora essere recuperata è indicato dalla presenza del *giudizio*. Nella colpa, infatti, l'uomo può rifiutare il pentimento ma non può sfuggire al giudizio. Nel rifiuto del pentimento il senso di colpa aumenta all'aumentare del giudizio. Non solo l'uomo non può nascondersi, ma neppure mentire: l'uomo cioè si «nasconde» non perché si sente «nudo», ma perché avverte la propria «nudità» con colpevolezza, in quanto si sente un estraneo rispetto alla comunità innocente. Il rifiuto del pentimento è appunto indicato dal triplice tentativo di sottrarsi al giudizio, per attenuare il senso di colpa:

- nascondendosi (fisicamente), poiché ci si vergogna della propria sessualità, vissuta non più liberamente ma per affermare una identità personale, prevalentemente fisica;

- scaricando la responsabilità sulla parte «debole» della comunità (rappresentata da Eva): qui l'uomo attribuisce all'individualismo femminile la causa della propria rottura col collettivo, come se la donna l'avesse indotto ad anteporre al rapporto con la comunità il rapporto di coppia;

- scaricando la responsabilità su una «causa esterna» (il serpente), cioè l'individualismo già in atto al di fuori della comunità.

Postilla

Successivamente alla caduta adamitica, il concetto di «alleanza» tra uomo e dio altro non sarebbe servito che a recuperare, in forma religiosa o simbolica, quel rapporto concreto di fratellanza che esisteva nella società primitiva e che nella nuova società antagonistica (rappresentata dal mito di Caino e Abele) veniva messo seriamente in discussione. Già dalla semplice domanda che Caino rivolge a Jahvè: «Son forse io il custode di mio fratello?» (Gn 4,9), si può cogliere quanto il racconto di Caino e Abele rifletta un'epoca in cui comincia a imporsi l'individualismo, ovvero l'antagonismo sociale. Infatti, nel comunismo primordiale sarebbe parso del tutto naturale che all'interno della tribù tutti avvertissero la responsabilità del comportamento altrui.

In particolare la rivalità tra i due fratelli (che forse anticipa anche quella tra primogenito e secondogenito) esprime quella tra due forme socioeconomiche di esistenza materiale: *agricola* e *pastorale*, che tendono progressivamente a specializzarsi, a separarsi, a rivendicare una diversa autonomia. Il fatto che Jahvè preferisca i sacrifici dell'allevatore Abele, deve farci pensare che questa classe sociale fosse in ascesa, mentre l'altra svolgeva un ruolo tradizionale consolidato, oppure il redattore ha voluto far capire che l'affermazione dell'agricoltura privata era di ostacolo alla sicurezza dell'allevamento, sempre bisognoso di campi non recintati.

I coltivatori detenevano il monopolio della terra o comunque volevano ampliare i loro possedimenti per affrontare meglio le crisi e non sopportavano di doverla dividere con gli allevatori. S'imposero ad un certo punto le recinzioni, le prime forme di proprietà privata, mentre gli allevatori, costretti ai continui spostamenti delle mandrie, avevano invece bisogno di terreni pubblici, aperti a tutti. Caino rappresenta quella parte di comunità che vuole privatizzare la terra e che vuole fare della propria stanzialità un privilegio sociale, mentre Abele rappresenta la comunità nomade dedita all'allevamento.

Poiché gli allevatori erano economicamente più deboli degli agricoltori, fu proprio in loro che si sviluppò una concezione religiosa più spiritualistica, con cui cercare i favori dei capi-tribù, e che prevedeva il sacrificio degli animali, mentre quella di Caino restava di tipo naturalistico: l'offerta di cibi della terra. Il racconto dà per scontato che la religione già esistesse, essendo essa il frutto del peccato originale. Quindi al tempo di Caino e Abele la società era già impostata in modo patriarcale o comunque stava evolvendo in quella direzione. Agricoltori e allevatori facevano parte di un unico collettivo, dove però vigeva la differenziazione dei ruoli economici: l'ingrandirsi progressivo di quello degli allevatori, che evidentemente traevano maggiori guadagni che non lavorando la terra (a meno che all'allevamento non fossero sempre più costretti a causa di insufficienti risorse agricole), venne ad un certo punto a confliggere con gli interessi degli agricoltori.

Il capo-villaggio (patriarca), che aveva bisogno di veder aumentare il senso religioso, con cui tentare, illusoriamente, di ricomporre i conflitti sociali, preferisce cercare un'alleanza con la classe emergente, per ridurre il potere di quella consolidata, mostrando la maggiore eticità di chi offre di più pur avendo meno, e in maniera particolare esalta un'offerta votiva rivolta non alla terra ma a un'entità astratta, che somigli di più non a una «madre» ma a un «padre», a un «padre-padrone», cioè in sostanza a lui stesso. Il patriarca ha saputo approfittare di un delitto per aumentare il proprio potere.

Caino diventò assassino perché cercò una giustizia personale a una contraddizione sociale. Non voleva rassegnarsi a cedere parte del proprio potere monopolista. E il patriarca ebbe buon gioco nel cacciarlo dal villaggio per non far scoppiare una guerra intestina tra agricoltori e allevatori. Impedì a chiunque di ucciderlo, anche per scongiurare che la proprietà privata prendesse decisamente il sopravvento su quella collettiva, ma Caino, non potendo svolgere più il mestiere dell'agricoltore, divenne «costruttore di città» (Gn 4,17), dove l'individualismo e la proprietà privata avrebbero trovato ben ampie possibilità di realizzazione.

*

Ora, tornando al peccato d'origine, va detto che le sue conseguenze sono state esattamente corrispondenti alla natura delle tre tentazioni:

- la nudità sentita come vergogna fa da contrappasso al piacere della carne;

- la morte sentita come paura va messa in relazione al piacere degli occhi, alla percezione di sé come persona;

- la coscienza sentita come colpa va messa in relazione al piacere della mente.

Si può in un certo senso affermare che esiste qui una progressione delle forme narcisistiche della vita individualistica: quella elementare relativa al culto del proprio fisico, quella più sofisticata relativa al culto dell'immagine di sé come persona, e infine quella più elevata di tutte: il culto dell'idea in sé, elaborata con la propria mente. Si passa dal concreto all'astratto.

1. La nudità sentita come vergogna lega il sesso alla colpa, cioè dalla primordiale inimicizia tra singolo e comunità si passerà, nell'ambito dell'individualismo e a livello personale, all'inimicizia tra psiche e soma, tra coscienza e istinto, che troverà un riflesso concreto nell'inimicizia tra uomo e donna.

Il senso di estraneità del singolo nei riguardi del collettivo porterà ad avvertire la nudità in maniera innaturale: essa diventa occasione di possesso egoistico del corpo. Il corpo cioè appare come un oggetto, come una proprietà personale per il soddisfacimento sessuale. L'identità non viene più ricercata nell'esperienza del collettivo, in cui tutto era «naturale» (nudità, sessualità, ecc.), ma nel rapporto fisico di coppia.

2. L'angoscia della morte, o meglio, la morte avvertita come paura è la conseguenza della debolezza fisica di chi è uscito dal collettivo. Alla paura della morte si cerca di porre come rimedio esclusivo la procreazione. La donna comincia ad essere vista in maniera strumentale, come oggetto della riproduzione fisica. Viceversa, nella comunità primitiva la donna era anzitutto vista come «compagna» («osso delle mie ossa e carne della mia carne») e se alla sua funzione procreativa si attribuiva un valore significativo, ciò avveniva nella consapevolezza che i figli appartenessero alla comunità in generale, non alla coppia né alla stessa donna. Nella comunità d'origine non c'era ancora il bisogno di salvaguardare la specie o di lasciare un'eredità o di trasmettere i poteri ai propri discendenti. L'amore tra uomo e donna precedeva nettamente il bisogno di procreare e la morte era avvertita come un fenomeno del tutto naturale.

3. Il senso di colpa avvertito nella coscienza non si trasmette geneticamente. Si ereditano piuttosto le conseguenze della colpa. Oggi, ad es., le comunità primitive, che non conoscono il senso del peccato, subiscono ancora le sue conseguenze, poiché tutta l'umanità si è unificata sotto il capitalismo. Ciò peraltro pone il problema di come far uscire tutta l'umanità da questa moderna schiavitù, riportandola allo spirito collettivistico originario.

A queste conseguenze, che colpiscono l'essere umano dall'interno, l'autore del Genesi ne aggiunge altre due, che lo colpiscono dall'esterno:

- *il lavoro è sentito come condanna.* Nell'Eden l'uomo lavorava come persona libera, fuori dell'Eden deve farlo perché costretto. Ora l'uomo si sente solo nel suo rapporto con la natura, perché in realtà avverte il proprio simile come un «nemico». Non è più la comunità intera che provvede alla sussistenza di tutti i suoi membri (anche in tutte le mitologie pagane il lavoro è compito dello schiavo);[4]

- *la procreazione è sentita come dolore*, ovvero la soggezione della donna nei confronti dell'uomo, ivi inclusa la difficoltà di sopportare condizioni socio-ambientali sfavorevoli. Oggi in fondo la contraccezione, che separa meccanicamente l'amore dalla procreazione (ed eventualmente anche il sesso dall'amore), rappresenta anche un modo, artificiale, di recuperare la naturalezza dei rapporti primitivi, in cui la procreazione non era avvertita come un peso della coppia, ma come un aspetto imprescindibile della comunità, di cui tutta la comunità era responsabile. Tuttavia è un recupero effimero, in quanto è proprio la contraccezione che favorisce l'uso strumentale del corpo.

Nella donna la contraddizione assume un connotato particolare. Essa si sente attratta e respinta dalla forza dell'uomo: attratta, perché la protegge; respinta, perché vede l'uomo come un nemico che la vuole opprimere. Nella coscienza della donna si riflette l'antagonismo vissuto a livello sociale: essa ha bisogno della protezione di un singolo contro le minacce di altri singoli, ma il singolo che la protegge spesso non è molto diverso dai singoli che la minacciano. Ciò che qui manca è la comunità, che garantisce protezione a se stessa, senza fare differenze fra chi «è tenuto a proteggere» e chi «deve essere protetto».

Il concetto del «male» nel peccato d'origine

Qualunque definizione del «male» come entità a sé o come sostanza separata o autonoma rispetto al bene, comporta il rischio di un atteggiamento qualunquistico nei confronti delle contraddizioni antagonistiche. Non solo, ma il sostenere (come vuole Agostino) che «il male è assenza di bene» non è ancora sufficiente per persuadere circa la necessità di una transizione, almeno finché non si chiarisce che l'assenza non può mai ipostatizzarsi.

Il male è sempre frutto di una libertà, seppur usata negativamente. Sotto questo aspetto il serpente dell'Eden, posto come tentazione esterna alla donna, ha senso soltanto se lo si considera come il simbolo di un antagonismo che precedeva la caduta: nel senso che la donna si è lasciata sedurre da una tentazione ch'era già stata posta, come esperienza di vita, prima della trasgressione all'interno della comunità primitiva.

---

[4] Nella *Politica* (I, IV) Aristotele fonda la schiavitù sul presupposto che le differenze tra gli uomini sono originarie e non sociali, per cui chi è destinato a lavorare lo è anche a essere dominato. Il lavoro nel mondo greco-romano non è una forma di realizzazione personale, di espressione della personalità umana.

Il suo peccato può essere definito di «origine» solo nel senso che quel tipo di peccato dà sempre origine a un antagonismo sociale nell'ambito di un collettivo, il quale fino a quel momento poteva conoscere l'antagonismo solo come realtà esterna, non avendolo ancora vissuto come realtà interna.

Gli uomini hanno esercitato la loro libertà fin dal momento in cui si sono separati dal mondo animale. Il frutti negativi di questa libertà sono tanto più aumentati quanto meno si è cercato di ostacolarli.

La caduta adamitica altro non vuole rappresentare che la drammaticità di un male il cui spessore è diventato troppo consistente per poter essere affrontato con superficialità. Tant'è che il male, come realtà esterna, per potersi affermare anche come realtà interna, ha dovuto usare una sottile menzogna, quella appunto di voler far credere che la trasgressione avrebbe prodotto il contrario di ciò che ci si sarebbe dovuto aspettare.

Ed è noto che tanto più facilmente il male riesce a far breccia nella coscienza dell'uomo quanto più questi si trova a vivere in condizioni precarie, difficili, ambigue. La caduta di Adamo in fondo rappresenta la crisi progressiva di un collettivo che non aveva più fiducia nelle proprie risorse, in quanto si trovava a vivere in una situazione di sbandamento, di indeterminatezza, in cui s'imponeva, con urgenza, la necessità di assumere delle decisioni risolute a favore del recupero dell'identità originaria, pena il rischio di perdere tutto.

Quell'Adamo che dapprima cercò un rapporto di dominio con gli animali e che poi si sentì indotto a cercare nella donna il senso della propria identità (non trovandolo più in se stesso), e che infine si trovò costretto da un divieto a dover rispettare una proprietà collettiva che avrebbe voluto privatizzare (il giardino dell'Eden) - è un soggetto che ben rappresenta le varie fasi di una crisi progressiva, profonda, che ha determinato il passaggio dal comunismo primitivo allo schiavismo.

Chi dunque arriva a sostenere che lo spessore del male, in conseguenza di quella colpa d'origine, è diventato talmente grande da rendere impossibile una sua piena rimozione, facilmente sarà indotto ad affermare che il male è un'entità a sé stante. Esattamente come Adamo accusò Eva e questa il serpente.

In realtà il male non esiste come entità autonoma; esiste soltanto l'uomo con la sua libertà. La libertà può compiere scelte negative e queste scelte possono fossilizzarsi in strutture che condizionano anche molto pesantemente il libero arbitrio, inducendo quest'ultimo a riprodurre, se non a perfezionare, le strutture di male in cui esso vive.

Tuttavia l'essere umano non è mai in grado di compiere per puro istinto delle azioni di male, a meno che non le compia nella più totale inconsapevolezza, come nei bambini privi di raziocinio o nei folli, o anche negli adulti sani di mente che vivono molto superficialmente; ma questa possibilità, se esiste, è limitata nel tempo. Essendo costituito di libertà, l'essere umano, per poter compiere il male, ha prima bisogno di operare una scelta consapevole, più o meno profonda. Ecco perché nessuno può sostenere di aver compiuto il male semplicemente per obbedienza e pretendere di essere creduto.

Sono le convinzioni mentali, per lo più ereditate da determinati stereotipi culturali, che inducono sul piano esistenziale a compiere scelte negative. Chi non accetta di rivedere la logica delle proprie idee e della propria cultura, conferma quella profonda tesi cristiana che dice: «Il male esiste solo per chi lo vuole». Cioè esiste ontologicamente solo se vi si aderisce personalmente.

È ben noto comunque che la grandezza dell'essere umano sta anche nella capacità di saper trarre il bene dal male più profondo.

Il dogma del peccato d'origine e la proprietà privata

Sul piano metaforico, equiparando il concetto di «dio» alla situazione storica del «comunismo primitivo», non sarebbe sbagliato sostenere che il peccato più grave dell'umanità è stato quello di aver affermato il principio dell'individualismo (che ha generato anzitutto lo schiavismo) contro quello del collettivismo.

Forse si potrebbe addirittura sostenere che nel racconto la donna rappresenta l'esigenza di stanzialità e quindi di privatizzazione dei frutti della terra contro la prassi dominante del nomadismo, in cui l'uomo raccoglitore-cacciatore si riconosceva da millenni.

Tuttavia il dogma cattolico del peccato originale, che si trasmette attraverso la concupiscenza, induce inevitabilmente l'uomo alla rassegnazione, ovvero a sperare solo nella libertà *post-mortem*.

È fuor di dubbio invece che gli uomini, già sulla terra, dovranno tornare al collettivismo, poiché sotto l'individualismo la tendenza è quella della distruzione dei rapporti umani e dei rapporti con la natura e quindi, in definitiva, è quella dell'autodistruzione.

Fino ad oggi l'umanità non ha fatto altro che sperimentare varie forme di società individualistiche: schiavismo, servaggio, capitalismo... Lo stesso socialismo amministrato è stato una forma autoritaria di individualismo: il capo dello Stato-partito era un despota, esisteva una nomenklatura privilegiata, la burocrazia schiacciava le esigenze sociali, ecc.

Il collettivismo o è libero o non è, o è accettato consapevolmente dai suoi componenti, oppure è una forzatura.

Tuttavia, affinché venga accettato liberamente, *conditio sine qua non* è la fine della proprietà privata dei mezzi produttivi: è proprio questa infatti che toglie, a chi non ne dispone, il diritto di vivere.

La proprietà privata o è per tutti, nel senso che a tutti viene effettivamente garantita, oppure è sempre e solo di pochi privilegiati o di persone senza scrupoli.

È ovvio che nella misura in cui una proprietà privata venga assicurata a chiunque la voglia, lo stesso concetto di «proprietà privata» viene ad assumere un significato molto diverso da quello attuale.

Oggi ci si appropria di un bene senza preoccuparsi minimamente di sapere se altre persone abbiano l'esigenza di fare la stessa cosa. Non solo, ma oggi ci si appropria di un bene fingendo di non sapere che certi beni non possono essere posseduti senza fare, nel contempo, un danno a qualcuno (si pensi p.es. alle materie prime, alle fonti energetiche, ecc.).

In via generale dovrebbe valere il principio secondo cui va garantita la proprietà personale finché tale proprietà non viene usata per sfruttare il lavoro altrui, oppure finché il diritto altrui di vivere viene rispettato anche a prescindere da tale proprietà.

Adamo e la pena di morte

Il racconto del Genesi sulla «caduta» del primo uomo, risulta essere particolarmente contrario all'uso della pena di morte.

In una qualunque altra tradizione culturale, relativa all'epoca in cui è stato scritto quel racconto, un trasgressore della legge come Adamo sarebbe stato certamente punito con la morte (se il governo avesse deliberato che cogliere mele da un determinato albero fosse un reato grave).

L'autore del racconto doveva invece essere favorevole a una forma di pena rieducativa, che implicasse il recupero del colpevole (ciò che nel racconto non avviene però in maniera integrale, in quanto il paradiso è «perduto» per sempre).

Singolare è il fatto che l'autore è anche contrario a usare la sentenza capitale nei confronti dell'assassino Caino. Sotto questo aspetto, e messo in relazione al suo tempo, il racconto ha dei contenuti decisamente democratici e innovativi.

Ciò che con esso si vuole evitare è l'idea che, nei confronti dei reati umani, si possa compiere una sorta di giustizia sommaria, ovvero l'idea secondo cui l'unico modo per ottenere giustizia è quello di esigere una vendetta, un risarcimento pari al danno arrecato.

Produzione e riproduzione

Con la nascita del genere umano si ha l'impressione che la natura abbia realizzato una duplice svolta: da un lato ha trasformato l'animale in quanto «prodotto di natura» in un essere umano «produttore naturale», in grado cioè di modificare sensibilmente e in maniera consapevole l'ambiente; dall'altro ha obbligato questo produttore ad autoriprodursi, per sfuggire a un destino di «morte».

La facoltà di riproduzione è strettamente connessa con un limite temporale di sopravvivenza dell'essere umano (come individuo singolo) e della sua stessa specie, in quanto l'ambiente in cui questa specie vive non è destinato a durare in eterno.

Forse non è azzardato dire che con la nascita dell'essere umano la natura ha raggiunto le sue massime possibilità produttive, nella consapevolezza dell'imminenza dello scadere di un tempo prefissato.

Indubbiamente la presenza di un corpo fisico è *conditio sine qua non* per la riproducibilità dell'essere umano. Non si comprende tuttavia il motivo per cui la natura abbia prima prodotto un essere intelligente, unico al mondo, e poi lo abbia dotato della facoltà della riproducibilità mediante un corpo soggetto a caratteristiche negative quali i bisogni, l'invecchiamento, la malattia e la morte.

Quello che non si capisce è se queste caratteristiche negative sono un prezzo che l'essere umano deve pagare a causa della propria riproducibilità o a causa della propria unicità nel cosmo.

Qui si ha l'impressione che il passaggio non sia avvenuto da animale a uomo, poiché l'animale non è produttore ma prodotto, ma da produttore irriproducibile a produttore riproducibile. Il produttore irriproducibile, di cui noi non sappiamo nulla, ma che possiamo immaginare superiore all'animale, non aveva le suddette caratteristiche negative, ma neppure la facoltà di riprodursi.

Questo quindi significa: 1. che nell'essere umano vi sono in realtà tutte le caratteristiche del produttore irriproducibile, più una, connessa alla presenza del corpo, che è appunto quella della riproduzione; 2. che le suddette caratteristiche negative riguardano esclusivamente le funzionalità del corpo umano e non l'interezza dell'essere umano, la sua specificità ontologica.

Se un corpo non fosse soggetto alla morte, la riproduzione non avrebbe senso; ma se il corpo è parte di un essere in grado di produrre, allora è evidente che nell'essere umano esiste qualcosa che va oltre l'esigenza di riprodursi fisicamente.

La natura, con l'essere umano, ha tentato un esperimento su di sé. S'è trasformata da luogo in cui esercitare la facoltà di produrre a luogo in cui uno dei suoi prodotti è capace di autoriprodursi, interagendo consapevolmente con lo stesso ambiente in cui vive.

Conclusioni

Quando arriveremo a capire, dopo aver percorso tutte le tappe del processo storico basato sull'individualismo (schiavismo, servaggio, lavoro salariato...), che la realizzazione dei valori veramente umani è possibile solo in una forma di esistenza collettivistica, in cui la persona venga valorizzata come tale e per i rapporti sociali che la caratterizzano, la storia dovrà necessariamente subire una svolta radicale, poiché sarà molto forte la percezione d'essere tornati alle origini dell'umanità, cioè nel periodo in cui prendeva corpo la formazione dell'essere umano.

Gli uomini avranno allora la sensazione di aver percorso un cammino inutile, e solo la possibilità concreta di vivere un'esistenza completamente diversa rispetto a quelle abbandonate, potrà ridare loro il senso della vita. Quando gli uomini si volgeranno indietro a guardare tutto il loro passato, assumendolo nella piena consapevolezza storica dei suoi limiti, non potranno desiderare di ritornare, *sic et simpliciter*, all'innocenza primitiva, poiché questo non sarà più possibile.

Una cosa infatti è vivere l'innocenza nell'ignoranza di ciò che può accadere se ci si separa dal collettivo; un'altra è vivere l'innocenza nella consapevolezza di quali incredibili guasti può procurare un'esistenza individualistica.

Gli uomini avranno bisogno di misurare la loro libertà non in una situazione che li costringa, in un modo o nell'altro, a restare uniti, ma in una situazione in cui il collettivismo sia vissuto in maniera totalmente libera. Gli aspetti spirituali o interiori della coscienza dovranno prevalere su quelli della materialità della vita, ma solo perché questi saranno già stati in qualche modo risolti.

La rivalutazione del collettivismo dovrà essere il frutto non tanto della consapevolezza della negatività dell'individualismo, quanto piuttosto il frutto di una libera scelta. Lo sviluppo della *coscienza* sarà il compito principale del futuro. Ma perché ciò avvenga occorre che siano risolte le contraddizioni antagonistiche della vita materiale, o comunque occorre che gli uomini si educhino ad affrontare tali contraddizioni con impegno non meno forte di quello che dovranno dimostrare per le contraddizioni non materiali.

Primati assoluti non si devono concedere a nessun aspetto della vita umana, ma solo all'essere umano nella sua interezza. La falsità dell'idealismo è stata proprio quella di averne concesso uno alla coscienza, dimenticandosi degli antagonismi materiali, o illudendosi di poterli risolvere con l'unico strumento del pensiero, senza trasformazioni sociali. Il materialismo storico-dialettico è caduto nell'errore opposto.

1 mail PN - 26 settembre 2002

Ho letto con particolare interesse il tuo articolo pubblicato in internet intitolato «Dio e il serpente», dove hai fatto un'analisi profonda (anche se abbastanza semplice e comprensibile) di quella che è la reale natura umana. Condivido appieno la tua interpretazione, originale, della prima parte di Genesi e ugualmente approvo le tue conclusioni, ma mi piacerebbe continuare questo discorso proprio dove lo hai concluso tu.

Chi legge con interesse il tuo articolo, come ho fatto io, non può far altro che fare delle riflessioni obbligatorie: è vero che nel futuro l'umanità dovrà darsi necessariamente degli indirizzi di collaborazione altruistica, ma dovrà, come tu stesso affermi, rinunciare parzialmente alla sua libertà individuale (per molti versi illusoria) di decidere ciò che è bene e ciò che è male. Inoltre, ciò è possibile o è ormai già troppo tardi per quest'inversione di tendenza?

Se siamo ancora in tempo, come io sono fermamente convinto (poiché credo all'autoadattamento dei livelli sistemici, come per esempio «Gaia», per intenderci), come, dove, perché, quando e in quanto tempo dovrebbe esserci un cambiamento di rotta? Sarà comunque un processo che interesserà l'intera umanità, a partire da prese di posizioni di qualche super organismo giudiziario al di sopra delle nazioni, oppure inizierà dal basso come un piccolo embrione che tenderà a svilupparsi rapidamente in modo indipendente da questo sistema competitivo? Sono domande che rimarrebbero senza risposta se non ci fossero reali punti di riferimento che è la natura stessa ad offrirci.

Quindi non si tratta di formulare nuove ideologie o rielaborare filosofie passate, ma è sufficiente copiare, senza inventare nulla e nulla aggiungere, un modello che è collaudato in natura da milioni e milioni d'anni, e conservato e riprodotto perché è il più funzionale e meno dispendioso d'energia. Proprio per queste caratteristiche selettive della natura i traguardi che l'umanità sarà indotta a darsi saranno scontati, perché, non dimentichiamolo, l'uomo è uno strumento della natura e non il suo manipolatore impunito.

L'unico libero arbitrio dell'individuo sarà di decidere se far parte, oppure no, di questo sistema nascente, quindi una scelta del tutto consapevole e autonoma. Si ripercorreranno, in senso inverso, le vie che dal comunismo primitivo hanno portato all'individualismo sempre più marcato, caratteristico dei nostri giorni e della nostra civiltà. Come tu stesso tieni a sottolineare, non potrà esserci un ritorno al comunismo primitivo, perché, in ogni caso, dobbiamo fare i conti con l'evoluzione tecnologica, ai cui vantaggi nessuno vorrà rinunciare.

Sarà possibile conciliare la nostra natura di «animali sociali» con la tecnologia complessa, che fino ad oggi è stata un sostegno a questo sistema competitivo e individualista? Anche a quest'interrogativo la natura dà una risposta scontata: la tecnologia sarà indispensabile per la formazione di questo futuro sistema, che terrà comunque conto dell'antica struttura sociale dei cacciatori-raccoglitori, dei quali siamo gli eredi genetici.

L'osservazione dei modelli naturali può spiegarci in modo semplice (come un perfetto manuale d'istruzioni) come potrà nascere, crescere ed affermarsi, in modo del tutto «indolore», questa nuova società. Spero di aver stimolato un po' la tua curiosità, perché, ti confesso, mi piacerebbe discutere (anche attraverso la posta elettronica) con gente sensibile a queste argomentazioni (e ti assicuro che, almeno da parte mia, non è facile trovare interlocutori interessati).

Considerato che il campo di discussione è molto vasto, ti proporrei di trovare tu alcuni punti per estendere un po' alla volta questa conversazione. Spero che non consideri la cosa priva d'importanza o addirittura ridicola (io la ritengo un piccolo passo verso quella forma di collaborazione collettiva che anche tu auspichi).

1 mail EG - 27 settembre 2002

Io penso che la necessità di usare il libero arbitrio deve essere tutelata anche a costo di autodistruggerci. Il problema semplicemente è questo: come difendersi da chi vuole usare la libertà in negativo? Il nemico non va attaccato o distrutto, ma dal nemico bisogna difendersi, anche con la forza.

Perché l'uso di questa forza sia il più democratico possibile, occorre che esistano le condizioni di un'esistenza basata sul bene comune. Altrimenti la storia si ripeterà all'infinito: chi vince si comporterà come lo sconfitto.

Più tardi realizzeremo il bene comune, meno resistenza saremo capaci di opporre all'uso negativo della libertà. L'inversione di tendenza diventerà tanto più difficile quanto meno resistenza avremmo saputo opporre. E le conseguenze saranno tanto più drammatiche. È tutto proporzionato.

Questa transizione non può avvenire dall'alto, ma deve partire dal basso. Possono cominciare singole comunità o paesi del tutto insignificanti. L'importante è che queste realtà sappiano difendersi da chi inevitabilmente tenderà a distruggerle. Sono fermamente convinto che quando la forza viene usata da un intero popolo, il bene vince sempre.

Quanto alla scienza e alla tecnica, penso che la natura abbia tutto il diritto di non tollerare ciò che le impedisce di riprodursi in modo agevole, anche in fondo per il bene dello stesso uomo. Quindi mi pare più che legittimo ch'essa si riprenda ciò che le appartiene. Se noi non usiamo una tecnologia compatibile con le esigenze, i ritmi, le necessità della natura, non abbiamo diritto a vivere su questo pianeta.

Lo so, sono parole dure, però se le ammorbidisco finisco per dire il contrario di quello che penso o per agire come non vorrei.

I compromessi sulle cose fondamentali non dovremmo farli.

2 mail PN - 28 settembre 2002

Mi fa piacere che tu abbia accolto l'invito a questo dialogo a distanza. Affermi che le tue parole sono dure, ma esprimono lo stesso sentimento che provo io. Non le ammorbidire affatto e mantieni pure quest'atteggiamento «verace», perché anch'io penso che i compromessi possono alterare il nostro libero arbitrio. Accetto la tua premessa che il libero arbitrio va difeso da chi pensa di essere in diritto di «regolare» la libertà altrui, anche con la forza, ma con la forza della *ragione*, perché nel momento in cui perdiamo questa, abbiamo perduto anche il nostro libero arbitrio.

Qui non si tratta di lottare da disperati per affermare dei diritti in questo sistema competitivo, che tende invece a reprimerli, ossia non si tratta di porre unicamente una qualunque resistenza, ma di promuovere un'azione «uguale e contraria», nei limiti delle nostre possibilità reali, per non combattere contro i mulini a vento. Concordo con te che questa transizione non può venire dall'alto, ma dovrà necessariamente partire dal basso. Non a caso ti dicevo che è necessario prendere a modello la natura. In natura i cambiamenti importanti avvengono sempre in gruppi che sono ai «margini» di una specie e che, riproducendosi, vanno progressivamente a sostituire la vecchia specie stessa. Bada bene che non ho detto che il comportamento di un gruppo influenza il comportamento degli altri gruppi, ma va col tempo a sostituirli, perché sono tra loro inconciliabili.

Cercare di modificare il governo di un paese per realizzare il bene comune equivarrebbe a cercare un cambiamento dall'alto, in altre parole un nonsenso in natura. Cercare di imporre un bene comune senza il consenso degli ipotetici beneficiari significa che, lo dico con parole tue, «la storia si ripeterà all'infinito: chi vince si comporterà come lo sconfitto».

I popoli, le culture e i confini nazionali sono solo il risultato di conflitti storici (non è tutto questo il frutto della disubbidienza che ci ha fatto cacciare dal giardino dell'Eden?), che sempre hanno annullato il libero arbitrio degli individui. Che senso ha, allora, parlare di autodeterminazione dei popoli, di lotta per la difesa dei confini nazionali o di difesa dei valori delle tradizioni popolari? All'interno di quel popolo o di quella nazione si potrebbe forse realizzare il bene comune, consapevole, consenziente, senza violazione del libero arbitrio? Sarebbe solamente un cambiamento imposto dall'alto e il ciclo ricomincerebbe...

Apprezzo il tuo sentimento umanitario quando dici che il nemico non va attaccato e distrutto, ma la natura ci dice che non è così. Un virus o una cellula cancerosa, quando sono individuati, sono attaccati e distrutti. La stessa storia umana c'insegna che il potere politico ed economico, di qualsiasi colore esso sia o sia stato, si è difeso da «cellule deleterie» cercando deliberatamente di distruggerle. Come dunque tutelare il nostro libero arbitrio senza il rischio di essere distrutti? Come realizzare il bene comune creando le basi di un consenso consapevole?

La transizione che dovrebbe portare a un'esistenza basata su un bene comune non può cominciare modificando il governo di un qualunque paese (anche se insignificante), ma unicamente con la nascita di comunità relativamente autonome, anche in paesi di cultura completamente diversa. Il nostro corpo non è forse formato da miliardi di comunità indipendenti e autosufficienti (che abbiamo chiamato convenzionalmente cellule) che collaborano tra loro fino a formare un organismo unico? È proprio copiando la struttura delle cellule del corpo umano che si potranno realizzare le condizioni di un bene comune consapevole e consenziente, dove gli interessi altrui corrispondono ai nostri interessi.

L'esperienza evolutiva della natura è molto più affidabile di qualsiasi ideologia umana, che, la storia dimostra, è in ogni modo destinata a decadere nel tempo. In queste «cellule sociali» si potranno ripristinare le condizioni ideali del comunismo primitivo, utilizzando la tecnologia per la difesa dell'ambiente naturale e della stessa natura umana. Saranno entità di dimensioni limitate, di esclusiva proprietà collettiva dei loro abitanti, dove si potrà eliminare di netto la competizione economica e i danni materiali e morali che questa produce.

Dobbiamo solo seguire gli insegnamenti che ci offre una qualunque cellula biologica per arrivare ad aver insediamenti altamente tecnologici, con tasso d'inquinamento «zero» (non è solo un modo di dire); dove è possibile effettuare un'efficace medicina preventiva e la totale assistenza ai deboli (bambini, malati, anziani); dove non ci sarà proprietà privata né uso del denaro; dove ognuno potrà avere un lavoro soddisfacente e l'evoluzione della tecnologia potrà ridurre effettivamente il tempo di lavoro; dove non ci saranno conflitti tra individui, classi sociali e generazioni, ma ci sarà solidarietà, altruismo, fratellanza... Sembra un bel sogno, è vero? Eppure è più facile cambiare tutto a livello locale che cambiare una sola virgola delle leggi di una nazione o, ancor più, a livello planetario.

È importante, però, come tu rilevi, che queste realtà sappiano difendersi da chi inevitabilmente cercherà di distruggerle. Come? Innanzi tutto non contrapponendosi allo Stato ma... (spero che questa non ti suoni come un'aberrazione) collaborando con esso. Queste «cellule» (che potranno collaborare a distanza anche se inserite in nazioni diverse) dovranno, come le cellule biologiche, gestire autonomamente il loro metabolismo, cioè dovranno puntare almeno all'autosufficienza alimentare e consumare quello che producono, senza vendere o scambiare assolutamente niente. Questo impedirà di entrare in competizione col mercato esterno e di recare disturbo a chicchessia.

Per contro la maggior parte della tecnologia, almeno inizialmente, sarà comprata dall'esterno, perciò, non solo queste «cellule» avranno il diritto di esistere, ma saranno incoraggiate a farlo perché rappresenterebbero un mercato appetibile per il potere economico. Alcuni giovani della collettività presteranno la loro opera in aziende private o pubbliche, per un breve tempo, corrispondente a un normale periodo di leva, fornendo il denaro per l'acquisto della necessaria tecnologia, dopo di che potranno tornare nella sicurezza della comunità per il resto della vita e saranno sostituiti da altri giovani nel loro incarico. Anche questa non è un'idea inventata al momento, ma è l'indicazione che ci dà il corpo umano, che invia il necessario numero di globuli rossi a «guadagnare» la preziosa valuta esterna, l'ossigeno, che dovrà servire al funzionamento di ogni singola cellula dell'organismo. Inoltre è necessario sfruttare tutte le opportunità e gli incentivi che lo Stato elargisce alle entità meno dispendiose di energia o che hanno un tasso d'inquinamento ridotto o che possono garantire la tutela ambientale di un piccolo territorio nazionale (il territorio della «cellula sociale»), anche se esiguo.

Perché resistere allo Stato a livello nazionale e lottare per il diritto alla scuola, all'assistenza sanitaria e sociale, per un lavoro sicuro, per la riduzione dell'orario lavorativo, per un migliore rapporto cittadini-istituzioni, per migliori servizi, ecc., o addirittura per tentare di prendere un potere nazionale che non si potrebbe mai usare per il bene comune, quando tutte queste cose (in condizioni notevolmente migliori) si possono ottenere in modo completo e senza conflitti sociali, usufruendo di leggi già esistenti nel territorio nazionale? È questo che intendevo quando ho detto che è necessario promuovere un'azione «uguale e contraria» allo Stato, servendosi dello Stato, collaborando con le sue istituzioni.

Questo non è un compromesso con lo Stato, perché vorrei vivere in un sistema che dia piena soddisfazione al mio libero arbitrio. Non mi accontento dei vantaggi illusori che lo Stato può dare, come il «beffardo» diritto di voto o, se faccio il bravo, magari ottengo un posto di lavoro temporaneo e sottopagato, oppure, se un «onorevole» è mio compaesano, posso sperare che siano rifatti nuovi i servizi cittadini. Solo in queste «cellule sociali» potremmo creare delle strutture dove l'esistenza è basata sul bene comune, senza nemici da cui difendersi. Se mai dovesse esserci un'aggressione esterna (per quale motivo poi?) sarebbe lo stesso Stato a prendere le difese di un «suo» territorio. Se poi per ipotesi tutto lo Stato fosse formato da queste «cellule» (così che nel frattempo avranno formato «tessuti», «organi», «apparati») di che bisognerebbe preoccuparsi?

Nel mondo, questo è certo, continueranno, come sempre, i conflitti tra le nazioni e i conflitti sociali all'interno delle nazioni, così come, in forme e strumenti sempre diversi, continuerà l'indottrinamento dei «sudditi» di entrambe le parti e ci saranno sempre molte persone disposte a sacrificarsi per la libertà, per i diritti, per la patria o per un posto in paradiso. Perché sperare che in un momento qualsiasi della storia umana (perché non prima o non dopo) possa verificarsi un'inversione di tendenza nazionale o planetaria? Non possiamo cambiare il mondo, ma possiamo cambiare la nostra vita e quella di coloro che sono disposti a condividere spontaneamente il bene comune. Se il mondo cambierà sarà solo per il proliferare di queste microsocietà autonome, rispettose della natura umana, non già per rivoluzioni violente che sono alimento per altre rivoluzioni e che lascerebbero le cose sostanzialmente immutate.

Bene, per ora basta così, altrimenti ti ubriaco e invece vorrei da te un'opinione lucida. È probabile che ci siano molte cose che non approvi nelle mie convinzioni. È normale, ma è per questo che ritengo utile confrontarsi: capire quali sono i propri errori d'interpretazione.

2 mail EG - 29 settembre 2002

Certo, «forza della ragione», e puoi aggiungere anche «dei sentimenti», «della volontà» o, se preferisci, «della cultura». E tuttavia penso anche che Lenin ne avesse di «ragione» quando diceva che «una rivoluzione che non sa difendersi non vale nulla». Disse «difendersi», non «diffondersi», come invece i giacobini e lo stesso Bonaparte.

È possibile una resistenza armata rispettando i principi della democrazia? Se guardassimo i terroristi italiani, dovremmo dire «assolutamente no». Ma, chiediamoci, là dove non c'è resistenza armata, quante possibilità ci sono di non soccombere alla forza di chi comanda? Là dove non si resiste, chi comanda non ha neppure bisogno di usare la «forza delle armi», gli bastano le «armi della forza», che sono poi quelle delle istituzioni, della propaganda ecc.

Dunque per quale motivo la «forza della ragione» rischierebbe di soccombere usando la «forza delle armi» per difendere i principi della democrazia? Forse i democratici italiani avrebbero dovuto aspettare i liberatori americani contro l'invasore nazista e rinunciare a diventare partigiani? S'è mai visto un popolo che va a morire per un altro popolo senza chiedere nulla in cambio? Non siamo forse passati dall'invasore nazista all'invasore yankee?

E se anche la «non violenza» fosse una propaganda dell'ideologia cristiano-borghese? che tanto serve per distogliere la gente dal criticare duramente il sistema? quel sistema che, alla resa dei conti, pur senza usare la «forza delle armi» ci toglie la «forza della ragione»... (che poi la «forza delle armi» non ha mai smesso di usarla nei paesi coloniali e fa relativamente presto a usarla anche da noi quando si sente gravemente minacciato - guarda p.es. come tratta i no-global o come elimina i magistrati scomodi).

Insomma io non vorrei che un giorno le generazioni future dicessero che noi non abbiamo saputo difendere i valori della democrazia perché eravamo così ingenui da credere che l'uso della forza è sempre un'azione antidemocratica... E pensare che anche il vangelo lo dice: «chi non ha spada, venda il mantello» (Lc 22,36).

Quanto al resto che dici, spesso mi sono chiesto - guardando Nomadelfia, Barbiana, San Patrignano e altro ancora (pensa solo a tutte le esperienze del socialismo utopistico) - che possibilità abbiamo di costruire qualcosa di diverso, separandoci da uno Stato che vede il diverso con sospetto? (Ti dico questo perché lo Stato, che è il prodotto di una classe egemone, tollera il diverso solo nella misura in cui non gli dà alcun fastidio o può servirsene per propri interessi).

Se questo diverso fosse attaccato dalle istituzioni, la società civile lo difenderebbe? I fatti ci dicono di no. La gente è più disposta a difendere qualcosa che rimane nell'ambito della società, anche se questo «qualcosa» non ha l'ambizione di radicale alternatività... Dunque dovremmo accontentarci di militare in formazioni sindacali e partitiche o in movimenti d'opinione, sapendo sin dall'inizio che più di tanto non si potrà mai realizzare?

Il fatto è che se accettiamo questo, finiamo inevitabilmente col muoverci davvero soltanto quando le crisi sono catastrofiche. La cultura dell'italiano medio non è forse quella dell'emergenza? E quando arriva l'emergenza che esperienze democratiche potremo mai realizzare se non ci siamo allenati a tempo debito? Cioè da un lato mi rendo conto che un'esperienza alternativa può nascere solo dal basso, dalle autonomie locali, da esperienze basate sull'autogestione; dall'altro però mi chiedo che possibilità ci saranno di resistere con esperienze del genere ai «carri armati» del sistema...

3 mail PN - 30 settembre 2002

Penso che Lenin avesse senz'altro ragione quando affermava che «una rivoluzione che non sa difendersi non vale nulla». È scontato che una rivoluzione armata dovrà mantenersi in vita con la forza delle armi. Non ha importanza se poi deve solo difendersi o vuole diffondersi o deve diffondersi per difendersi.

Quello che non mi torna in questo discorso è che per rivoluzione si dovrebbe intendere un'inversione di 360° (così la terra fa ogni anno una rivoluzione intorno al sole), ma, vista la cosa in questa prospettiva, durante tutto l'arco della storia umana, in sostanza di rivoluzioni non ce ne sono mai state. Se i moti insurrezionali marxisti-leninisti fossero stati effettivamente rivoluzionari avrebbero, obbligatoriamente, riportato condizioni socio-economiche simili al comunismo primitivo (inversione di 360°), ma sono malinconicamente approdati tutti nella... «fattoria degli animali»! (vedi G. Orwell)

Il comunismo non è un'ideologia, ma è l'espressione integrale del nostro codice genetico, visto che i nostri antichi progenitori sono stati plasmati da parecchie migliaia d'anni di vita comunitaria e ci hanno tramandato i loro cromosomi attraverso le generazioni. Hanno mantenuto la loro struttura sociale e il loro modo di vivere intatti e perfettamente integrati all'ambiente naturale in tutto questo lungo tempo, perché, semplicemente, era la forma d'adattamento meno dispendiosa d'energia e per questo conservata.

Non avrebbero mai cambiato il loro modo di vivere se non fossero stati costretti da circostanze indipendenti dalla loro volontà (di questo, se vuoi, parleremo in seguito, perché merita un discorso a parte). I primi cambiamenti economici avvenuti dentro il territorio del gruppo sociale, cioè allevamento e agricoltura, hanno progressivamente sostituito la caccia e la raccolta di vegetazione spontanea, modificando, di conseguenza, anche la struttura comunitaria.

Va precisato che queste nuove forme economiche non sono state una scelta deliberata per migliorare condizioni che erano già ottimali, ma si sono rese necessarie per rimediare a dei guasti avvenuti in seno ai gruppi (anche di questo sarà necessario parlare in un secondo tempo). Del resto sarebbe stato un inutile dispendio d'energia lavorare la terra o addomesticare e curare animali, quando l'ambiente poteva offrire spontaneamente, col minimo sforzo, ciò che era necessario al soddisfacimento d'ogni tipo di bisogno.

Il Genesi ci fa giustamente capire che l'agricoltura e l'allevamento (Caino e Abele) sono nati al di fuori del giardino dell'Eden e a questo riguardo ci dice: «Maledetto sia il suolo per causa tua! Con dolore ne trarrai il cibo per tutti i giorni della tua vita. Spine e cardi produrrà per te e mangerai l'erba campestre. Con il sudore del tuo volto mangerai il pane...» (Gen 3:17-19). Sta di fatto che oggi possiamo anche vivere come individui indipendenti, con la cultura del sistema competitivo che ci spinge a remare controcorrente e con la tecnologia che ci permette di fare a meno della collaborazione del nostro prossimo, ma dentro, nel profondo del nostro essere, siamo geneticamente «comunisti».

L'unica forma di comunismo che riconosco, perciò, è quello che sarà formato da *federazioni di gruppi sociali* (ognuno dei quali composto di un certo numero di famiglie che collaborano tra loro) simili ai gruppi primitivi, coadiuvati e coordinati, questa volta, da una tecnologia che non era presente nel comunismo primitivo. Ogni forma d'organizzazione diversa da quella che ci comanda il nostro codice genetico non può far altro che provocare dei danni all'ambiente e alle persone. Infatti, di questo è fatta la storia umana, dalla prima «disobbedienza» fino ad oggi.

L'unica vera rivoluzione, degna di questo nome, dovrebbe quindi portare a questo cambiamento ma, per questo, come ho cercato di spiegarti nello scritto precedente, non è indispensabile la lotta armata. Un conto è però parlare di «rivoluzione», un altro parlare di «resistenza armata». Ora, se la resistenza armata non è finalizzata alla rivoluzione ma a contrapporre una resistenza più o meno accanita, secondo l'autoritarismo del potere, è una lotta persa in partenza, poiché il potere preferirà sempre, come dici tu, usare le armi della forza anziché la forza delle armi.

Ne risulta che in pratica non sarebbe necessaria alcuna resistenza armata. A proposito, è vero che in Luca 22:36 Gesù Cristo dice: «Chi non ha spada, venda il mantello e ne compri una» e che questa spada doveva servire alla difesa, ma era forse per porre una resistenza armata al potere? No di certo! Perché è lo stesso Cristo a redarguire coloro che, tra il suo seguito, avevano male interpretato le sue parole e dice in Matteo 26:52 «Rimetti la spada nel fodero, perché tutti quelli che mettono mano alla spada periranno di spada». Ma tu te lo vedi davvero «l'italiano medio» («che è più disposto a difendere qualcosa che rimane nell'ambito della società») a resistere, con le armi, alla perdita del suo primato assoluto mondiale di possessore di telefonini o di consumatore di prodotti di bellezza o d'acqua minerale? Auguri!

Stai tranquillo che le generazioni future non diranno «che noi non abbiamo saputo difendere i valori della democrazia perché eravamo così ingenui da credere che l'uso della forza è sempre un'azione antidemocratica...», ma è molto più probabile, se qualcosa dovranno rinfacciare, che diranno che la nostra ingenuità non ha saputo difendere quei primati che ho scritto sopra... Non dovresti temere i carri armati del sistema più dei mezzi di persuasione che entrano direttamente a casa nostra attraverso i monitor del «Grande fratello».

Non pensi che il nostro telefono potrebbe essere posto sotto controllo, o che le nostre innocenti chiacchierate in internet potrebbero essere attentamente vagliate da qualche «tutore del quieto vivere dei cittadini»? La lotta partigiana è stata indubbiamente necessaria perché era in gioco la stessa vita degli individui, non c'era alternativa. È altrettanto vero che l'occupazione nazista è stata sostituita dall'occupazione «yankee», ma non c'è stata alcuna lotta partigiana contro gli Usa. Vedo invece un crescente consumo di Coca-cola o di Nike (se togli loro queste cose, te le rinfacceranno le nuove generazioni): per il motivo detto poco sopra, cioè che non sono più necessari i carri armati del sistema, in quanto si possono usare mezzi più sottili. Si rende perfino superfluo il ruolo d'imbonitore, che nel passato era svolto dalla classe clericale, che è sempre stata la colonna portante del potere politico.

Ti chiedi se anche la «non violenza» non sia in realtà una propaganda dell'ideologia cristiano-borghese: premessa la buona fede degli attivisti, penso che questa sia uno dei tanti inganni coi quali sono strumentalizzate le persone a vantaggio dell'esistente. Guarda che penso la stessa cosa di qualsiasi movimento di massa, no-global compresi, poiché il sistema deve dimostrare la sua «pluralità», la sua «libertà d'espressione» o il «diritto al voto». Se l'esercitazione di questi diritti mettesse veramente in discussione la sicurezza del potere, pensi davvero che le persone potrebbero votare o scendere in piazza?

Per quel che mi riguarda (lo dico da marxista pentito) mi disinteresso totalmente del voto, dei partiti, dei sindacati, dei movimenti più o meno pacifisti e di tutte le organizzazioni nazionali o internazionali pro o contro il sistema, perché li considero sfumature diverse della stessa faccia della medaglia. Forse sono parole più dure delle tue, ma anch'io non voglio dire cose che potrebbero dare un senso diverso a ciò che penso. Questa è la mia unica forma di resistenza al sistema.

Come mi comporto quindi nella mia quotidianità? Pago le tasse, compresi i vari «canoni» o «bolli» («rendete a ciascuno ciò che gli è dovuto: a chi il tributo, il tributo; a chi le tasse, le tasse», Romani 13:7), rispetto le leggi istituzionali («Ricorda loro di esser sottomessi ai magistrati e alle autorità, di obbedire...», Tito 3:1), cerco un rapporto onesto con il mio prossimo («Tutto quanto volete che gli uomini facciano a voi, anche voi fatelo a loro», Matteo 7:12), soprattutto non perdo la speranza di trovare altri «comunisti» che siano disposti a collaborare all'edificazione di quelle microsocietà autonome, che, nel pieno rispetto delle leggi vigenti, possono portare a un'esistenza basata sul bene comune.

Come ti ho detto non temo i carri armati del sistema, poiché le «cellule sociali» saranno strutture che non si contrapporranno né al potere politico né al potere economico. Che lo Stato possa servirsi di queste organizzazioni fino a quando gli farà comodo è scontato, ma saranno soprattutto queste organizzazioni che potranno servirsi dello Stato per la loro sopravvivenza e il loro sviluppo. In ogni caso non saranno esperienze alla «san Patrignano», né saranno simili a tutte quelle comunità antiche e moderne come gli Esseni del Mar Morto o gli Hamish americani, né ai Kibbutz israeliani o alle Comuni agricole cinesi; né ad alcuna confessione di monaci cristiani occidentali o buddisti orientali; né saranno simili a quelle ipotesi rimaste sulla carta e mai espresse, come la *Città del sole* di T. Campanella o *Utopia* di T. More.

Tutte queste entità erano destinate a rimanere delle «cellule» isolate (come dei protozoi), così come lo erano gli antichi gruppi di cacciatori-raccoglitori, perché, per federarsi e creare un sistema di livello superiore, sarebbe stata necessaria un'unica cultura aggregante (che non c'era), ma, soprattutto non c'era una indispensabile forma di comunicazione in tempi reali, che solo ora, o in futuro prossimo potrà essere disponibile. Se il comando che è stato dato ai primi uomini era di estendere il giardino dell'Eden, non lo avrebbero potuto assolvere se non con l'ausilio di una comunicazione tecnologica, immediata, che avrebbe potuto tenere uniti tutti i gruppi sociali umani della terra. Che sia dunque per questo che l'uomo ha cominciato a disgregare l'antica struttura comunitaria e intraprendere il cammino tecnologico?

Questo nostro dialogo a distanza si sta incanalando in due argomenti principali: da parte tua la necessità di dimostrare l'urgenza di una resistenza armata agli attacchi del potere; da parte mia la necessità di far nascere delle microsocietà autonome estraniate dal sistema ma in armonia con le leggi dello Stato. Forse, per evitare equivoci o errori d'interpretazione, sarebbe meglio che tu mi spiegassi bene, con degli esempi pratici, quotidiani, ciò che intendi veramente per «resistenza armata democratica», e io potrei spiegarti bene, con degli esempi pratici, ciò che intendo veramente per microsocietà autonome. Chissà che le due cose non abbiano in realtà un punto di conciliazione…

3 mail EG - 4 ottobre 2002

Se i moti insurrezionali marxisti-leninisti fossero stati effettivamente rivoluzionari avrebbero, obbligatoriamente, riportato condizioni socio-economiche simili al comunismo primitivo (inversione di 360°), ma sono malinconicamente approdati tutti nella... «fattoria degli animali»! (vedi G. Orwell)

Ho l'impressione che il fallimento del comunismo vada ricercato più nel tentativo d'inverare teorie occidentali (marxismo in testa) che non nel tentativo di ricercare soluzioni autonome alla crisi del capitalismo o comunque alla decomposizione del tardo feudalesimo (in Russia e in Cina, come noto, entrambe le cose).

Il marxismo occidentale (quello classico di Marx ed Engels) era incredibilmente più avanzato delle più avanzate teorie classiche di economia politica e forse per questo ha abbacinato le menti dei teorici russi, che non seppero vedere nella giusta misura gli aspetti negativi di questo marxismo: p.es. i pregiudizi nei confronti del mondo rurale, la scarsa considerazione per i problemi ambientali e per la questione femminile, il rifiuto delle civiltà pre-capitalistiche, il mito della scienza e del progresso, per non parlare del determinismo storico, dello spontaneismo delle masse ecc.

Alcuni di questi limiti furono superati dal leninismo, ma anche qui: tra Lenin e tutti gli altri mi pare ci fosse un abisso, e dopo la sua morte l'alternativa sembrava essere quella di scegliere tra trotskismo e stalinismo, cioè tra Scilla e Cariddi. Questo poi senza considerare che se anche il leninismo avesse trionfato, si sarebbe comunque posto il problema di come conciliare il primato concesso alla politica col primato che invece, in ultima istanza, bisogna concedere all'uomo, all'umanità dell'essere umano.

Bisogna tuttavia render merito ai russi d'aver tentato di realizzare gli ideali di un'utopia che in occidente è rimasta sulla carta, pur essendo qui nata. Se fossimo intelligenti ripartiremmo dagli errori che loro hanno compiuto per reimpostare il discorso in maniera più convincente, ma non ne siamo capaci: non ne abbiamo l'interesse.

A proposito, è vero che in Luca 22:36 Gesù Cristo dice: «....Chi non ha spada, venda il mantello e ne compri una» e che questa spada doveva servire alla difesa, ma era per porre una resistenza armata al potere? No di certo! Perché è lo stesso Cristo a redarguire coloro che, tra il suo seguito, avevano male interpretato le sue parole e dice in Matteo 26:52:

«Rimetti la spada nel fodero, perché tutti quelli che mettono mano alla spada periranno di spada».

Vorrei che tu non discutessi con me di questa roba, perché ho idee troppo particolari per reggere un dibattito prolungato. Ho già scritto tantissime cose sul N.T., dedicandogli persino una sezione apposita in Homolaicus. Dopo anni e anni di studio sono arrivato alla conclusione che i vangeli sono testi incredibilmente manipolati, per cui, non avendo altre fonti, ogni discussione mi pare vana. Un solo esempio (giusto per stare a quanto dici): per me l'affermazione di Cristo riportata in Mt 26,52 altro non voleva dire che al momento della cattura (che fu il frutto di un improvviso tradimento) difendersi sarebbe stato un suicidio, vista la disparità di forze in campo, per cui il Cristo preferì la soluzione di compromesso, poi accettata dalla coorte romana, secondo cui i suoi non si sarebbero difesi se la coorte avesse accettato di catturare solo lui, che si sarebbe consegnato spontaneamente. Quindi niente vocazione al martirio, né pacifismo ad oltranza, ma solo considerazioni di opportunità, nella speranza che qualcosa si sarebbe potuto sbloccare in seguito, in occasione del processo.

Quanto al resto che dici, io penso che in ogni essere umano ci sia abbastanza per vedere dove come e quando realizzare il bene e abbastanza per non volerlo fare. Cioè voglio dirti che anche se oggi ci sentiamo incredibilmente condizionati dal sistema dominante, questo non c'impedisce di desiderarne il superamento. Siamo animali molto complicati e pieni di risorse. D'altra parte anche tu dimostri di esserlo laddove dici che non perdi

...la speranza di trovare altri «comunisti» che siano disposti a collaborare all'edificazione di quelle microsocietà autonome, che, nel pieno rispetto delle leggi vigenti, possono portare a un'esistenza basata sul bene comune.

Io invece temo che in questo tuo obiettivo vi sia una contraddizione in termini, in quanto sono proprio le «leggi vigenti» a impedirti la suddetta edificazione. Noi viviamo in una formazione sociale che il marxismo ha giustamente definito col termine di «capitalismo» e tutto inevitabilmente ruota attorno a questa categoria economica, ivi incluse le leggi, il cui principio dell'uguaglianza generale e astratta di tutti è davvero un non senso, in quanto la vera uguaglianza può essere misurata solo tenendo conto delle diversità.

Cioè voglio dirti le «microsocietà autonome» possono valere come input per qualcosa di più radicale, che alla fine implichi il ribaltamento politico del sistema, altrimenti sarà questo che farà «ribaltare» quelle.

Ricordi i «soviet» dopo la rivoluzione bolscevica, o i consigli operai dopo la repubblica di Weimar? Se li organizzi prima, rinunciando a priori alla rivoluzione, presto o tardi vengono riassorbiti dal sistema (magari con la complicità degli stessi uomini della sinistra); e se dopo la rivoluzione non li fai valere come realtà autonoma e democratica, preferendo demandare la costruzione del socialismo al nuovo Stato, ecco che scatta il meccanismo che porterà alla dittatura del partito e dello stesso Stato (come appunto avvenne in Russia).

...per federarsi e creare un sistema di livello superiore, sarebbe stata necessaria un'unica cultura aggregante (che non c'era), ma, soprattutto non c'era una indispensabile forma di comunicazione in tempi reali, che solo ora, o in futuro prossimo potrà essere disponibile. Se il comando che è stato dato ai primi uomini era di estendere il giardino dell'Eden, non lo avrebbero potuto assolvere se non con l'ausilio di una comunicazione tecnologica, immediata, che avrebbe potuto tenere uniti tutti i gruppi sociali umani della terra. Che sia dunque per questo che l'uomo ha cominciato a disgregare l'antica struttura comunitaria e intraprendere il cammino tecnologico?

Immagino che tu voglia scherzare. Qui stiamo parlando di sostanza non di forme, nel senso che la democrazia o il socialismo avrebbero potuto essere o potranno essere patrimonio di qualunque essere umano a prescindere da qualsivoglia considerazione di tempo luogo circostanza... Oggi non esistono, nella sostanza, condizioni più o meno favorevoli di ieri. La possibilità di una liberazione è in relazione alle condizioni attuali, che sono meramente formali.

L'abbandono del comunismo primitivo è stato, nella sostanza, il rifiuto di accettare il primato del collettivo sul singolo, che poi ha portato alla necessità di sfruttare in maniera sistematica il lavoro altrui. Il rifiuto può assumere forme e modi diversi, ma uguale è, nella sostanza, il bisogno di prendere una decisione, o in un senso o nell'altro.

Una volta pensavo che la nostra attuale civiltà fosse così forte da indurci più di altre civiltà a compiere delle scelte negative. Oggi invece credo nella relatività delle civiltà. Forse all'interno di una civiltà vi sono momenti storici in cui sembra più facile conservare i valori positivi o riproporli, però anche qui penso sia tutto relativo. Nel dopoguerra avevamo più possibilità di realizzare il socialismo, perché la tragedia del fascismo scottava la pelle e il consumismo non aveva distrutto le coscienze; oggi invece abbiamo la netta percezione che un sistema del genere non possa avere futuro, perché se ogni paese del mondo diventasse «capitalista» come noi la fine apparirebbe molto più vicina.

...per evitare equivoci o errori d'interpretazione, sarebbe meglio che tu mi spiegassi bene, con degli esempi pratici, quotidiani, ciò che intendi veramente per «resistenza armata democratica», e io potrei spiegarti bene, con degli esempi pratici, ciò che intendo veramente per microsocietà autonome.

Io non ho esempi pratici da mostrare, perché non sono un uomo impegnato politicamente o sindacalmente, né milito in movimenti di opinione. Ho sempre fatto l'insegnante e il sito che vedi è solo il frutto di studi teorici.

4 mail PN - 6 ottobre 2002

Quelli che tu consideri errori d'applicazione delle teorie marxiste, nelle nazioni del socialismo realizzato, e che definisci «pregiudizi nei confronti del mondo rurale, la scarsa considerazione per i problemi ambientali e per la questione femminile, il rifiuto delle civiltà pre-capitalistiche, il mito della scienza e del progresso, per non parlare del determinismo storico, dello spontaneismo delle masse...», non sono banali incidenti di percorso, ma sostanziali carenze oggettive proprie della filosofia marxista (il difetto sta nel manico, come si suol dire).

Forse se Lenin fosse vissuto di più avrebbe anche potuto riconsiderare queste cose, ma «si sarebbe comunque posto il problema di come conciliare il primato concesso alla politica col primato che invece, in ultima istanza, bisogna concedere all'uomo, all'umanità dell'essere umano». Eppure tentativi Lenin ne aveva fatti: la gestione operaia delle fabbriche è stata caldamente sostenuta da lui stesso e sempre lui ha dovuto sciogliere l'esperimento che si è rivelato fallimentare, solo alcuni mesi dopo che era iniziato.

I Soviet sono stati esautorati a favore di un'economia centralizzata, che puntava ad un'industrializzazione a tappe forzate. Era stato però un fallimento economico e non certo un fallimento dal punto di vista umano. Il fatto è che il pensiero marxista è sostanzialmente una filosofia economica (collettivizzazione dei mezzi di produzione e non comunione dei beni) che è l'esatto rovescio negativo del capitalismo (cioè uguale e contrario), ed entrambi equidistanti dal comunismo primitivo, o comunismo naturale, e, per principio, alienati dall'ambiente e dalla natura umana.

Affermi che «se fossimo intelligenti ripartiremmo dagli errori che loro hanno compiuto per reimpostare il discorso in maniera più convincente». Non credo si tratti di mancanza d'intelligenza o di capacità o d'interesse, ma d'impossibilità pratica di raggiungere questi traguardi, perché la correzione di certi gravi errori non ha fatto altro che portare ad errori altrettanto gravi.

D'altra parte, non avrebbero potuto trarre vantaggio dagli errori russi le esperienze cinese, jugoslava, cubana...? Perché pensare che sia sufficiente tornare indietro solo per un tratto di strada se le esperienze dimostrano che tutta la strada è sbagliata? La strada sbagliata noi l'abbiamo imboccata quando siamo usciti dal giardino dell'Eden, perché andare a cercarla altrove?

Sull'abbandono del comunismo primitivo tu credi ad una scelta consapevole dell'uomo, che ha rifiutato di accettare il primato del collettivo sul singolo. In realtà non c'è stata nessuna scelta e nessun rifiuto, poiché l'uomo, come sempre, è guidato dalla necessità di soddisfare i suoi bisogni immediati. Non si è mai trattato di decidere se soddisfare o no un bisogno, ma il nostro libero arbitrio sta unicamente nel decidere in che modo soddisfarlo.

So che questo modo di ragionare porta logicamente a pensare, se non ad un determinismo storico, ad un determinismo della natura, come se l'evoluzione della materia procedesse a tappe obbligate, seppure ottenute con una serie di casualità. Non mi sono fermato davanti al pregiudizio che di solito aleggia sulla teleologia della natura e per anni mi sono sforzato di trovarci una logica.

No, non stavo scherzando, nello scritto precedente, quando ho affermato che la natura ha creato le condizioni affinché l'uomo fosse indotto a disgregare la struttura sociale comunitaria, dando il via ad un processo economico che faceva uso di strumenti sempre più complessi.

Più le modifiche all'ambiente e alla sua struttura sociale allontanavano dal comunismo primitivo, più gli esseri umani erano «costretti» ad affidarsi all'evoluzione della tecnologia, pena il disadattamento. Credere a questo significa ridimensionare il ruolo storico dell'uomo (non è l'uomo a fare la storia, ma è la storia a fare l'uomo) e soprattutto ridimensionare le possibilità del nostro libero arbitrio (d'altronde perché pensare tranquillamente che tutto l'esistente è governato da precise leggi fisiche e l'uomo ne è invece escluso?).

Mi sento un po' in imbarazzo mentre ti dico che il comunismo è nella logica della natura, perché mi immagino già che probabilmente penserai che la mia «voglia di comunismo» è talmente grande che ormai sono in preda alle visioni (forse tra un po' vedrò la Madonna) e vedo comunismo dappertutto, anche in cose, come la natura, che sono neutre, inerti e perciò (apparentemente) senza volontà. Questo modo di pensare prelude che anche il caso (che pure esiste ed è operativo) abbia un ruolo contenuto in questo «programma» della natura e sia libero di agire nell'esecuzione del programma stesso, non già di modificarlo.

Ovviamente anche la storia umana è stata «guidata» dalla ricerca di soddisfare dei bisogni che sono stati indotti agli uomini e che hanno prodotto bisogni nuovi e diversi, che il nostro libero arbitrio poteva sbizzarrirsi nel soddisfarli, ma anche «cambiando l'ordine degli addendi il risultato non cambia». Non scandalizzarti, perciò, se ti dico che la natura tende ad organizzarsi in sistemi di livello superiore e che l'umanità ne sarà interamente coinvolta.

Il sistema di livello superiore al comunismo primitivo sarebbe stata la federazione di tutti i gruppi sociali dei cacciatori-raccoglitori primitivi della terra, così da formare un sistema planetario, un corpo unico, compatto e in sintonia con le sue singole parti. Ciò sarebbe stato possibile solo se esisteva un tipo di comunicazione idonea per favorire la collaborazione tra i gruppi sociali. Infatti, un qualsiasi sistema di livello inferiore, sia esso una proteina, una cellula, un animale, un gruppo sociale, deve la sua stabilità alla presenza di almeno una forma di comunicazione immediata, in tempi reali, tra i suoi singoli componenti.

È scontato che l'unico tipo di comunicazione immediata che sarebbe stata in grado di far nascere quel sistema planetario, avrebbe dovuto essere al di fuori delle possibilità biologiche dell'uomo, cioè una comunicazione artificiale che l'uomo è stato «incaricato» di produrre. L'intelligenza artificiale e i satelliti geostazionari e in orbita attorno alla terra sono quindi il prodotto di questo «programma» della natura, mentre noi esseri umani solo gli esecutori inconsapevoli. Non ti sto parlando di un racconto di fantascienza, ma di una logica suffragata da fatti concreti e tangibili.

La convinzione che il progresso tecnologico possa guarire i mali del pianeta spinge l'uomo ad affidarsi sempre di più ad esso, ma pensare che la tecnologia, qualora fosse gestita in modo più oculato, potrebbe migliorare le condizioni di tutta l'umanità, è solo una tenera illusione. Se facessimo la media individuale di disponibilità energetica tra tutti gli esseri umani della terra (quindi tra paesi ricchi e paesi poveri, tra individui ricchi e individui poveri) scopriremmo che questa media è identica a quella degli attuali cacciatori-raccoglitori, che di tecnologia complessa non ne fanno alcun uso! Il vantaggio energetico che la tecnologia può dare è pari al danno che questa produce. Infatti, è solo servita a travasare energia da una parte all'altra del pianeta, impoverendone molte zone per arricchirne poche altre. Non ha avuto importanza se i possessori di tecnologia complessa erano nazioni capitaliste o socialiste: i danni provocati al pianeta e all'umanità sono stati gli stessi, con o senza collettivizzazione dei mezzi di produzione.

È evidente che la «funzione» della tecnologia è qualcosa di diverso dalle nostre aspettative e non è sotto il nostro controllo razionale. Concordo con te che nel dopoguerra c'erano più possibilità di realizzare il socialismo in Italia (non era un'ipotesi così irreale), ma sono convinto che saremmo finiti anche noi nelle sabbie mobili e non avremmo certo imboccato la strada del comunismo e della democrazia. Ora staremmo senza dubbio cercando di capire gli errori commessi, per poter ripartire in maniera più convincente…

Certamente le microsocietà autonome «possono valere come input per qualcosa di più radicale» (esiste forse qualcosa di più radicale del comunismo?). Innanzi tutto perché la loro nascita, esistenza e sviluppo sarà indissolubilmente legata ad una forte organizzazione popolare, e poi perché si potranno effettivamente risolvere (in uno spazio limitato, che può crescere secondo l'impegno profuso dai membri dell'organizzazione) tutti i problemi sociali e ambientali caratteristici di questo sistema, che non potrebbero mai essere risolti a livello di nazione, non importa se capitalista o socialista.

Non c'è da preoccuparsi ora del ribaltamento del potere politico ed economico, perché se questi Stati comunisti in miniatura potranno reggere il confronto col sistema, allora avranno il diritto di esistere, altrimenti spariranno; nello stesso tempo, se saranno abbastanza forti da progredire, corroderanno il sistema dall'interno e sarà quest'ultimo a patire e poi sparire. In quanto alle leggi vigenti non sono affatto d'impedimento all'edificazione di queste strutture (perché non andranno ad intaccare gli interessi economici e politici del potere); di certo lo sarebbero in un paese a partito unico, statalista, che si definirebbe enfaticamente socialista.

Se poi queste leggi fossero carenti, ecco dunque che l'organizzazione di supporto avrebbe motivo di rivendicazione, che non sarà mai, in ogni caso, quello di ricercare il potere politico e lo scontro frontale con lo Stato: perché mai cercare di sfondare una porta quando si hanno le chiavi in tasca? L'Homo Laicus dovrebbe essere immune da qualsiasi pregiudizio di sorta, sia riguardo alle idee altrui (in particolare alle mie…), sia riguardo ai testi biblici.

È vero che la Bibbia può essere stata revisionata e manipolata, ma dovremmo ugualmente valutarne i contenuti, indipendentemente dalla conoscenza degli autori reali. D'altra parte, nessuna opera d'arte rimane intatta nel tempo e deve essere revisionata e ritoccata, senza necessariamente stravolgerne il significato originale e, non si può negare, che la Bibbia è una grande opera d'arte della cultura umana. Si tratta solo di coglierne degli aspetti utili per applicarli ad un contesto reale esistente. Chiudere la Bibbia in un cassetto perché probabilmente è stata manipolata, mi sembra quasi come «buttare via l'acqua sporca con il bambino».

Come non considerare, ad esempio ciò che dice Atti 2:44-45 (Tutti coloro che erano diventati credenti stavano insieme e tenevano ogni cosa in comune; chi aveva proprietà e sostanze le vendeva e ne faceva parte a tutti, secondo il bisogno di ciascuno.), oppure Atti 4:32 (…e nessuno diceva sua proprietà quello che gli apparteneva, ma ogni cosa era fra loro comune.).

4 mail EG - 7 ottobre 2002

Sì, è vero, i difetti del marxismo, sul piano dell'economia politica, sono stati gravi, ma quelli del liberismo molti di più. Se provi a leggere Smith, Ricardo e tutti gli altri, ti accorgi subito che tra loro e Marx c'era a dir poco un abisso. Non a caso ancora oggi nei manuali scolastici di economia politica Marx è trattato pochissimo.

Quanto a Lenin io lo ritengo, semplicemente, il più grande politico di tutti i tempi, infinitamente superiore ai vari Cavour, Churchill ecc. Il patrimonio di questi personaggi (Marx e Lenin) è di inestimabile valore, e il fatto che i loro obiettivi non si siano realizzati come avrebbero dovuto non ci autorizza né a buttar via tutto quello che hanno prodotto, né a considerare il pensiero del mondo contemporaneo superiore al loro.

Secondo me l'unico che sia riuscito a proseguire in maniera intelligente, dando una svolta umanistica, il pensiero di Marx e Lenin è stato Gorbaciov, con la sua *perestrojka*, che purtroppo però, anche in questo caso, non ha dato i risultati sperati.

D'altra parte questo è un destino che accomuna molti grandi della storia: a partire da Spartaco, Cristo... per finire con Luther King, Che Guevara, Malcolm X... I profeti vengono fatti a pezzi in maniera sistematica sin dal... Vecchio Testamento.

L'Urss commise anch'essa molti errori, ma non dobbiamo dimenticare ch'essa stava compiendo la più grande rivoluzione della storia, quella che nessuno fino a quel momento era mai riuscito a compiere: *portare i lavoratori al potere*. L'ostilità, che si espresse anche in maniera militare, di tutti gli altri paesi capitalisti fu fortissima: l'Urss praticamente fu attaccata da forze straniere sin dall'inizio e continuò ad esserlo sino al nazismo, per non parlare dello scatenamento della guerra fredda voluto da Churchill e proseguito dagli Usa.

Lo stalinismo è stato una grandissima disgrazia per la Russia, ma mi chiedo cosa sarebbe stato il nazismo se avesse vinto la guerra. Anzi, a volte mi chiedo cosa sarebbe stato il nazismo per tutta l'Europa occidentale se la Russia non l'avesse sconfitto sul fronte orientale. Non dimentichiamoci infatti che gli alleati hanno cominciato a pensare seriamente a uno sbarco in Europa solo dopo aver visto che sul fronte orientale la partita era ormai persa e che il comunismo rischiava di dilagare.

Il bolscevismo purtroppo ha preso il marxismo troppo alla lettera e non ha saputo declinarlo nella situazione particolare della Russia tardo-feudale. Lenin, a differenza di Marx-Engels, seppe rivalutare l'importanza dei contadini, ma non sino al punto da porre basi sicure per uno sviluppo democratico del socialismo.

La Nep ebbe vita breve perché Lenin fu sostanzialmente assassinato. D'altra parte cosa deve fare un uomo che avverte tutto il peso delle contraddizioni del sistema in un paese di analfabeti? Marx ed Engels emigrarono, lui invece rimase. Io non mi sento di addossargli delle responsabilità più grandi di quelle che poteva avere. Semmai dovremmo farlo con lo stalinismo, anche se, sinceramente parlando, non credo che il trotskismo, se avesse vinto la partita, avrebbe fatto di meglio.

Quando dici che «collettivizzazione» non significa «comunione» devo darti ragione: essa fu compiuta con la forza, non col consenso, per cui si trattò non di una «socializzazione graduale» ma di una «statalizzazione forzata e accelerata». Però non puoi prendere come esempio la «comunione» degli Atti degli apostoli, perché quella è «comunione della distribuzione» e non della «produzione». Allora il cristianesimo cercò di porre le basi per un'equa ripartizione di beni che i cristiani stessi ottenevano all'interno di una produzione tutt'altro che democratica: infatti al loro tempo dominava lo schiavismo, che tale rimarrà sino al servaggio medievale. Tra i cristiani vi erano anche schiavisti (come p.es. Filemone).

Se vogliamo, possiamo dire che con l'introduzione del cristianesimo, il massimo che si sia riusciti ad ottenere sul piano della produzione è stato appunto il servaggio, che costituisce una sorta di democratizzazione dello schiavismo.

Sulla questione tecnologica il discorso è molto complesso e non credo di avere competenze sufficienti per affrontarlo. Personalmente sono convinto che una qualunque tecnologia che non sia facilmente smaltibile o reintegrabile o che non permetta alla natura di riprodursi in maniera agevole, andrebbe tassativamente evitata. Noi non possiamo lasciare alle generazioni future il peso delle nostre immondizie. Se tutti i paesi del mondo fossero capitalisti come il nostro, la terra avrebbe i giorni contati.

Anche in questo il marxismo ha avuto le sue responsabilità, poiché non ha mai messo in discussione la necessità di regolamentare lo sviluppo progressivo della tecnologia. Gli uomini dovrebbero essere padroni dei mezzi che usano, soprattutto della loro manutenzione: cosa che oggi, con la divisione accentuata del lavoro e l'alto livello scientifico della tecnologia, è assolutamente impossibile. Quello che di te non capisco, per concludere questa tornata di pensieri, è perché preferisci avvalerti della Bibbia e non p.es. dei testi classici del socialismo utopistico, visto che non ti poni l'obiettivo di ribaltare il sistema, ma solo di creare piccole comuni che dovranno espandersi a macchia d'olio. Mi fa specie che una persona intelligente come te sia passata dal socialismo alla religione. La religione, anche nel migliore dei casi, resta sempre un oppio.

Se dovessi costruire una comune con qualcuno, la prima cosa che imporrei sarebbe la separazione di laico e profano: nel senso che ognuno è libero di seguire la fede che vuole, ma a condizione che rispetti rigorosamente la libertà «da» ogni religione.

5 mail PN - 9 ottobre 2002

L'ultima cosa che mi sognerei è di difendere l'economia politica liberista, ma non voglio neanche affrontare il problema come se fosse una gara a punti, per giudicare chi ha commesso gli errori più gravi, se l'economia politica socialista o quella liberista.

Sono convinto che la storia non vada analizzata in modo riduzionistico (ossia valutarne separatamente le singole parti nelle loro aspettative, realizzate o disattese), ma è necessario, per una visione più obiettiva, analizzarla in modo *olistico* (cioè valutare l'insieme e il rapporto tra gli elementi che lo compongono). Cerco di spiegarmi meglio con un esempio. Io sono cresciuto in una famiglia di marxisti sviscerati (padre, madre, fratelli, zii, cugini, nonni...), dove esisteva il «culto» del sovietico.

Mio padre «venerava» Lenin e l'Unione Sovietica e si è sempre sentito in dovere di istruirmi sulla bontà del sistema socialista e sulle sue conquiste in campo umano, sociale, economico e organizzativo. Conosco perciò la storia dell'Unione Sovietica in modo abbastanza approfondito e posseggo ancora enciclopedie, libri e documentazioni visive sull'argomento. Fino a pochi anni fa disponevo ancora di una copia de l'Unità del giorno della morte di Stalin, con caratteri cubitali in prima pagina: «Gloria eterna all'uomo che più di tutti ha fatto per l'umanità»...

Mio padre era sempre pronto a giustificare gli errori commessi dall'economia politica dell'Urss (che lui non chiamava «errori» ma «necessità»), anche se erano a danno della condizione umana e della stessa vita delle persone. Lenin ha fatto questo perché era costretto da... Stalin ha fatto quest'altro perché era pressato da... Se non ci fossero stati gli attacchi di... Egli è morto con la convinzione che tutto quello che era sovietico era, per principio, giusto. Non è riuscito a vedere il disastro nucleare in Ucraina, la caduta del muro di Berlino e il disfacimento dell'Unione Sovietica.

Ti ho fatto l'esempio di mio padre per dirti che tutti noi esseri umani, indistintamente, abbiamo (e potremmo soltanto avere) una visione limitata di ciò che ci circonda. È come se possedessimo ognuno un piccolo tassello di quell'enorme puzzle che è la storia umana. Se diamo un carattere di universalità al nostro tassello (che inevitabilmente è diverso da tutti gli altri) ci sembrerà logico che le nostre convinzioni siano obiettive e quelle altrui, se non combaciano con le nostre, siano di parte.

D'altra parte ci costruiamo il nostro tassello in base alla cultura che abbiamo appreso, che c'insegna ciò che è normale e quello che invece non lo è. Poiché le culture si contrappongono (e non sempre in modo formale) significa che qualche cosa di anormale ci deve pur essere. Ma normale in conformità a che cosa? Qual è il metro di misura per stabilire se un certo comportamento è normale in assoluto o se lo è solo per noi? Ancora una volta devo dirti che solo confrontando il pensiero umano con l'insegnamento della natura possiamo avere una valutazione obiettiva.

Non ho difficoltà a condividere il tuo entusiasmo nel sottolineare la grande «caratura» di Marx e di Lenin, come ho apprezzato i tentativi di Gorbaciov, e non è vero che voglio «buttare tutto quello che hanno prodotto, né a considerare il pensiero del mondo contemporaneo superiore al loro». Ho predicato a te di non buttar via la Bibbia in questo modo e sarebbe ridicolo se poi avessi io queste pregiudiziali.

Per la verità, ogni cultura ha qualcosa di buono da offrire, ma ad una condizione: che regga il confronto con l'esperienza evolutiva della natura e il suo apice, che consiste nell'essere umano. Per esempio è facile stabilire che il pensiero del mondo contemporaneo, individualista e competitivo, è completamente estraneo alla natura, che si basa invece su strutture altamente sociali.

Tuttavia anche questo pensiero ha prodotto qualcosa di naturale. Ad esempio la specializzazione dei ruoli è un fondamento della natura (le cellule del nostro corpo sono fortemente specializzate), ma non lo è la diversa remunerazione dei ruoli (nessuna cellula ha un trattamento differenziato dalle altre cellule). Quindi, se il compagno direttore o il compagno segretario hanno la dacia in campagna e io no, è chiaro che è un comportamento non naturale.

Per fare un altro esempio, il centralismo politico ed economico è naturale? Il nostro corpo ha un cervello che, attraverso ramificazioni nervose, tiene i contatti con tutte le altre cellule. È curioso notare, però, che è solamente un controllo politico ma non economico, poiché ogni cellula è una struttura economicamente autosufficiente. Allora è facile capire che l'economia centralizzata è fortemente innaturale (la Nep, da quest'ottica, era molto più naturale). Né lo è di certo l'economia di mercato, perché sarebbe come dire che è naturale che le cellule competano tra loro: un'aberrazione!

Tra le cellule del corpo umano vige la regola: «Da ciascuno secondo le sue possibilità, a ciascuno secondo le sue necessità», tanto cara a Marx, ma mai realizzata veramente da nessuna società umana postuma al comunismo primitivo. Potrei farti decine di questi esempi, ma spero di aver comunque chiarito il concetto.

Non è che mi avvalgo della Bibbia e non dei testi classici del socialismo utopistico. Cerco ciò che è «naturale» nell'una e negli altri: è il mio metodo di valutare le cose, ma posso dirti che trovo senz'altro più rivoluzionario il pensiero cristiano che non i testi classici del socialismo utopistico. Concordo che «la religione, anche nei migliori dei casi, resta sempre un oppio», ma la fede cieca in una qualunque ideologia umana (vedi per esempio mio padre) è una forma di religione altrettanto oppiacea. Ho solo suggerito un modo per attenuare l'effetto dell'oppio della cultura umana, affinché non ci ottenebri completamente la mente. Se poi riscontri che anche la filosofia della natura può provocare effetti di dipendenza, poco importa, poiché è senza dubbio il male minore, e affidandoti ad essa vai sul sicuro.

Vorrei fare una distinzione tra quello che definiamo *sistema* e quello che chiamiamo *potere*. Il potere è lo strumento che ha in gestione il sistema e può essere cambiato (come cambiare la gestione di una pizzeria), senza che il sistema subisca significativi cambiamenti d'indirizzo (sempre pizzeria rimane).

Anch'io ho a cuore quanto te di ribaltare il sistema, ma per farlo ritengo inopportuno e controproducente scontrarsi con il potere. «Creare piccole comuni che dovranno allargarsi a macchia d'olio» può apparire solo poca cosa, ma è il solo modo che conosco di realizzare il comunismo, e, quel che mi conforta, è il solo ad essere sostenuto dagli «ideali» della natura.

«Se vogliamo possiamo dire che con l'introduzione del cristianesimo, il massimo che si sia riusciti ad ottenere sul piano della produzione è stato appunto il servaggio»... Noto che tendi a mettere ogni cosa sul piano economico, eppure ho letto, in qualche parte del tuo sito, che la qualità della vita non è legata solamente alle disponibilità materiali. Il cristianesimo non è una filosofia economica, ma *umanistica*, soprattutto è completamente inerte nei confronti di qualsiasi sistema politico ed economico, perché, per sua natura, accetta e lascia intatto il sistema che trova. Il servaggio, perciò, non è il risultato dell'applicazione del cristianesimo, ma dell'opera di un potere politico che nei secoli si è servito di una classe clericale che di cristiano aveva ben poco.

Il pensiero cristiano non è quindi idoneo come strumento per la lotta di classe e, tanto meno, per ribaltare un sistema politico ed economico. Proprio per queste sue caratteristiche d'inerzia politica, però, il cristianesimo (dal punto di vista laico e non oppiaceo) sarebbe adatto (come il guanto in una mano) come cultura aggregante per le microsocietà autonome comuniste.

«Se dovessi costruire una comune con qualcuno, la prima cosa»... che ti consiglierei è di assicurarti che quel qualcuno la pensi esattamente come te, per due importanti motivi. Per prima cosa eviteresti di «imporre» qualcosa a chicchessia, perché il fondamento del comunismo e della democrazia è il libero consenso. Come seconda cosa è meglio che tu sappia che nel corpo umano le cellule mutagene non sono viste di buon occhio...

5 mail EG - 10 ottobre 2002

Tu parli di visione olistica, ma è proprio perché voglio guardare le cose in maniera complessiva che sono molto scettico sulla volontà delle istituzioni di rispettare ciò che a loro non appartiene. È il concetto stesso di «civiltà» che mi spaventa.

Nei manuali di storia facciamo partire la «storia» dalla nascita delle civiltà, ma se c'è qualcosa nella storia del genere umano che presenta più caratteristiche antidemocratiche, son proprio le cosiddette «civiltà». La nostra civiltà fa pesare moltissima parte delle proprie contraddizioni (che son poi quelle di capitale e lavoro) ai paesi del Terzo mondo e non da oggi ma almeno da 500 anni, e se pensiamo alle crociate il tentativo era stato fatto un millennio fa, senza considerare che tutta la civiltà romana è stata, come quella odierna, un saccheggio infinito di risorse umane e materiali.

Mi riesce, per questo, molto difficile pensare alla possibilità di realizzare un'alternativa praticabile nell'ambito del sistema, di ogni sistema basato sull'antagonismo sociale: ti tollerano ma solo fino al punto in cui non dai veramente fastidio, poi ti eliminano senza pietà. Moro non era forse uno degli intellettuali di spicco della Dc? Eppure come hanno fatto presto a eliminarlo (i suoi stessi colleghi di partito!) quando hanno visto che la mano ai comunisti era troppo tesa...

Son secoli che passiamo da una forma di sfruttamento e di oppressione a un'altra. Temo che non riusciremo più a tornare indietro, a meno che sconvolgimenti epocali non ci obblighino a farlo... Ecco perché ritengo che l'unica vera opposizione al sistema sia quella di non dargli nessuna fiducia, di approfittare di tutte le sue debolezze e non di avere «pietà» quando verrà il momento opportuno.

Da questo punto di vista faccio poca differenza tra «sistema» e «potere»: questo è l'espressione principale di quello; anzi, sotto il capitalismo, il potere politico non è che un'espressione di quello economico (mentre sotto lo stalinismo si ebbe la pretesa di fare il contrario).

Ricordi gli incontri di Gorbaciov con Reagan a Rejkyavik? Gorbaciov si meravigliava alquanto che il più grande leader del mondo non era in grado di prendere alcuna decisione se prima non si fosse interpellato con le lobbies (cioè l'apparato economico-militare) che l'avevano mandato al governo, e se le lobbies volevano la guerra fredda e lui la pace, lui doveva far di tutto per continuare la guerra fredda.

Questo per dirti che posso anche essere d'accordo di partire dal basso (in fondo i cristiani son partiti dalle catacombe!), dalle piccole comuni o da esperienze di autogestione, di mutualismo e di cooperazione a tutti i livelli - tutto questo però avrà un vero senso solo se rimarrà fermo l'obiettivo finale, che non è quello di puntellare un sistema decadente o di sopravvivere ai contraccolpi del crollo, ma quello di costruire un'alternativa all'antagonismo sociale, cioè un socialismo veramente democratico.

Sono perfettamente d'accordo con te anche sul fatto che un'operazione del genere dovrà basarsi sull'integrale rispetto delle leggi della natura, che purtroppo la nostra civiltà tecnologica ha quasi completamente dimenticato. L'uomo è un ente di natura, appartiene alla natura e qualunque violazione ai principi della natura si ripercuote in ultima istanza sui principi stessi della democrazia.

Quanto alla tua visione del cristianesimo mi trovi purtroppo sul versante opposto. Per me il cristianesimo è nato tradendo il messaggio del Cristo, per cui qualunque uso se ne possa fare è per forza di cose molto limitativo, e se ci si sforza di sottoporlo a critica laico-umanistica il risultato è sempre lo stesso: bisogna uscire dalla chiesa e vivere come se il cristianesimo non esistesse.

Se io pongo il cristianesimo, anche in versione laicizzata, come *trait-d'union* dei possibili membri di una comune, ho già inevitabilmente tagliato i ponti con tutti quelli che non sono religiosi o credono in altre religioni. Ecco perché vado predicando una sorta di *umanesimo laico* in cui tutti, dal punto di vista umano, possano riconoscersi, a prescindere dalle fedi religiose.

6 mail PN - 15 ottobre 2002

Concordo con gran parte del tuo ultimo scritto: segno che il dialogo serve effettivamente a smussare gli spigoli. Solo una visione complessiva della storia ci consente di capire che cos'è la cosiddetta civiltà o, meglio, cos'è stato il processo di civilizzazione: un crescente sfruttamento dell'uomo sull'uomo.

Come sai il 20% degli abitanti del pianeta dispone dell'80% delle risorse. Condivido dunque i tuoi timori che questo processo sia irreversibile e non sia più possibile tornare indietro, ma non essere pessimista, perché la storia non è una linea retta, ma un'immensa linea curva che, alla fine, come in un cerchio, tornerà nel punto preciso in cui è iniziata.

È un concetto che vorrei poter chiarire con poche parole ma non sono in grado di farlo. Per questo ho deciso di inviarti un voluminoso allegato, dove, a caratteri generali, tento di riassumere quella che è l'organizzazione della natura, di cui la storia dell'uomo è l'ultima fase.

Forse non è il momento più propizio, perché mi fai notare che il tempo a tua disposizione è limitato, ma come già ti ho detto in precedenza, non voglio farti fretta. Se questa è «una partita a scacchi», prenditi tutto il tempo necessario per fare la mossa successiva. In questo allegato ci sono argomentazioni un po' specialistiche (anche se ho cercato di trattarle nel modo più semplice possibile) e, forse per te inusuali, perciò spero che la tua pazienza non sia direttamente proporzionale al tuo tempo libero... perché mi interesserebbe una tua valutazione, che potrebbe essere di qualche utilità a questo dialogo a distanza.

Non intendo dare il mio contributo per «puntellare» un sistema che sono certo dovrà cadere (da solo!), ma la realizzazione di microsocietà autonome comuniste ci darebbe modo di uscirne il più in fretta possibile per non esserne travolti dal crollo. Mi è difficile concepire un tipo di socialismo democratico che sia immune dalle influenze del sistema (e per sistema intendo quel processo di civilizzazione che sta durando da millenni). Penso che alla fine si trasformerebbe anch'esso in un puntello al sistema stesso, come lo è stato per certi versi il socialismo realizzato.

Ci sono molti aspetti della nostra quotidianità che diamo per scontato che siano naturali, ma sono invece il prodotto di tradizioni proprie della nostra civiltà. Non sono mai stati presi in considerazione da nessun modello politico che si metteva in contrapposizione al capitalismo, sia che si definisse democratico o rivoluzionario.

Per questo ritengo necessario partire da zero con delle strutture che sono politicamente ed economicamente al di fuori del sistema, anche se, come dici tu, ci sono dei rischi da correre (in ogni caso anche le microsocietà autonome comuniste sono una forma di socialismo democratico). Anche per quanto riguarda il cristianesimo non siamo per niente su fronti opposti. Il pensiero cristiano al quale mi riferivo è il messaggio del Cristo che è stato tradito.

L'apostasia ha fatto in fretta ad infiltrarsi nell'organizzazione cristiana del primo secolo e Cristo stesso aveva preannunciato questo avvenimento. La nascente chiesa cristiana non ha tardato a «puntellare» il sistema politico romano, dal quale era inizialmente perseguitata. I punti fissi del pensiero cristiano non sono quindi gli innumerevoli trattati teologici prodotti nel corso dei secoli, ma unicamente i testi biblici canonici (che se anche fossero stati manipolati lo sarebbero stati nel primo periodo cristiano, perché in seguito sarebbe stato praticamente impossibile, vista la loro rapida diffusione).

Basta fare un confronto, anche superficiale, per rendersi conto che Bibbia e chiese cristiane sono due cose completamente diverse. Condivido la tua scelta di uscire dalla chiesa ma immagino che non ti sia costato poco. Io non sono uscito dalla chiesa perché non ci sono mai stato dentro, ma conosco anch'io la delusione e la frustrazione per la «caduta di un mito» al quale si è umanamente legati. La mia esperienza è stata all'opposto della tua, poiché negli «anni di piombo» orbitavo attorno a movimenti dell'estrema sinistra, che riconoscevo come unico strumento per abbattere il sistema.

I fatti, più che la ragione, mi hanno indotto a considerare il fallimento delle mie convinzioni. Ho vissuto quegli anni «come se il cristianesimo non esistesse» in quanto ho sempre abbinato (erroneamente) il pensiero integrale di Cristo con la dottrina filo-sistema della chiesa. Ho sempre mantenuto le distanze dalla chiesa e le ho accentuate quando ho scoperto senza pregiudizi il pensiero di Cristo, che è sempre stato velato o addirittura stravolto dalle chiese pseudo cristiane.

Mi sforzo di mantenere una visione laica della parola di Cristo, e sono giunto alla conclusione che è l'unica cultura prodotta dall'umanità in grado di aggregare le persone e tollerare le diversità individuali, che si presentano in qualsiasi associazione umana (microsocietà comuniste comprese).

6 mail EG - 2 gennaio 2003

Sì, anch'io penso che la storia non sia una linea retta, altrimenti non saremmo uomini ma divinità, e penso anche che la fine, *mutatis mutandis*, coinciderà con l'inizio, come è giusto che sia, anche se la curva mi piace immaginarla tortuosa, non un cerchio perfetto, cioè statico, fatalista, alla greca, ma una sorta di spirale, come diceva Lenin nei *Quaderni*.

Forse questa linea ritorta può spiegare il motivo per cui persone come noi due possano vivere strade diversissime e approdare a risultati più o meno analoghi. Questo forse a testimonianza che una sorta di «Verità», con la maiuscola, da qualche parte deve esistere, come diceva sant'Anselmo. Per fortuna però non la conosciamo, così possiamo misurare chi di noi è di provata virtù, sino al giorno in cui vedremo in trasparenza.

Come vedi, ti sto parlando con un linguaggio di tipo religioso: io che sono lontano dalla religione mille miglia... È che nella mia vita ho fatto un grande sforzo di laicizzazione di contenuti religiosi, nella speranza di ritornare a quel che si presume sia stato detto e fatto prima del tradimento teorico e pratico del «vangelo di Cristo», che sicuramente non è quello che leggiamo.

La laicizzazione in verità è cominciata da un pezzo: io la faccio risalire alla riscoperta dell'aristotelismo nelle Università italiane. È stata portata avanti dalla borghesia e soprattutto dalla filosofia idealistica tedesca, per concludersi col marxismo.

Ora quella laicizzazione deve umanizzarsi al massimo per essere credibile agli occhi delle masse e non solo degli intellettuali. Non basta affermare la verità delle cose: bisogna dimostrarne anche la giustezza. E per fare questo occorre qualcosa di più del semplice ragionamento logico.

Finché un ateo è rozzo e incivile, nessuno crederà mai che l'ateismo è il modo migliore per salvaguardare la purezza del «totalmente altro». Se un dio esiste, dobbiamo dire che assolutamente esso «non è», cioè è tutto ciò che non è, perché qualunque sua rappresentazione o raffigurazione è *ipso facto* una falsificazione. «Dio è tenebra, è caligine» - dicevano i teologi bizantini, che in tal modo, avevano in un certo senso posto le basi di un'altra forma di ateismo, non catafatica (alla occidentale), ma *apofatica*.

Sono convinto che in nome dell'ateismo umanistico sarà possibile in futuro aggregare persone provenienti da varie fedi e religioni. Io stesso ho scritto molto sul N.T. homolaicus.com/nt/ e con quello che ho nei cassetti potrei buttar nel sito il doppio, se avessi tempo.

Comunque ho già spiegato i motivi di questo negli articoli dedicati all'ateismo homolaicus.com/teoria/ In Italia le fonti cristiane vengono considerate o inutili o patrimonio esclusivo della chiesa. Eppure lì è racchiuso tutto il senso della storia passata presente e futura. Ci sono livelli di profondità umana così elevati che probabilmente ci vorranno ancora molti secoli prima che si riesca ad afferrarne l'essenza, e in questo, ne sono convinto, la chiesa non avrà alcun ruolo positivo da giocare, né alcun'altra religione.

7 mail PN - 5 gennaio 2003

Immagina una lunga ed estenuante corsa a staffetta, di una squadra intenta a cercare un primato. Ogni elemento è in possesso di un testimone che deve consegnare al prossimo atleta che è in attesa. Unica condizione della gara è che la direzione, qualunque essa sia, deve procedere lungo una linea perfettamente retta, quindi tutti sono in possesso di una bussola. Ogni atleta deve quindi, per costrizione, scavalcare palazzi, attraversare mari, fiumi, deserti, valicare montagne... Un qualunque punto di partenza sarà inevitabilmente, col tempo, anche il punto d'arrivo, dopo un giro completo attorno al pianeta. I percorsi individuali non saranno mai identici tra loro, perché alcuni saranno irti di spine e triboli, altri più agevoli; certi saranno lunghi ed altri più corti; alcuni atleti avranno coscienza dei luoghi dove stanno correndo, altri ne saranno completamente all'oscuro. Se uno stramazza sfinito al suolo o subisce un incidente che ne impedisce la corsa, subito un altro prende il testimone e ricomincia a correre.

Avrai capito che per squadra intendo l'intera umanità, gli atleti siamo noi individui, il primato è la ricerca illusoria del benessere; le tappe da percorrere sono le generazioni che si susseguono, il testimone è la cultura che viene lasciata in eredità, il percorso è la storia umana, la bussola che ci guida sono i nostri bisogni (reali o fittizi che siano) da soddisfare, il punto di partenza (e quindi il punto di arrivo) è il comunismo primitivo.

Uno potrebbe anche rifiutarsi di correre, o esserci una diserzione di massa, ma questo non impedirebbe alla corsa di proseguire. Certe tappe potranno essere caratterizzate dalla presenza di marxisti o di liberisti, progressisti o reazionari, internazionalisti o localisti, oppure essere «illuminate» da personaggi illustri come Aristotele, Cristo, Lenin, ma... la corsa continua, secondo i desideri della direzione organizzatrice della competizione, quella che tu chiami «Verità» con la V maiuscola.

Ognuno di noi non è prigioniero di un fato (alla greca) ed è dotato di un certo libero arbitrio (è per questo che è scritto che Dio ci ha fatto simili a lui?), ma l'umanità nel suo insieme sta certamente svolgendo l'incarico fornito dal suo committente. Se alla natura, per proseguire la sua scalata alla «piramide», occorreva una comunicazione tecnologica, poteva solo far leva sulla specie umana, ed è quanto è accaduto.

La storia ha dimostrato che il «pensiero unico occidentale» si è rivelato il più idoneo per incentivare lo sviluppo tecnologico (ed eseguire il «programma»), sbaragliando qualsiasi cultura umana che ostacolava (e che ostacola) il suo cammino. Ad esempio, le lotte del movimento anti-globalizzazione possono forse rallentare o rendere tortuoso questo processo, ma... la corsa continua.

Penso perciò che sia solo tempo perso parlare di sviluppo sostenibile, di ridistribuzione delle risorse, di mercato equo solidale, di processo di democratizzazione o (ti ricordi?) di «fantasia al potere». Se ragioniamo con la convinzione dell'assoluta libertà d'azione della specie umana nel nostro pianeta, come se l'uomo fosse al di sopra delle leggi della fisica, allora possiamo anche illuderci che queste cose siano realmente fattibili (senza dubbio sono umanamente desiderabili), ma gli occhi della natura non vedono le sofferenze dell'uomo e la sua fatica di vivere, ma vedono l'umanità come lo strumento per una sua organizzazione più complessa.

Questo non ci esonera (e non ci impedisce) di fare delle scelte individuali, che non necessariamente devono essere «politiche» (intendendo con questo termine i rapporti tra individui e istituzioni), ma che soprattutto devono essere «sociali» (ossia incentivando i rapporti di collaborazione col nostro prossimo, ignorando, o quasi, le istituzioni). Ciò che intendo l'ho scritto nel file che ti ho inviato, «Le autonomie comunitarie».

Affermi che la laicizzazione «è cominciata da un pezzo» e la fai «risalire alla riscoperta dell'aristotelismo nelle università italiane». Io penso che la laicizzazione (inteso come movimento d'opinione che non accetta le ingerenze politiche di una qualunque religione) è nata con la nascita stessa della religione, cioè col primo allontanamento dal comunismo primitivo.

Tra i cacciatori-raccoglitori non esistevano ruoli specializzati e anche «l'uomo medicina» (o lo «stregone», usando il termine spregiativo di noi occidentali) era obbligato ad andare a caccia, a difendere il gruppo e a tutti i compiti di uomo, di padre, di anziano, di consigliere. Solo questo poteva accrescere la sua considerazione in seno al gruppo.

Quando questo soggetto si è trasformato in «sacerdote», cioè adibito a tempo pieno a quell'unica mansione, non era più necessaria la considerazione dei membri della comunità: era sufficiente la loro cieca obbedienza alle regole clericali.

I soldati professionisti (l'altro ruolo specializzato, come i sacerdoti) provvedevano affinché fossero rispettate queste regole. L'insofferenza a tali imposizioni si è manifestata fin dall'inizio, e con essa il desiderio di laicizzare la vita della comunità. Concordo con te che «quella laicizzazione deve umanizzarsi al massimo per essere credibile agli occhi delle masse e non solo degli intellettuali». Per fare questo sarà comunque necessario laicizzarci anche dalla potente religione del consumismo, e non la vedo un'impresa semplice.

Ora tu, però, mi dici «che in nome di un ateismo umanistico sarà possibile in futuro aggregare persone provenienti da varie fedi e religioni». Non metterei sullo stesso piano il laicismo e l'ateismo, non perché uno possa essere più valido dell'altro come punto d'aggregazione, ma perché partono da due presupposti diversi.

Come ormai sai, io sono abituato a ragionare in termini di *naturale* e di *non naturale*, orientandomi ovviamente sempre verso la prima forma. Mi chiedo quindi se il laicismo o l'ateismo facciano parte della nostra natura o siano forzature culturali che ci tramandiamo da millenni. Come fare per capirlo? Beh, un modo ci sarebbe, se immaginiamo di tornare alle condizioni del comunismo primitivo, o se analizziamo, a banda larga, la cultura degli attuali cacciatori-raccoglitori di tutti i continenti.

Quello che ci apparirà evidente è che tutti i gruppi, indistintamente, hanno un qualche bisogno spirituale da soddisfare. Poiché questo bisogno è nato in modo indipendente in tutte le comunità primitive del pianeta, passate e presenti, è ragionevole pensare che questo bisogno sia integrato nel codice genetico della nostra specie. Non meccanicamente questo sentimento deve sfociare nella fede di un Dio unico e onnipotente, poiché sono d'accordo che una «qualunque sua rappresentazione o raffigurazione è *ipso facto* una falsificazione». Lo è anche l'ateismo, ossia la negazione della sua esistenza, perché è la negazione di un bisogno naturale.

Come potrò dare da mangiare a un affamato se non credo che abbia fame? Dovrò considerarlo un mistificatore, perché io stesso non ho quell'appetito? Sono convinto che il nostro appetito spirituale è scomparso perché abbiamo fatto indigestione di religione, cioè di cultura indotta o imposta. Credo che se si ristabilissero le condizioni sociali del comunismo primitivo (e quindi del nostro codice genetico) la «nausea» svanirebbe e ci ritornerebbe un sano appetito spirituale. Personalmente non so spiegarmi la funzione (ai fini utilitaristici della natura) di questo comportamento genetico, sono però convinto che uno scopo pratico deve pur esistere.

«È come se le fonti cristiane vengano considerate o inutili o patrimonio esclusivo della chiesa. Eppure lì è racchiuso tutto il senso della storia passata presente futura. Ci sono livelli di profondità umana così elevati che probabilmente ci vorranno ancora molti secoli prima che si riesca ad afferrarne l'essenza, e in questo, ne sono convinto, la chiesa non avrà alcun ruolo positivo da giocare, né alcun altra religione».

Io e mia moglie abbiamo letto e riletto questi passi dal contenuto «profondo», che hanno forse «spremuto» il succo di tutti i nostri discorsi, fino a questo momento. Laicizzando il pensiero cristiano si potrà anche comprendere cosa c'è di buono (e di naturale) nel pensiero di Marx o di Lenin o di altri pensatori illustri e meno illustri. È come se mettessimo un filtro a tutta la cultura umana: ciò che rimarrà sarà senza dubbio l'insieme di norme comportamentali a misura della natura umana. È attorno a questa cultura umanistica che si potrebbero effettivamente «aggregare persone provenienti da varie fedi e religioni». Questo è di certo il primo passo, ma, affinché l'aggregazione si possa trasformare in un'associazione stabile, occorre anche formulare un progetto fattibile, che possa compensare in modo concreto e vantaggioso gli sforzi materiali e intellettuali compiuti.

7 mail EG - 6 gennaio 2003

Ho l'impressione che tu in questa mail sia stato un po' fatalista. Vedi il pensiero occidentale come strumento di una volontà superiore che ci porterà a realizzare un fine anche senza la consapevolezza dei protagonisti (anche Hegel diceva cose analoghe); io invece lo vedo come strumento di una volontà umana antidemocratica che, come tutti gli strumenti, è destinato a essere superato da altri più efficienti (il che non vuol dire ancora più tecnologici), più sani (moralmente), meglio conformi alle leggi di natura.

O comunque anche supponendo che tu non abbia voluto fare professione di fatalismo, ma anzi di ottimismo, perché sei comunque convinto che la Verità o Dio realizzerà i suoi piani nonostante l'agire umano, io non mi sento di pronunciare una sola parola su questo, perché non ho strumenti metastorici o metacognitivi. Questo perché alla fine chiunque potrebbe dirmi che non ho uno straccio di «prova» di quel che voglio dimostrare.

Io stesso non sono affatto sicuro che l'umanità «svolgerà l'incarico fornito dal suo committente».

Non dirmi che tu sei uno di quei credenti che pensa che il Cristo sia arrivato sulla terra per farsi ammazzare o per rispettare la volontà del padre! Chi desidera il suicidio è un disperato o un folle, e il Cristo, come ogni uomo normale, desiderava morire di morte naturale. Sono state le circostanze a farlo morire tragicamente.

La crocifissione rientrava nei piani di dio? E perché non la rivoluzione antiromana, con cui si sarebbe posto fine all'oppressione? Anzi la giustizia dovrebbe rientrare di più della rassegnazione in questi piani, sempre che ci siano e di cui noi comunque non sappiamo nulla.

La rivoluzione antiromana era ormai diventata inevitabile al fine di assicurare ad Israele la pace interna, altrimenti la pace è solo rassegnazione al dominio del più forte: cosa che non si può accettare, neppure nella convinzione che, accettandola, si faccia la volontà di dio.

Questo per dirti che il pensiero occidentale per me è solo una tappa della degenerazione dell'uomo e che col suo sviluppo ulteriore noi finiremo sicuramente con l'autodistruggerci.

Nel passato abbiamo creduto nel marxismo perché ci sembrava che un'evoluzione di detto pensiero, in forma di rottura e non di continuità, ci avrebbe fatto uscire dalla logica del capitale. I fatti hanno poi dimostrato che non è così semplice uscire da questo meccanismo.

Ma questo non significa che l'esigenza della rottura fosse sbagliata. Sbagliati semmai sono stati i metodi, a mio parere troppo simili a quelli adottati in occidente. Non tanto perché troppo violenti contro il nemico, ché la violenza è inevitabile quando si viene attaccati, ma perché troppo ideologici nei confronti di chi invece aveva in qualche modo accettato la rottura. Alla fine la rivoluzione aveva sostituito una «chiesa» con un'altra «chiesa» (erano cambiati solo i dogmi).

Che cos'è dunque questa natura che non vede le fatiche e le tragedie dell'umanità solo perché deve realizzare un'organizzazione più complessa? Mi pare una natura divinizzata, una sorta di *deus ex-machina*, una provvidenza scientificizzata... Non stiamo forse ritornando nei meandri delle ideologie, da cui invece dobbiamo uscire per entrare finalmente nel terzo millennio?

Certo, non dobbiamo uscire dalle ideologie col pretesto che sono tutte fallite e riconfermare così il dominio del capitale, come stanno facendo destra e sinistra. Però dobbiamo uscire dalla pretesa che sia un'ideologia a dirci come dobbiamo comportarci nella vita quotidiana. Sono i bisogni e l'attenzione per questi bisogni che devono dircelo. Se un'ideologia ci insegnasse a vivere così, per me sarebbe già molto.

Perché quindi dire che «sia solo tempo perso parlare di sviluppo sostenibile, di ridistribuzione delle risorse, di mercato equo solidale, di processo di democratizzazione...»?

Non sono forse queste idee che ci inducono a prestare maggiore attenzione ai bisogni della gente? Per quale ragione la realizzazione di una organizzazione più complessa dell'agire umano dovrebbe prescindere da questi processi di democratizzazione? Perché dovrei preferire le incoerenze palesi di teoria e prassi del pensiero occidentale ai fini della realizzazione del «futuro comunismo primitivo»? Per quale ragione devo pensare che il male faccia più bene del bene?

Forse non riusciamo a capirci sui termini. Questa tua frase p.es. non riesco a condividerla:

«Io penso che la laicizzazione (inteso come movimento d'opinione che non accetta le ingerenze politiche di una qualunque religione) è nata con la nascita stessa della religione, cioè col primo allontanamento dal comunismo primitivo.»

Per me laicizzazione vuol dire semplicemente guardare le cose in maniera più razionale o terrena, comunque meno mistica. Non attribuisco alla laicizzazione un contributo al progresso della democratizzazione, perché questa è cosa che riguarda la prassi, mentre l'altra riguarda solo la teoria, e associare le cose, come fossero una causa dell'altra, non ha senso, in quanto la storia dimostra che lo sviluppo della laicizzazione non ha affatto portato a una maggiore democrazia ma solo a un diverso modo di sfruttare il lavoro altrui.

Se un giorno gli storici arriveranno a dire che nel Medioevo, nonostante l'integralismo politico-religioso, c'era sul piano pratico più democrazia di oggi, per me non direbbero nulla di sensazionale, anzi finalmente si porrebbero le basi per ripensare quello strano teorema secondo cui una maggiore laicizzazione del pensiero comporta una maggiore democraticità dei rapporti umani.

E neppure vedo la laicizzazione come un modo per affermare una divisione là dove c'era unità (come mi sembra tu lasci credere).

Io penso che il comunismo primitivo sia stato «laico» nel senso che non si faceva della religione uno strumento per dominare le coscienze, cioè nel senso che non si teorizzava qualcosa di estraneo al pensiero quotidiano, concentrato sulla soddisfazione di bisogni umani. Quando si cominciò a pensare che per soddisfare tali bisogni si aveva bisogno di una religione, ecco che allora è finito il comunismo primitivo e sono iniziate le civiltà. Gli uomini hanno cominciato a chiedere a dio (e ai suoi sacerdoti) ciò che non potevano più chiedere a se stessi, perché altri glielo impedivano, o con la forza o con l'inganno.

Certo, l'uomo ha molteplici bisogni spirituali da soddisfare, ma questo non significa che la risposta debba essere ricercata nei cieli. Il bisogno spirituale è fonte di creatività artistica ed è bene che resti tale, poiché ogni sua soddisfazione riduce le capacità creative dell'uomo, lo frena nella ricerca...

Ciò che non ho mai sopportato della religione è la costrizione a credere che per soddisfare determinati bisogni la strada più giusta sia appunto quella religiosa. Per quale motivo un bisogno spirituale può trovare soddisfazione vera solo in modo religioso? E per quale motivo a un bisogno spirituale viene per definizione attribuito un significato religioso? (Sull'origine della religione vedi quanto ho scritto qui: homolaicus.com/teoria/ateismo/ateismo9.htm).

Dio è un concetto astratto, frutto della nostra fantasia: l'ateismo serve solo per impedire che un concetto astratto possa dare soddisfazione a un bisogno concreto. Il bisogno dovrebbe rimanere bisogno, perché è questo che ci spinge a cercare sempre nuove soddisfazioni, nell'orizzonte umano e naturale che ci è stato concesso.

Continuiamo su questo, perché vedo che sugli stessi termini abbiamo opinioni diverse.

8 mail PN - 12 gennaio 2003

Non intendevo essere né fatalista, né ottimista. Non ho detto che il pensiero occidentale ci porterà, attraverso una sua continuità, a un sistema conforme alle leggi di natura e nemmeno che il capitalismo sia lo strumento di una volontà superiore. Ho semplicemente sottolineato che l'uso del libero arbitrio, di cui ogni essere umano è dotato, ha dato alla fine come risultato il sistema politico, sociale ed economico attuale, che vede il pensiero occidentale come dominante.

Su quali basi tu affermi invece che questo sistema «è destinato a essere superato da altri più efficienti (il che non vuol dire ancora più tecnologici), più sani (moralmente), meglio conformi alle leggi di natura»? Migliaia di anni di storia, fatta di lotte violente e non violente, in nome della giustizia umana, hanno forse modificato (o semplicemente scalfito) i rapporti basati sulla logica del profitto e della competizione? Il cambiamento «è destinato» solo perché la storia adesso la stiamo vivendo noi? Mi pare che il fatalista o l'ottimista, in questo caso, non sia io.

Nessuno degli avvenimenti storici è stato pianificato in anticipo da una «volontà superiore», e la storia avrebbe potuto avere percorsi e situazioni molto diversi da quelli che ha avuto. Anche mescolando e rimescolando le carte, però, il risultato finale non sarebbe affatto cambiato. Ci ritroveremmo comunque in condizioni simili e, in nome della giustizia umana, parleremmo ancora di esigenza di cambiamento.

Potremmo estendere il discorso all'intera evoluzione degli organismi pluricellulari, attribuendo tranquillamente al caso la comparsa di tutte le forme vegetali e animali. Avrebbero potuto benissimo sorgere specie alquanto diverse, magari senza dinosauri, oppure invece prolungando l'esistenza di questi fino ai giorni nostri. Tutto è potuto divenire senza far uso di una tabella di marcia predefinita. Di una cosa sono però convinto: l'evoluzione biologica avrebbe portato inevitabilmente all'essere umano. Questo per una ragione semplice: l'evoluzione della materia è in realtà l'evoluzione dell'informazione, e l'apice dell'evoluzione biologica poteva soltanto essere rappresentata da un organismo col più alto quoziente intellettivo possibile, l'uomo, appunto.

Forse potrà sembrarti bizzarro che la somma degli eventi casuali possa dare un risultato scontato, ma non è fatalismo, è matematica. Se, per esempio, una coppia di sposi decide di avere un figlio, ha una possibilità su due che questo possa essere sia maschio, sia femmina. Se decide di avere più figli, questi potrebbero essere tutti maschi o tutte femmine o combinazioni miste. Fatalità? No, casualità. Presa una popolazione nel suo insieme, però, la quantità di maschi e di femmine si avvicina al 50%, più cresce l'entità numerica della popolazione presa in esame. Fatalità? No, matematica.

Nessun destino, quindi, per i singoli avvenimenti storici, e nessuna interferenza sul nostro libero arbitrio da parte di una volontà suprema. Perciò non credo proprio che la crocifissione rientri nei piani di Dio e nemmeno la rivoluzione antiromana e tutte le altre rivoluzioni e ideologie, capitalismo compreso. Anche tu, come me, come tutti, non puoi prevedere se e quando potrà verificarsi un momento di rottura nell'esistenza di questo sistema, oppure se il suo superamento avverrà in modo progressivo. Per questo le previsioni di Marx o di Lenin, a tale riguardo, non mi dicono proprio niente. Su una cosa concordo con te, cioè che uno sviluppo ad oltranza del sistema capitalistico metterebbe seriamente in pericolo la vita stessa del pianeta, noi esseri umani compresi.

È stata, da parte mia, una scelta infelice dei termini, quando ho parlato di natura «committente» e di umanità «incaricata». Era solo un'espressione metaforica per dire che l'insieme delle casualità storiche determina un obiettivo inevitabile. Questo obiettivo lo possiamo individuare solo se guardiamo un po' più in là e un po' prima della storia dell'uomo, che è semplicemente una fase dell'auto-organizzazione della natura. Tale processo organizzativo, o se si preferisce, l'evoluzione a partire dal «big bang», è frutto di un'infinita serie di casualità, ma ciò che appare evidente (e nello stesso tempo stupefacente) è che il caso raggiunge sempre traguardi ripetitivi (livelli sistemici di complessità crescente), addirittura prevedibili. Se attraverso la casualità la natura ha prodotto il sistema sociale (matematicamente determinabile), è prevedibile che la prossima tappa sarà il sistema federativo, ossia l'aggregazione stabile e perenne dei gruppi sociali.

Come era mia intenzione spiegarti, con uno dei due file allegati, il passaggio dal sistema sociale al sistema federativo comporta una forma di comunicazione in tempi reali, al di sopra delle possibilità biologiche dell'uomo, appunto la comunicazione tecnologica. Ci sono volute parecchie migliaia di anni affinché la casualità incanalasse l'uomo nel percorso tecnologico, ma era scontato che questo avvenisse, allontanando l'uomo dal suo rapporto armonico con l'ambiente naturale e dalla struttura sociale del comunismo primitivo. In questo senso il capitalismo si è rivelato il sistema più idoneo allo sviluppo tecnologico, proprio perché è il più lontano dalla natura umana. Il sistema federativo comporta invece un ritorno totale alla reale natura dell'uomo, e la storia dovrà «sbarazzarsi» in qualche modo del capitalismo.

Credo anch'io che il capitalismo sia «destinato» a cadere, ma chissà se per lotte intestine o rivoluzioni o per la solidarietà umana o solo perché avrà esaurito la sua spinta propulsiva all'incentivazione tecnologica. Già il solo fatto che la tecnologia non sia assolutamente servita a migliorare le condizioni di vita dell'umanità, dovrebbe far riflettere che non è nata per nostro beneficio, ma per una trama della quale siamo solo protagonisti, non registi.

Se ti ho detto che era solo tempo perso parlare di sviluppo sostenibile, di ridistribuzione delle risorse... era solo per evitare di tuffarci e rituffarci nel mare delle casualità, senza capire dove si andrà a parare. Forse nel modo che mi sono espresso potrei sembrarti egoista e insensibile, indifferente alle sofferenze dell'umanità. Di certo non è così. Se preferisco dedicare il mio tempo alla definizione di microsocietà autonome comuniste, anziché occuparmi dei problemi umani a livello planetario, è perché sono consapevole che è il solo mezzo per esprimere, in modo concreto, il mio bisogno naturale di scambio di solidarietà col mio prossimo (che è tale proprio perché mi è vicino e posso collaborare direttamente con esso, mentre non posso, mio malgrado, aiutare il bambino etiope che sta morendo di fame).

D'altra parte, vogliamo analizzare a quali risultati sono pervenuti tutti gli sforzi e le lotte passate, tese a correggere e a superare la degradante condizione umana? Sviluppo sostenibile: chi potrà convincere gli Stati Uniti che sono loro la causa maggiore dell'inquinamento e dello spreco delle risorse del pianeta? O meglio, chi convincerà i cittadini americani a rinunciare alle loro comodità e ai loro privilegi, in cambio di una terra pulita? Chi potrà convincere le multinazionali che le foreste equatoriali sono patrimonio di tutta l'umanità, i «polmoni» del mondo e i serbatoi della biodiversità? Non hanno rinunciato neanche ai diritti sui brevetti dei medicinali salvavita per l'Aids in Africa!

Ti ricordi la promessa «rivoluzione verde», che doveva portare in dieci anni acqua, cibo e benessere a circa 700 milioni di disperati nel Terzo Mondo? Ebbene, la promessa è stata mantenuta e per 700 milioni di persone sono stati resi disponibili acqua, cibo, alloggio e un minimo di servizi pubblici. Nel frattempo, però, in quei dieci anni, la popolazione mondiale si è accresciuta di 800 milioni, vanificando gli sforzi di dieci anni, anzi, aggravando il problema. La stessa Cina, che a costo di immani (e inumani) sacrifici, sta rallentando il tasso di crescita della sua popolazione, si stabilirà probabilmente a un miliardo e mezzo di abitanti. Questo immenso «ibrido» politico sta accrescendo il suo PIL in proporzioni di boom economico continuo. Cosa ne sarà dell'ambiente e delle risorse del pianeta, quando un miliardo e mezzo di cinesi potranno a loro volta rivendicare tutte le comodità tecnologiche, che noi ben conosciamo? Chi li convincerà che solo gli americani e gli europei hanno questi «diritti»? Semplicemente uno sviluppo sostenibile non sarà possibile fino a quando esisterà il capitalismo, e, come dovrai darne atto, il pensiero occidentale si sta «bevendo» i cervelli della maggioranza della popolazione umana. Ogni forma di boicottaggio economico individuale (del tipo: non beviamo più Coca-cola), così come ogni forma di protesta formale (del tipo: sciopero della fame) o sostanziale (del tipo: tutti in piazza), sono solo forme di autolesionismo che non portano a nessun risultato concreto.

Del resto cosa potremmo fare? Sconfiggere militarmente il capitale, seguendo il consiglio di «Che» Guevara: «uno, dieci, mille Vietnam»? Forse, se ne valesse davvero la pena, ma vedere il ritorno del capitale in quella nazione, che solamente col sacrificio di molti milioni di persone è riuscita ad ottenere la libertà, mi fa dire che un solo Vietnam è più che sufficiente!

Anche altre forme diverse di lotta vengono riassorbite regolarmente dal sistema. Guarda per esempio che fine sta facendo la spontaneità del primo forum sociale internazionale di Porto Alegre. Sindacati e partiti politici della sinistra tradizionale (quelli che «trattano» col potere) hanno pian piano imbrigliato le regole del gioco e monopolizzato i forum successivi.

Il sistema sembra un grosso «buco nero» che accentra su di sé ogni tipo di espressione politica e ideologica. Guarda solo nell'ultimo secolo l'involuzione politica dei partiti e dei movimenti in Italia, che sono nati per contrapporsi al capitale, a partire dal partito socialista dei lavoratori, che poi ha dato vita al partito comunista, che poi ha dato vita a una miriade di partiti e di movimenti della sinistra, estrema e meno estrema: tutti sono scivolati lentamente verso il centro.

Lo stesso discorso vale anche per i partiti di destra. «La verità sta in mezzo», si dice, ma la verità è un'altra… Anche movimenti spontaneisti, non legati a nessun partito od organizzazione, subiscono la stessa sorte. Per esempio, in Brasile, i contadini disoccupati si coalizzano e occupano le terre incolte o poco sfruttate dei grandi proprietari terrieri. La tecnica consiste nel presidiare in massa dei terreni e resistere alle minacce della polizia. Una volta che il peggio è passato, il terreno espropriato è dato in gestione a delle famiglie di contadini senza terra, che di solito si associano in cooperative. Fin qui sembra che la lotta paghi e i fatti sembrano darti ragione, ma vuoi sentire il prosieguo della storia? Le cooperative s'indebitano fino al collo per modernizzare il loro lavoro, nell'agricoltura, nella trasformazione e nella piccola industria, per cercare di essere «più competitivi» nel mercato locale.

Sai chi sono di solito i referenti commerciali di queste cooperative? Le multinazionali europee ed americane! Ragionando in modo positivo si potrebbe dire che, intanto, questa gente ha trovato un lavoro (che nelle regole del mercato e della competizione significa però che altri hanno perso il loro posto di lavoro); realisticamente, però, si può costatare che il grande capitale ha trovato mano d'opera a basso costo, approfittando di quei poveretti che sono costretti ad un auto-sfruttamento intensivo, per pagare dei debiti che probabilmente non riusciranno mai ad estinguere. E la storia continua...

Adesso non dirmi che sono «catastrofista»! Io non vedo soluzioni politiche per il superamento del sistema capitalistico, ma sarei ben contento se tu formulassi delle tue ipotesi in merito.

«Certo, non dobbiamo uscire dalle ideologie col pretesto che sono tutte fallite e riconfermare così il dominio del capitale, come stanno facendo destra e sinistra. Però dobbiamo uscire dalla pretesa che sia un'ideologia a dirci come dobbiamo comportarci nella vita quotidiana. Sono i bisogni e l'attenzione per questi bisogni che devono dircelo. Se un'ideologia ci insegnasse a vivere così, per me sarebbe già molto».

Leggendo questo tuo passo confermo la tua osservazione che sugli stessi termini abbiamo opinioni diverse. La cosa in sé non è preoccupante, basta che ognuno spieghi con calma ciò che intende dire con quel termine. Comunque, dimmi se ho capito bene quel che volevi intendere.

Tu affermi che il nostro comportamento quotidiano deve essere guidato non da quello che ci viene propinato (ideologia), ma da quello che sentiamo dentro (bisogni), e saresti disposto a seguire un'ideologia che ti aiutasse a non impedire la soddisfazione di questi bisogni.

I bisogni sono il motore dell'esistenza di tutti gli esseri viventi, uomo incluso. I comportamenti degli animali e degli uomini sono determinati dai loro bisogni, ma esiste una notevole differenza tra i bisogni e i comportamenti degli animali e quelli degli uomini. A parte il fatto che gli animali, al contrario dell'uomo, hanno comportamenti più genetici che appresi, secondo la complessità della specie, la differenza maggiore consiste nel fatto che gli animali hanno bisogni originati da un ambiente naturale, scarsamente modificabile nel tempo, mentre l'uomo deve imparare ad adattarsi ad un ambiente artificiale, che si modifica in tempi sempre più rapidi e in maniera sempre più radicale. Che si tratti di bisogni primari, come mangiare, bere, dormire..., o bisogni secondari, questi sono sempre fortemente condizionati dalle culture locali o nazionali.

La cultura ha il potere di alterare i nostri bisogni naturali, creandoci sempre bisogni nuovi ed impellenti da soddisfare, addirittura fino al punto di far nascere bisogni insani come il suicidio o il sadismo, del tutto assenti tra gli animali. Purtroppo i bisogni non sono scelte individuali, ma costrizioni che ci vengono imposte dalla cultura del sistema in cui viviamo. Il nostro libero arbitrio consiste unicamente nella scelta dei modi ottimali per soddisfare questi bisogni. Siamo succubi delle espressioni culturali e tradizionalistiche del consumismo, e non potremmo neanche più discernere i nostri bisogni naturali da quelli indotti, che ci sorbiamo con la pubblicità.

Come puoi, dunque, prendere i nostri bisogni come punto di riferimento per la nostra quotidianità, senza presumere di cadere nell'influenza del sistema che dici di voler superare? I nostri bisogni potranno essere la nostra affidabile guida solo quando potremo vivere da uomini naturali, rispettosi della nostra vera natura sociale e dell'ambiente naturale, vale a dire, solo col comunismo.

Poiché credo che queste condizioni le possiamo ottenere anche a livello locale, con delle microsocietà autonome, mi sembra illogico aspettare di cambiare il mondo con la caduta del capitalismo. Anzi, un'ipotesi valida quanto le altre, è che questa caduta possa essere determinata proprio dal proliferarsi di queste microsocietà.

In ogni caso, solo in quelle condizioni particolari potremmo capire quali sono effettivamente i nostri bisogni naturali, che ci potranno guidare nella quotidianità, senza interferire nella soddisfazione dei bisogni altrui. Cercavi un'ideologia che ti insegnasse a vivere così, senza adulterare i tuoi bisogni naturali? Non devi mica cercarla tanto lontano, perché, gira e rigira, la sola cultura umana idonea allo scopo è il pensiero cristiano.

Quando ti parlavo della necessità di laicizzare il pensiero cristiano, intendevo la necessità di estrarre da esso la sua cultura umanistica, mondata da tutte le influenze mistiche, celesti e celestiali. A proposito, non mi pare di averti mai fatto pensare che io sia un «religioso», credente e devoto a qualche tipo di divinità. Non comprendo perciò le tue «sparate». È vero che preferisco pensare che sia stato Dio ad inventare la mente dell'uomo e non la mente dell'uomo ad inventare Dio, ma tutto si risolve qui. Sono ipotesi di pari livello delle tue, che rimarranno sempre solo ipotesi, perché non potranno mai essere confermate o smentite. Non è perciò sull'esistenza o meno di Dio che voglio discutere.

«Io penso che il comunismo primitivo sia stato «laico» nel senso che non si faceva della religione uno strumento per dominare le coscienze, cioè nel senso che non si teorizzava qualcosa di estraneo al pensiero quotidiano, concentrato sulla soddisfazione di bisogni umani. Quando si cominciò a pensare che per soddisfare tali bisogni si aveva bisogno di una religione, ecco che allora è finito il comunismo primitivo e sono iniziate le civiltà. Gli uomini hanno cominciato a chiedere a Dio (e ai suoi sacerdoti) ciò che non potevano più chiedere a se stessi, perché altri glielo impedivano».

Condivido tutto, ma non penso di aver detto qualcosa di diverso, quando ho affermato che il desiderio di laicizzazione è iniziato con le prime imposizioni religiose, mentre ci allontanavamo dal comunismo primitivo. Come non ho mai detto che la risposta ai nostri bisogni spirituali vada necessariamente ricercata nei cieli. Sono bisogni soggettivi che dovranno avere soluzioni individuali. In ogni caso, penso che il bisogno spirituale sia molto di più che fonte di creatività artistica, ma potremo verificarlo solo quando ci saremo liberati dai condizionamenti culturali che ci portiamo dentro da parecchie generazioni, definirlo adesso è del tutto inutile.

Anche quando affermi che «Dio è un concetto astratto, frutto della nostra fantasia: l'ateismo serve solo per impedire che un concetto astratto possa dare soddisfazione a un bisogno concreto», ti metti sullo stesso piano delle religioni, che agli individui vogliono imporre Dio come un concetto concreto e, per loro, l'ateismo impedisce la soddisfazione di un bisogno naturale. Non penso proprio che si potrebbe mai avviare un processo di democratizzazione a suon di imposizioni filosofiche.

Mi viene un dubbio, leggendo questa tua affermazione: «Nel passato abbiamo creduto nel marxismo perché ci sembrava che un'evoluzione di detto pensiero, in forma di rottura e non di continuità, ci avrebbe fatto uscire dalla logica del capitale. I fatti hanno poi dimostrato che non è così semplice uscire da questo meccanismo. Ma questo non significa che l'esigenza della rottura fosse sbagliata. Sbagliati semmai sono stati i metodi, a mio parere troppo simili a quelli adottati in occidente. Non tanto perché troppo violenti contro il nemico, ché la violenza è inevitabile quando si viene attaccati, ma perché troppo ideologici nei confronti di chi invece aveva accettato la rottura. Alla fine la rivoluzione aveva sostituito una "chiesa" con un'altra "chiesa" (erano cambiati solo i dogmi)».

Sono sbagliati i metodi o abbiamo perso di vista gli obiettivi? Ammesso (ma non concesso) che i metodi violenti possano servire ad uscire dalla logica del capitale, siamo certi che la rivoluzione è ancora finalizzata alla realizzazione del comunismo? Gli esempi dell'Unione Sovietica, della Cina, del Vietnam, di Cuba e di tutte le altre realtà (o ex realtà) socialiste, non sciolgono per niente le mie riserve a proposito. Credo ci sia stata una degenerazione ideologica perché il mezzo è diventato più importante dell'obiettivo. Per dirla con un aneddoto, sarebbe come dover raccogliere una pera dall'albero, ma è troppo alta per arrivarci con la mano. Allora cerchiamo di procurarci una scala adeguata, ma siccome è lontana, dobbiamo procurarci un mezzo per trasportarla... ti risparmio le altre peripezie, comunque, mentre siamo intenti a tutte queste operazioni, la pera è già caduta a terra da sola e noi continuiamo a litigare col destino che ci ha impedito di raccoglierla dal ramo.

Morale della favola: se l'obiettivo finale è veramente il comunismo, perché bisogna dare per scontato che sia indispensabile l'abbattimento violento (e relative conseguenze) del sistema capitalistico, se esistono possibilità concrete di... raccogliere la pera a terra? Le microsocietà autonome comuniste sono alla nostra portata, cambiare il mondo ancora non lo è, ma come già ti ho detto, credo che il mondo potrebbe cambiare proprio partendo dal basso, dal locale.

È vero che è importante chiarirci sui termini, ma è soprattutto importante chiarirci sui reali obiettivi. Potremmo entrambi aspettare l'autobus alla stessa fermata, ma poi scoprire che dobbiamo salire su mezzi diversi.

8 mail EG - 12 gennaio 2003

Il fatto è che io non credo che le civiltà costituiscano la quintessenza della storia. La storia per me nasce con la nascita dell'uomo e non dell'uomo che sa scrivere, produrre ecc.

Quindi per milioni di anni è esistita una storia (chiamata dagli storici «preistoria») che è infinitamente più lunga di quelle poche migliaia di anni che caratterizzano le cosiddette «civiltà», le quali, a ben guardare, essendo frutto di un malsano libero arbitrio, non sono che forme «incivili» del vivere sociale, essendo dominate da sfruttamenti e violenze di ogni genere.

La nostra civiltà occidentale, borghese e capitalistica, è certamente destinata a essere superata da forme di civiltà più evolute (quelle asiatiche?), ma il vero problema è un altro: come avverrà questo superamento? Sarà sempre in direzione della solita violenza, ovviamente in forme rivedute e corrette, oppure si ritornerà al vivere «civile» dell'uomo primitivo?

Io tendo a dividere il periodo delle civiltà in tre periodi storici, la cui somma dovrebbe portare a 7000-7500 anni:

- dal 4000 a.C. allo 0. È il periodo chiamiamolo della FORZA o della CARNE o dei SENSI, in cui ha dominato lo schiavismo e da cui gli ebrei hanno cercato di liberarsi. Dallo 0 al 500 d.C c'è stata la transizione, cioè da un lato la decadenza della civiltà (in questo caso romana), dall'altro la nascita di una nuova: il cristianesimo. Ovviamente non sto a farti l'elenco delle civiltà che si sono succedute in quei 4000 anni a livello mondiale (Sumeri, Assiri, Babilonesi ecc.);

- il secondo periodo va secondo me dallo 0 al 2000: chiamiamolo col termine IDEOLOGIA o MENTE o RAGIONE, in cui ha dominato il cristianesimo nelle tre correnti: ortodossa, cattolica e protestante e le sue varianti laiche: liberismo (quindi tutte le ideologie borghesi) e socialismo (quindi tutte le ideologie marxiste, leniniste, staliniste ecc. ivi incluse quelle del socialismo utopico). Io e te siamo dentro la decadenza di questo periodo, che si trascinerà sino al 2500 (circa) e in cui però dovremo assistere alla nascita di una alternativa al presente stato di cose. Questo perché le transizioni durano circa 500 anni. In questo periodo abbiamo assistito allo sfruttamento dell'uomo in nome dell'ideologia, o cristiana o anticristiana;

- il terzo periodo va dal 2000 al 3000 e si concluderà al massimo nel 3500 e lo chiamiamo COSCIENZA o SPIRITO. Qui dovrebbero affermarsi due forme opposte di vita umana: o la forma suprema della violenza: quella appunto che riguarda il plagio delle menti, la coercizione morale dei deboli, la violenza spirituale, oppure la forma suprema della umanizzazione dell'uomo. Io non sono un indovino, però è evidente che a questa forma di umanizzazione non ci arriveremo in maniera indolore.

In questo momento, come puoi ben vedere, noi stiamo assistendo alla fine del secondo periodo e all'inizio del terzo. Dipenderà ovviamente da noi (noi persone di adesso) se il terzo periodo si svolgerà secondo i soliti parametri di violenza, di cui cambieranno ovviamente le forme, come sono cambiate le forme dello schiavismo, in quanto si è passati al servaggio e al lavoro salariato, fino alla statalizzazione del lavoro) o se invece ci sarà una svolta verso un ritorno all'umanità dell'uomo primitivo.

Se vuoi vedere l'immagine eccone una rappresentazione molto schematica:

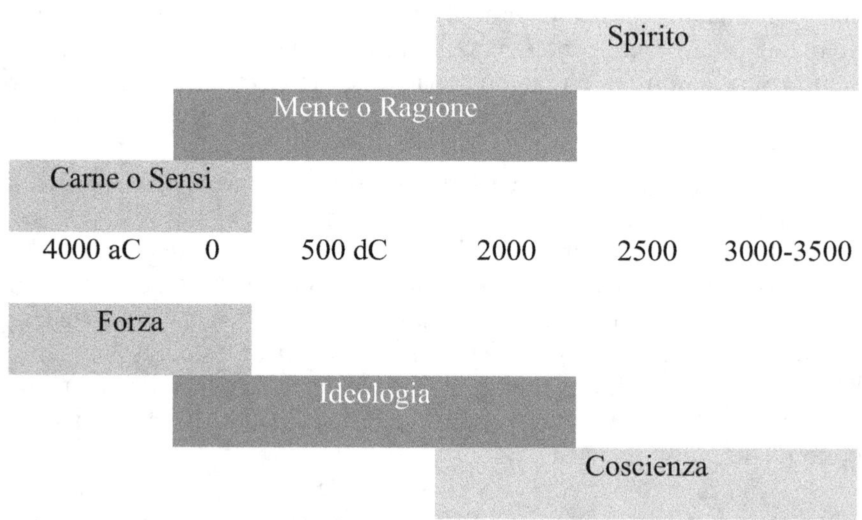

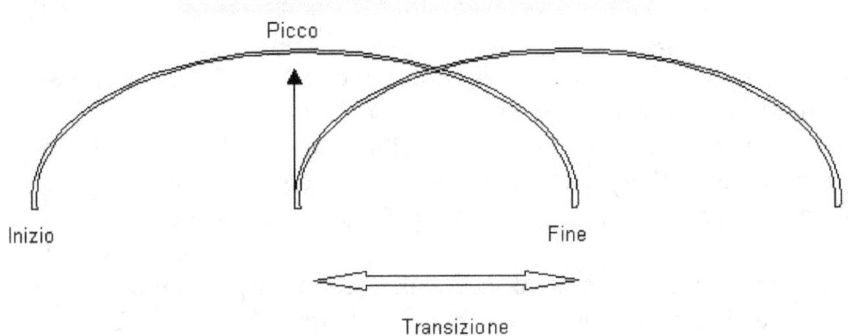

È questa tua frase seguente che non riesco a condividere: «Anche mescolando e rimescolando le carte, però, il risultato finale non sarebbe affatto cambiato».

Per me si può sempre cambiare tutto e in qualunque momento. Forse arriveremo ad autodistruggerci, però anche quando l'avremo fatto, io sarò sempre lì a dirti che si sarebbe potuto fare diversamente e che comunque abbiamo ancora la possibilità di ritornare sui nostri passi, magari non in una dimensione «terrena» o «materiale» o «quellochevuoi», ma in un'altra sì.

In compenso anch'io sono assolutamente convinto di quello che dici: «l'evoluzione biologica avrebbe portato inevitabilmente all'essere umano».

Anzi, sono addirittura arrivato alla conclusione che gli ebrei, col racconto della creazione, avevano perfettamente capito che la comparsa dell'uomo sulla terra era frutto di un'evoluzione, essendo l'uomo un prodotto finale, ultimo, nella creazione dell'universo.

Solo dell'uomo si dice che fu a immagine e somiglianza di dio, quindi questo significa che tutto quanto lo aveva preceduto o tutto quanto esiste di diverso dall'uomo, nell'universo, gli è inferiore.

Le teorie creazionistiche, da questo punto di vista, non hanno davvero senso, poiché l'uomo non è nato dal nulla: niente è creato dal niente. L'uomo è parte di un processo e il redattore ebraico aveva intuito, pur esprimendosi in un linguaggio poetico, che di questo processo l'uomo e la donna rappresentavano la parte finale, conclusiva.

Non solo, ma il redattore ha intuito che nella formazione dell'essere umano sono intervenuti fattori non propriamente «naturali». Egli, nella sua limitatezza espressiva, li ha identificati con un nome: «Dio», ma se questo racconto viene spogliato dei suoi riferimenti religiosi, si può facilmente intravedere l'idea di una formazione dell'essere

umano la cui causa ultima viene riposta oltre i limiti della mera materialità delle cose. Il redattore cioè aveva intuito che nell'uomo c'era qualcosa
che non poteva spiegarsi in maniera «naturale». L'uomo è dunque il prodotto di un'evoluzione la cui dinamica include sì quella della natura e
dell'intero universo ma che nel contempo la supera.

Quello che non riesco ad accettare nel tuo discorso è l'idea che
per arrivare al meglio (p.es. il federalismo) si debba per forza passare dal
peggio (il capitalismo). Questo anche Marx, condizionato dalla dialettica
hegeliana, lo diceva. Per quale ragione non avrebbe potuto esserci la
stessa tecnologia di oggi senza capitalismo? Indubbiamente non tutta la
tecnologia di oggi ha un valore per l'umanità dell'uomo, però è anche
vero che, essendo *faber* di natura, l'uomo tende a servirsi e anzi a creare
forme tecnologiche sempre più avanzate. Perché dunque questa esigenza
doveva per forza trovare sotto il capitalismo la sua espressione più forte?

Quanto al resto che dici, mi appare un po' sconcertante il fatto
che tu da un lato abbia una consapevolezza laica così acuta delle contraddizioni sociali e dall'altro ti ostini a riproporre il cristianesimo come filosofia di vita e a considerare la Bibbia come un testo programmatico.

Queste tue frasi mi fanno un po' paura: «Questo straordinario codice culturale è condensato in un unico libro: la Bibbia, il testo in assoluto più diffuso tra il genere umano. Strumentalizzata, rinnegata, travisata,
ignorata, sicuramente sottovalutata nella nostra civiltà consumistica, la
Bibbia, e la sua espressione più raffinata, ossia il pensiero cristiano, può
veramente fornire la base culturale per la realizzazione del livello sistemico federativo e anche il gradino successivo».

Mi fanno venire in mente certi Testimoni di Geova quando mi
portano a casa (nella buchetta delle lettere) due opuscoli: uno laico e
l'altro religioso. Se uno leggesse solo quello laico, farebbe fatica a non
condividere quello che dicono, ma poi legge quello religioso e gli cadono
le braccia.

Comunque ti prometto che leggerò per esteso i tuoi due pezzi che
mi hai inviato.

Un punto fermo sul quale concordiamo è che l'uomo è il prodotto inevitabile dell'evoluzione biologica. Nello stesso tempo affermi che (fammi capire se non è così), essendo l'uomo il risultato di una continuità che ancora non si è interrotta, è difficile, se non impossibile, tracciare una linea netta di demarcazione tra gli ominidi di qualche milione d'anni fa e l'uomo attuale.

Concordo che l'uomo non si può definire tale solo da quando ha dato inizio alle civiltà mesopotamiche e mediterranee; infatti io prendo spesso come esempio di «civiltà» proprio i cacciatori-raccoglitori, che non sanno né leggere né scrivere.

Devo dirti, però, che esiste, nel percorso evolutivo della specie umana, un punto preciso, evidente, che ci consente di affermare che l'uomo è uomo solo da quel momento. Questo momento ha a che fare con la nostra capacità cranica e la nostra struttura cerebrale, perché ciò che ha differenziato la nostra specie da tutte le altre specie animali è l'evoluzione del suo cervello. Quest'organo ha subito un'accelerazione progressiva a partire da circa tre milioni di anni fa, fino ad un rallentamento sempre più brusco e un blocco totale che perdura ormai da quasi trentamila anni: questo è da considerarsi il momento che l'uomo è diventato uomo. L'essere umano è l'apice dell'evoluzione biologica, il limite invalicabile del livello sistemico pluricellulare, un traguardo biologico che non potrebbe (matematicamente) essere superato. Non c'è niente di strano in tutto questo, perché ogni livello sistemico della natura, anche il più basso, ha dei limiti fisicamente invalicabili.

C'è una spiegazione facilmente comprensibile sulle cause del rapido sviluppo del cervello umano, del successivo rallentamento della sua crescita e, infine, del suo arresto definitivo. Se l'argomento ti può interessare potrei inviarti successivamente un file in allegato, perché ora mi occuperebbe troppo spazio ed esulerebbe, forse, dallo scopo del nostro dialogo e non vorrei annoiarti, visto che devi ancora «digerire» i due file precedenti.

La tua ricostruzione sintetica della storia umana e le proiezioni che fai sul lontano futuro, risentono molto della tua convinzione che l'uomo sia un'entità in continuo movimento, indefinibile, inafferrabile, aleatoria. In realtà questo movimento dell'uomo è solo un moto apparente (come il sole attorno alla terra), poiché l'essere umano, la sua essenza, è rimasta la stessa da alcune decine di migliaia di anni fa. La sua forza, la sua carne e i suoi sensi, così come la sua mente e la sua ragione e pure la sua coscienza e il suo bisogno spirituale, sono identici a quelli di allora, molto prima che iniziasse la sua storia.

Tutto ciò che ha caratterizzato la storia, l'ideologia, la filosofia, la religione, la conoscenza, in una parola la cultura umana, è stato un movimento esterno alla sua struttura biologica ed intellettuale, che è rimasta tale e quale a quella dei nostri antichi progenitori. L'uomo non ha più subito migliorie evolutive da quei tempi remoti, semplicemente perché non poteva più evolversi, dal momento che ha raggiunto dei limiti biologicamente invalicabili. Le modifiche genetiche di ogni tipo umano sono solo adattamenti ambientali, che non possono scalfire in alcun modo l'identità intellettuale e cognitiva della nostra specie. Non potrà esserci una trasformazione dell'uomo in qualcosa di «etereo», al di sopra dei parametri naturali, anche se l'ipotesi è proiettata nei prossimi millenni. L'uomo rimarrà sempre ben ancorato a terra, legato dalle leggi e dai meccanismi della natura.

Come il raggiungimento di uno sviluppo massimo possibile è un meccanismo ripetitivo dell'evoluzione, in tutti i livelli sistemici nei quali è strutturata la natura, così è un meccanismo ripetitivo (e indispensabile) anche la perdita d'identità di un sistema per accedere al livello superiore, dove è ritrovata una nuova identità collettiva. Quando anche il sistema sociale degli antichi cacciatori-raccoglitori ha raggiunto una forma di complessità invalicabile, l'evoluzione poteva progredire il suo cammino solo aggregando i gruppi sociali umani, ma essi non potevano farlo se non mutavano la loro identità di sistemi «chiusi», impossibilitati a una collaborazione planetaria. Tutta la storia umana, o, per dirla in termini più appropriati, tutto il processo di «incivilizzazione», è la conseguenza (casuale) di questa perdita d'identità dell'antico gruppo umano, che ci ha condotti fino all'individualismo competitivo di oggi.

Penso anch'io che il liberismo capitalista sia solo una casualità degenerativa di questo processo, perciò il progresso tecnologico sarebbe comunque avvenuto anche con meno traumi e sofferenze di quelli causati dal capitalismo. Il liberismo ha solo accelerato questo processo degenerativo che ha disgregato il gruppo e la sua identità sociale. L'evoluzione tecnologica è stata necessaria per adattarci ad un ambiente e ad un tessuto sociale che mutavano continuamente, accentuando sempre più la distanza dalla nostra natura genetica. Più questa distanza cresceva e più grande diventava il bisogno di tecnologia complessa. Gli attuali cacciatori-raccoglitori non hanno alcun bisogno di tecnologia complessa, perché l'ambiente in cui vivono, la loro struttura sociale e il loro codice genetico coincidono perfettamente.

La natura non aveva «bisogno» del capitalismo per produrre tecnologia, ma c'erano molte probabilità che la degenerazione storica dell'uomo producesse una forma di competizione esasperata tipica del capitalismo. Ora, comunque, il capitalismo c'è e lo dobbiamo tenere, fino a quando non si creeranno le condizioni favorevoli per un cambiamento sostanziale. Concordo che il cambiamento non sarà indolore, ma più che il cambiamento sarà dolorosa la convivenza col capitalismo. La nascita di sistemi federativi, aggregando e coordinando i neonati gruppi sociali detentori di una nuova identità culturale, non fermerà il processo di globalizzazione, né metterà in ginocchio il sistema capitalistico, ma è comunque un modo indolore per uscire dal condizionamento economico e culturale del grande capitale, anche se riguarderà solamente una parte di popolazione. In ogni caso è una «opzione» a disposizione di chi crede che non sia sufficiente abbattere il sistema liberistico per sanare i mali dell'umanità.

Quando tu parli di superamento del capitalismo intendi la sostituzione di un sistema con un altro di livello superiore (tolgo uno per mettere l'altro), ma la natura ci dice che i cambiamenti non sono mai avvenuti in questo modo. Per esempio, mentre continuava la formazione di elementi atomici sempre più pesanti (dei quali l'uranio rappresenta il limite), da qualche parte dell'universo c'erano già elementi atomici più semplici e leggeri che davano forma a svariati sistemi molecolari. Quando i batteri diversificavano la loro forma, le loro caratteristiche biochimiche e continuavano ad accrescere le loro dimensioni (fino a un punto limite), c'erano già batteri piccoli e semplicissimi, i mitocondri, che collaboravano per dare vita ai primi sistemi cellulari. Quando i rettili accrescevano mostruosamente le loro dimensioni ed erano i dominatori del pianeta, c'erano già piccoli mammiferi che stavano formando i primi sistemi sociali tra i vertebrati. Non trovo illogico pensare che, mentre la megalomania occidentale vorrà conquistare non solo il pianeta, ma il sistema solare, si formeranno i primi sistemi federativi. Non è mai accaduto che, per costituire un sistema di livello superiore, sia stato necessario eliminare prima i sistemi di livello inferiore: le due cose possono evolversi contemporaneamente, anche se non potranno mai convivere. Una società comunistica potrebbe perciò essere contemporanea del capitalismo, a patto che si evolva separata da esso.

Se per comunismo intendiamo però l'espressione più alta della libertà umana, cioè una società senza classi e senza competizione, senza denaro e senza proprietà privata, una democrazia diretta senza mediazioni e senza burocrazia, senza guerre e conflitti sociali, in armonia con l'ambiente naturale, dove i diritti degli individui coincidono con i loro bisogni, allora è facile capire che tutto ciò potrà verificarsi solo con un unico sistema a livello planetario, non già in una singola nazione. Quando parlo di sistema planetario intendo quindi questo traguardo dell'umanità, il comunismo. Quelle che chiamo autonomie comunitarie o microsocietà autonome o cellule sociali, sono invece dei sistemi federativi, ossia la federazione di un certo numero di gruppi sociali. Solo questi tipi di strutture possono costituirsi e moltiplicarsi all'interno delle nazioni, ma il comunismo planetario, anche se dovesse realizzarsi tra qualche secolo, non potrebbe prescindere dall'aggregazione di tutti i sistemi federativi della terra. Anzi, per realizzare il comunismo, l'umanità intera dovrebbe essere organizzata in sistemi federativi, come tante «cellule sociali» aggregabili in un corpo unico. La natura è strutturata così e può solo strutturarsi in questo modo, perché è la forma meno dispendiosa di energia, la più funzionale, la più stabile. Cercare di superare il capitalismo, senza tenere conto di questo dato di fatto, significa perseguire un obiettivo che non potrà mai portare al comunismo (ammesso che questo sia il nostro obiettivo comune).

Non ho capito bene l'intendimento di questa tua frase: «La nostra civiltà, borghese e capitalista, è certamente destinata a essere superata da forme di civiltà più evolute (quelle asiatiche?)...».

Come civiltà asiatiche ti riferivi a quelle di nazioni attualmente esistenti? In questo caso la risposta è piuttosto ovvia. Tutte le attuali nazioni asiatiche «emergenti» (non solo il Giappone, ma anche la Cina, la Corea e le «tigri» asiatiche) sono solo la brutta copia della civiltà occidentale, borghese e capitalistica (la stessa Cina si sta avviando rapidamente a questa degenerazione), le quali, in cambio di un progresso industriale, stanno distruggendo un tessuto sociale e culturale millenario. Forse queste nazioni potranno anche superarci tecnologicamente, ma lo potranno fare solo passando attraverso un capitalismo esasperato. Come civiltà asiatiche ti riferivi forse alle filosofie orientali (la qual cosa mi suonerebbe un po' strana)? Qualsiasi filosofia orientale è moralmente più sana del liberismo capitalista, ma se mi stavi chiedendo una mia opinione sulla possibilità che il capitalismo possa essere superato da una delle suddette filosofie, la mia risposta è no, non lo credo possibile. Le filosofie orientali, pur accentrando la loro essenza sul rispetto della natura e degli esseri viventi, affidano al singolo individuo la sua realizzazione morale, sociale e spirituale, in modo del tutto indipendente da un'eventuale collaborazione altruistica. Non sono quindi adatte alla costituzione dei nuovi gruppi sociali, che necessitano invece di una cultura fortemente aggregante.

Ho letto i tuoi scritti e le tue deduzioni sull'A.T. e sul N.T. e non li ritengo certo privi di logica. L'ipotesi di vedere Gesù Cristo come capo di una rivoluzione antiromana, come liberatore materiale e non spirituale, potrebbe anche essere verosimile. Paolo avrebbe anche potuto trasformare il Cristo rivoluzionario nel figlio di Dio, rafforzando in questo modo la «pax romana» e mettendo fine alla rivoluzione, anzi, esportando così la controrivoluzione in tutto l'impero romano. Potresti anche avere ragione sul fatto che i testi biblici siano «incredibilmente manipolati». Potresti avere ragione su tutte le tue ipotesi, ma il punto non è questo. Ai fini di un certo tipo di ragionamento non è determinante sapere chi era effettivamente Cristo, se quello che è scritto è stato detto veramente da lui o se ci sono stati aggiustamenti a posteriori. Nemmeno è importante sapere se tutto ciò è stato fatto in funzione antiromana oppure il contrario.

La domanda che mi pongo è questa: la cultura umanistica laica che può essere tratta da questo miscuglio di manipolazioni mistiche, politiche e morali, avrebbe qualche utilità per aggregare e coordinare, in modo funzionale e stabile, gli individui in gruppi sociali e questi ultimi in federazioni? Certo che sì! Se la regola aurea mi permette di collaborare attivamente con gli altri membri del mio gruppo sociale e con gli altri gruppi della federazione, la devo buttare via perché non sono sicuro di chi ne è veramente l'autore?

Il mio desiderio non è di guadagnarmi un posto nel paradiso celeste, cui non credo. Il mio desiderio è di collaborare con altre persone per cercare di costituire un'organizzazione che punti alla formazione di gruppi sociali, con una nuova identità culturale, che possano aggregarsi in federazioni autonome. Per fare questo è necessaria una cultura che aggreghi in maniera altruistica, che spinga a collaborare, a tollerare, a incoraggiare. «Fai agli altri ciò che desideri che gli altri facciano a te»!

Ti invito a trovare, nel caso mi fosse sfuggita, una cultura simile o superiore, nel passato e nel presente della storia umana. Per la verità già Confucio e la legge mosaica avevano elaborato una loro «regola aurea», anche se in forma negativa: «Non fare agli altri ciò che non vuoi che gli altri facciano a te». Se ci pensi bene, però, questa formula non spinge alla collaborazione, ma all'indifferenza.

Non m'importa se Cristo era un rivoluzionario o un pacifico bonaccione, ma so che ciò che ha detto (o chi per lui, non ha nessuna importanza) rappresenta quella cultura umanistica laica che vado cercando, e che completa la naturale espressione del nostro codice genetico. Nella Bibbia ci sono tutti gli ingredienti per le norme comportamentali di una vita comunitaria. Non per questo prendo la Bibbia come testo programmatico per mettere in crisi il sistema capitalistico.

Hai citato casualmente i Testimoni di Geova e condivido grosso modo le tue opinioni. Ora, però, ti chiedo di fare un'operazione di pulizia culturale. Prova a togliere dai Testimoni di Geova la loro parte mistica, il loro rituale (come ad esempio la questione del sangue), le loro vedute pseudoscientifiche (lasciamo perdere...), cosa rimane? Un'organizzazione efficiente! Congregazioni composte di persone moralmente sane, che sono disposte ad aiutarsi vicendevolmente, a costo di sacrifici, a tollerare e perdonare le mancanze altrui. Conosco parecchi di loro e li ritengo persone affidabili e leali. Insomma, li vedo come la conferma che il pensiero cristiano applicato sia indispensabile per garantire i buoni rapporti all'interno delle microsocietà autonome comuniste.

9 mail EG - 2 febbraio 2003

Io vorrei dirti in maniera abbastanza esplicita - e adesso dirai che sono un fanatico alla rovescia (rispetto p.es. ai talebani) - che qualunque riferimento alla religione non strettamente storico-culturale, ovvero - per stare ai nostri discorsi - una qualsivoglia realizzazione di una (come tu la chiami) «microsocietà autonoma» in cui la Bibbia o le sue interpretazioni risultassero testo ufficiale di lettura, per me resterebbe sospetto a priori, tanto più se si vuole fare della Bibbia un testo programmatico o anche solo ispirativo.

Oggi, quando sento qualcuno che mi parla di religione come «esperienza di vita», lo vedo lontano da me mille miglia. Io ho militato in Comunione e Liberazione negli anni Settanta, più per motivi politici che religiosi, tant'è che quando il progetto politico di «rivoluzionare» la società è fallito (dopo il delitto Moro e la svolta andreottiana del movimento), me ne sono andato. Di C.L. apprezzavo soprattutto i testi che la Jaca Book pubblicava di Nicola Zitara e tutti quelli degli economisti interessati al neocolonialismo: Hosea Jaffe, Gunder Frank, Samir Amin... Ma mi leggevo anche quelli di Buttiglione e del suo maestro Del Noce.

Ho sempre avvertito la religione, specie quella cattolica, come un'ideologia tipica delle classi possidenti, che se ne servono sia per mettere in pace la loro coscienza borghese, sia per rabbonire i nullatenenti. È soltanto in mezzo al ceto rurale che la religione viene vissuta più onestamente o più spontaneamente, non perché i contadini siano privi di cultura e socialmente sprovveduti, ma perché sono molto legati alla natura e le contraddizioni del sistema più che altro le subiscono, non le impongono.

Nel ceto borghese, dove le contraddizioni tra vita pubblica e vita privata sono più stridenti, il «cattolico» prima di tutto è «borghese» e solo secondariamente è «cattolico», anche se oggi questa dicotomia è in via di superamento, essendosi la società laicizzata profondamente. In pratica i cattolici italiani hanno fatto il salto dalla loro religione all'ateismo pratico senza passare per il protestantesimo.

Alla fine degli anni Settanta ero così nauseato della religione cattolica che la abiurai in toto, abbracciando l'ortodossia, prima russa, poi greca. Ma è stato un breve periodo. Ad un certo punto sono arrivato all'ateismo proprio seguendo il percorso che dall'ortodossia (che separa il cittadino dal credente) giungeva verso il leninismo (che considera quella separazione una contraddizione interna al credente). Cioè avevo capito che la separazione di cittadino e credente, che peraltro la chiesa romana non ha mai accettato, a differenza di quella ortodossa, poteva portare, se svolta in maniera coerente, alla fine della religione come problema di coscienza, superando nel contempo tutta la *querelle* scatenata dal luteranesimo. Non avrei avuto più bisogno di sdoppiarmi.

Studiando, in seguito, i fondamenti dell'ateismo, riuscì ad arrivare alla conclusione che l'ortodossia, col suo concetto di «dio come tenebra», aveva anticipato, senza volerlo, un tema fondamentale dell'ateismo, quello per cui si deve tacere su ciò di cui non si può parlare.

L'ateismo per me non è una forma di religione rovesciata, ma l'unico modo possibile per salvaguardare, se esiste, il «totalmente altro», cioè «se dio c'è, non è», e sul «non-essere», noi che «siamo», non possiamo dir nulla. E il discorso è chiuso. Non voglio trasformare l'ateismo in un altro sospiro della creatura oppressa, perché credo che il cittadino debba lottare politicamente per migliorare la propria condizione di vita su questa terra. Interessarsi troppo di religione rischia di diventare una specie di fanatismo rovesciato.

Qualunque argomentazione sull'esistenza o inesistenza di dio per me è già stata risolta dalla *Critica della ragion pura* di Kant, che porta dritto all'ateismo, avendo dimostrato che ogni «prova a favore di dio» è solo una tautologia, una mera speculazione intellettuale che non mette mai in discussione i presupposti su cui basa le argomentazioni. Questo l'aveva capito anche Kierkegaard, che pur era un altro «talebano della fede».

Oggi all'ateismo ci siamo arrivati in due modi: con la cultura consumistica, il capitalismo, la rivoluzione scientifica, in area occidentale, e col socialismo scientifico nei paesi che hanno cercato di realizzarlo. In occidente l'ateismo è di fatto, non di diritto, è implicito, non esplicito, poiché il capitale deve comunque convivere con la religione come con qualunque altro oppio serva a tranquillizzare le masse (come le piramidi in Egitto o le ziqqurat in Mesopotamia). In Oriente invece l'ateismo, col socialismo scientifico, è sempre stato esplicito, forse anche troppo, visto che è andato a toccare questioni ideo-politiche da cui invece avrebbe dovuto star lontano, in quanto ognuno va lasciato libero di credere in ciò che vuole e di manifestarlo pubblicamente.

*

Tu mi fai spesso riflessioni di carattere scientifico, ma io non ho le basi culturali per discutere su temi così impegnativi.

Faccio p.es. fatica ad obiettare a questa tua osservazione: «Devo dirti, però, che esiste, nel percorso evolutivo della specie umana, un punto preciso, evidente, che ci consente di affermare che l'uomo è uomo solo da quel momento. Questo momento ha a che fare con la nostra capacità cranica e la nostra struttura cerebrale, perché ciò che ha differenziato la nostra specie da tutte le altre specie animali è l'evoluzione del suo cervello».

...perché scientificamente mi sembra ineccepibile, però ritengo istintivamente che contenga un limite di fondo: quello di considerare il cervello come premessa dell'umanità dell'uomo.

Io non sono sicurissimo di questo, in quanto ritengo che l'essere umano vada al di là anche del suo cervello. Questo perché quando vedo un malato di mente o un cerebroleso o anche solo un neonato, trovo in loro delle caratteristiche umane (come p.es. la sensibilità, l'affettuosità, se vogliamo la stessa drammaticità dell'assenza di un cervello perfettamente o pienamente funzionante) che secondo me li rendono ugualmente umani. Insomma c'è qualcosa nell'uomo (anche in quello più infimo, abietto o disperato) che non riesco a trovare negli animali o in natura e non credo che questo qualcosa dipenda esclusivamente dal cervello.

Anch'io sono perfettamente convinto che sul piano fisico il cervello abbia avuto «un blocco totale che perdura ormai da quasi trentamila anni» e che non ci sarà un'evoluzione dell'uomo che comporterà un'evoluzione del suo cervello. (Se hai delle cose specifiche su questo argomento mandale pure, così le alleghiamo a questo che sta diventando una sorta di «Progetto per un'esistenza diversa».) Però sono anche convinto che l'evoluzione dell'uomo *sensu lato* esiste, nel senso che si sta verificando nella storia una progressiva coscientizzazione della propria umanità: ora la stiamo sperimentando in negativo, a forza di distruzioni e autodistruzioni, ma un giorno la sperimenteremo in positivo, costruendo.

L'uomo è fatto di materia e di coscienza; questa seconda cosa l'abbiamo chiamata con tantissimi termini: anima, spirito, soffio vitale, ka, karma... Usiamo tanti termini perché non la vediamo, la sentiamo soltanto, ma siamo sicuri che c'è. Questa cosa è indubbiamente la stessa di un milione di anni fa, ma il modo di viverla e di sentirla forse non è lo stesso. Probabilmente un contadino egiziano avrà pensato, di fronte alla maestosità delle piramidi, la stessa cosa che pensiamo noi di fronte alle esplorazioni nello spazio: un incredibile spreco di risorse e di energie. E tuttavia oggi possiamo guardarci indietro e chiederci il motivo per cui le assurdità della storia si ripetono senza tregua. Cioè oggi abbiamo una coscienza molto più tragica del nostro destino (parlo ovviamente della coscienza che possono avere due persone come me e te).

All'inizio della storia delle civiltà non si poteva ovviamente sapere a quale immane disastro avrebbe portato la strada che ha posto fine al comunismo primitivo; oggi invece lo sappiamo e pur sapendolo continuiamo a camminare tranquilli verso il baratro.

Il fatto è che se non poniamo adesso le basi del superamento del capitalismo, quando questo crollerà (come sono crollate tutte le formazioni sociali antagonistiche), la storia ci troverà impreparati e la transizione al diverso sarà molto più dolorosa.

Condivido perfettamente quanto dici, a questo proposito: «Non è mai accaduto che, per costituire un sistema di livello superiore, sia stato necessario eliminare prima i sistemi di livello inferiore: le due cose possono evolversi contemporaneamente, anche se non potranno mai convivere. Una società comunistica potrebbe perciò essere contemporanea del capitalismo, a patto che si evolva separata da esso». Come ciò possa accadere però non riesco a immaginarlo.

Prendi p.es. il cristianesimo primitivo: esso, se vogliamo, ha messo in pratica la tua affermazione; poi finalmente sono arrivati i barbari e lo schiavismo è finito, ma questa disgrazia secolare, durata millenni, con che cosa era stata sostituita? Col servaggio! Abbiamo avuto un miglioramento solo parziale; stante le premesse del cristianesimo avremmo sicuramente potuto ottenere di più: perché dunque questa ennesima sconfitta? Il motivo è molto semplice: perché non si è andati alla radice dei problemi, ci si è accontentati di soluzioni di compromesso, non si sono volute fare delle rivoluzioni ma solo piccole riforme.

Tu dirai che le rivoluzioni fatte fino ad oggi non hanno ottenuto risultati migliori; tuttavia resta sempre il problema di come spezzare il cerchio delle «civiltà».

Dici, a questo proposito, anticipando quasi le mie idee: «Se per comunismo intendiamo però l'espressione più alta della libertà umana, cioè una società senza classi e senza competizione, senza denaro e senza proprietà privata, una democrazia diretta senza mediazioni e senza burocrazia, senza guerre e conflitti sociali, in armonia con l'ambiente naturale, dove i diritti degli individui coincidono con i loro bisogni, allora è facile capire che tutto ciò potrà verificarsi solo con un unico sistema a livello planetario, non già in una singola nazione».

In pratica vuoi farmi capire che nessuna rivoluzione potrà mai essere efficace finché non sarà mondiale: problema, questo, già ampiamente dibattuto ai tempi di Lenin e Trotski. È evidente infatti che una nazione deve sapersi difendere dagli inevitabili attacchi da parte degli avversari. Ma se aspettiamo una coscienza universale, chi comincerà per primo? Qualcuno dovrà pur esserci per indurre a credere nella possibilità della transizione? Se il capitalismo fosse così sicuro di sé, perché quando la Russia di Lenin fece la rivoluzione, ben undici nazioni mandarono truppe in appoggio ai bianchi zaristi?

Su questo che dici comunque sono perfettamente d'accordo: «il comunismo planetario, anche se dovesse realizzarsi tra qualche secolo, non potrebbe prescindere dall'aggregazione di tutti i sistemi federativi della terra. Anzi, per realizzare il comunismo, l'umanità intera dovrebbe essere organizzata in sistemi federativi, come tante "cellule sociali" aggregabili in un corpo unico».

Cioè sono anch'io convinto che le basi vadano poste adesso, e nel senso che dici tu, e che noi non possiamo sapere il momento in cui la cosa avverrà secondo i nostri sogni; spesso anzi i sogni sono molto pericolosi, specie se si pretende di vederli realizzati in tempi brevi. Noi non sappiamo né il giorno né l'ora - dicono i vangeli -, ed è un bene che sia così, altrimenti in nome della verità costruiremmo solo dittature.

Quando parlavo di «società asiatiche» intendevo riferirmi a Cina e India: qui secondo me c'è il futuro delle civiltà antagonistiche, perché in questo momento stanno compiendo uno sforzo enorme di conciliare il peggio della nostra civiltà con il meglio della loro, col risultato che della loro resterà solo quel tanto che basta per far funzionare la futura civiltà meglio di quanto potremmo fare noi occidentali. E questo passaggio di consegne mi sembra naturale, perché noi abbiamo già dato tanto alla distruzione dell'uomo e della natura. Ora è venuto il loro momento per dimostrare che sono più «bravi» di noi (lo dico ovviamente in senso ironico).

Hai presente quando è scoppiata la II guerra mondiale? Sembrava tutto dipendesse dall'Europa. Invece alla fine gli Stati Uniti, con soli 500mila morti, si sono accaparrati il mondo intero, mentre le altre nazioni, che nel complesso ne hanno avuti oltre 50 milioni, sono state messe al palo. Dunque, perché la stessa cosa non dovrebbe farla la Cina quando verrà il turno degli americani?

Su questo che dici: «Le filosofie orientali, pur accentrando la loro essenza sul rispetto della natura e degli esseri viventi, affidano al singolo individuo la sua realizzazione morale, sociale e spirituale, in modo del tutto indipendente da un'eventuale collaborazione altrui. Non sono quindi adatte alla costituzione dei nuovi gruppi sociali, che necessitano invece di una cultura fortemente aggregante».

...non sarei così sicuro. È tutto da dimostrare che l'individualismo di queste società sia superiore al nostro. Non siamo forse noi che ci vantiamo d'essere creativi proprio perché siamo «individualisti»? E poi è fuor di dubbio che il loro maggior rispetto della natura sia in qualche modo correlato a una maggiore esperienza del sociale.

Comunque da quanto dici: «Nella Bibbia ci sono tutti gli ingredienti per le norme comportamentali di una vita comunitaria. Non per questo prendo la Bibbia come testo programmatico per mettere in crisi il sistema capitalistico».

...mi fai venire in mente i cristiani per il socialismo. Cioè coloro che facevano un'analisi sociale con gli strumenti del marxismo e che davano alla fine risposte di tipo religioso.

Ma tu fai parte di qualche comunità? Parlami di questo.

10 mail PN - 5 febbraio 2003

Questa volta rispondo alla tua mail partendo dal fondo. No, non faccio parte di qualche comunità, anche se ho avuto più di un'occasione per farlo. Pur essendo convinto della bontà del vecchio detto «chi fa da sé fa per tre», penso che un individuo, da solo, non potrà mai fare tutto di tutto e avrà sempre bisogno degli altri per vivere la sua vita quotidiana.

I rapporti con gli altri possono però essere vissuti nei modi più diversi. Con l'opportunismo, tipico delle persone individualiste ed egoiste; con la solidarietà, tipica delle persone socievoli e generose; oppure con la collaborazione altruistica. È quest'ultimo tipo di rapporto che vorrei avere col mio prossimo, anche se so perfettamente che è un discorso che non potrebbe essere esteso a tutti. Istintivamente immagino la vita comunitaria del gruppo come l'espressione più profonda dei rapporti umani tra gli individui. «La libertà non è uno spazio libero, libertà è partecipazione», diceva una vecchia canzone di Gaber.

Sono abbastanza realista da capire, però, che ogni esperienza di questo tipo, in comunità isolate, è inevitabilmente destinata a esaurirsi. Ho osservato con attenzione il fenomeno della nascita di comunità, della loro vita e della loro fine, e ho potuto verificarne pregi e difetti. I vantaggi possono essere di natura sociale, perché i rapporti umani sono, nel complesso, più vicini a quello che siamo geneticamente, tant'è vero che, per curare molti mali prodotti dalla nostra disastrata società, sono sorte comunità «terapeutiche».

Gli svantaggi possono essere di natura economica, perché l'isolamento e le dimensioni ridotte non garantiscono la completa autosufficienza. Ci si deve accontentare di poco in cambio di una vita un po' più tranquilla.

L'istinto sociale umano, se non ancora troppo inquinato dalla cultura consumistica, porterà ancora, come sempre, individui ad aggregarsi in gruppi, ma in funzione rivoluzionaria saranno come tanti buchi nell'acqua: non lasceranno alcun segno nel corpo del sistema capitalistico.

Non a queste comunità, o a questo modo di vivere, mi riferisco quando parlo di autonomie comunitarie, per molte buone ragioni. Innanzi tutto, come ti ho già accennato in una mail precedente (mail 4 PN), non sarà possibile costituire un solo sistema federativo senza il supporto di una grande organizzazione popolare, sia per i costi d'insediamento, sia perché queste entità non dovranno (e non potranno) isolarsi dalle realtà economico-sociali esistenti.

Questo non significa che le «cellule sociali» graveranno economicamente sull'organizzazione, anzi, non solo saranno completamente autosufficienti, ma avranno, con l'ausilio di un certo numero di lavoratori esterni, un bilancio in attivo, a sostegno della stessa organizzazione e per la messa in opera di nuovi insediamenti. Non sto a elencarti i vantaggi economici e umani di una federazione comunista autosufficiente (se vuoi li puoi giudicare da te leggendo il file «Le autonomie comunitarie»), ma mi preme sottolineare il carattere rivoluzionario e internazionalista che potrà avere l'organizzazione di sostegno.

Devo però spiegarti cosa intendo con questi termini. Rivoluzionario non perché mira a un attacco diretto al «cuore dello Stato» (espressione in auge negli anni di piombo), ma perché punta a un'inversione di 360° (vedi mail 3 PN) nel modo di pensare, di agire, di vivere. Internazionalista non perché vuole estendere in tutto il mondo lo scontro diretto col potere politico, ma perché il programma che promuove può essere applicato in tutte le nazioni, in tutti i regimi politici, in tutte le situazioni economiche.

«Cellule sociali» potranno essere impiantate anche in paesi ridotti alla fame. Sarebbero ugualmente strutture altamente tecnologiche, simili a quelle insediate in paesi ricchi, che garantiranno lo stesso tenore di vita ai loro abitanti. La sola differenza sarà che, probabilmente, i lavoratori esterni di quelle federazioni dovranno espatriare per il lavoro (che sarà procurato dall'organizzazione). Certamente ci saranno maggiori difficoltà d'insediamento e di gestione in paesi con dittature militari o teocratiche, o entrambe le cose, però la cosa è comunque fattibile. Forse le autorità nazionali potrebbero imporre di pregare cinque volte al giorno in direzione della Mecca, o far osservare certe regole alimentari, oppure tutto ciò avvenire per libera scelta degli interessati, ma questa è solo «forma» che ogni «cellula» esprimerà a modo suo, senza intaccare la «sostanza», che consisterà sempre nei rapporti di reciproca collaborazione tra gli abitanti di un sistema federativo e tra quest'ultimo e altre entità simili. Non dimentichiamo che la diversità è un fondamento della stabilità in natura. Il nostro corpo è formato da cellule specializzate, diverse per forma e funzioni. L'appiattimento culturale non sarà per niente garanzia di stabilità in un sistema planetario comunista.

Un comunista può rivendicare il suo diritto di vivere da comunista, ma non sarà più comunista nel momento in cui cercherà di imporre ad altri il suo modello di vita. Il comunismo è l'affrancamento da ogni imposizione culturale, non è la difesa armata di una propria cultura. D'altra parte perché dobbiamo ostinarci ad abbinare sempre un percorso rivoluzionario con la lotta armata? Sono due cose completamente diverse e la loro attinenza è, il più delle volte, solo casuale. Perché non prendere in considerazione che potrebbe esserci una rivoluzione «legale» ma completa, che non mira a piccole riforme, ma a cambiamenti radicali tra la popolazione che, liberamente, sceglierà di fondare la propria esistenza sulla collaborazione reciproca, scavalcando di fatto i confini nazionali?

Non stavo riesumando la teoria di Trotzky quando parlavo di comunismo planetario. Prova a immaginare che tipo di vita per l'umanità se per un paio di secoli ci fosse una rivoluzione permanente in tutto il mondo! Il concetto di nazione per un comunista non dovrebbe comunque esistere, perché la natura umana non deve avere confini culturali. Eppure ci troviamo immancabilmente a discutere sulla politica italiana, o su una nazione che ha difeso o che dovrà difendere il «socialismo in un solo Stato», oppure di una civiltà (nazionale) che è destinata a prevalere su un'altra civiltà, o di una nazione che con «soli 500.000 morti» si è accaparrata il mondo intero...

Sì, hai ragione, «resta sempre il problema di come spezzare il cerchio delle civiltà», ma per poterlo fare occorre uscire dalla logica culturale delle civiltà. Occorre una strategia d'azione che superi i confini nazionali, come se non esistessero, «infettando» il sistema come il virus dell'Aids, che non solo elude la sorveglianza del sistema immunitario, ma attacca «silenziosamente» proprio i globuli bianchi incaricati di distruggere i corpi estranei. Se questo virus avesse optato per uno scontro diretto col sistema immunitario, non avrebbe nemmeno fatto notizia e sarebbe già stato distrutto e dimenticato.

È ciò che è accaduto a tutte le rivoluzioni violente, che hanno stravolto un sistema politico ma non hanno spezzato il «cerchio delle civiltà». Non è sufficiente lottare contro un potere politico ed economico, la lotta dell'umanità dovrà essere contro tutta la sua storia. Non facciamoci trascinare dal fervore e dall'emozione del «momento», altrimenti continueremo a «guardarci indietro e chiederci il motivo per cui le assurdità della storia si ripetano senza tregua». «Noi non sappiamo né il giorno né l'ora, dicono i vangeli, ed è un bene che sia così, altrimenti in nome della verità costruiremmo solo dittature»: detto questo, detto tutto!

Il comunismo si realizzerà quando sarà il momento, senza forzature, ma penso anch'io che «le basi vadano poste adesso», eludendo il sistema immunitario della «civiltà», costruendo microsocietà comuniste nel pieno della legalità capitalistica. Del resto i benefici immediati degli abitanti di queste «cellule sociali» saranno notevolmente più importanti di quelli che le masse (ma esistono ancora le masse?) potrebbero ottenere con rivendicazioni e scontri diretti col potere.

Quando parlo di benefici immediati, non intendo domani mattina, perché, realisticamente, i primi sistemi federativi sperimentali potranno realizzarsi non prima di un paio di decenni. Ciò che potremmo iniziare a costruire fin d'adesso è l'organizzazione di sostegno, che, essa stessa, potrebbe migliorare la qualità della vita degli associati, con la collaborazione in molti aspetti della vita quotidiana, tenendo comunque bene a mente che lo scopo principale di questa organizzazione sarà la progettazione e la costruzione di sistemi federativi.

Eludere il sistema immunitario della «civiltà» significa estraniarsi dalla vita politica della «civiltà», senza creare situazioni controproducenti e pericolose scontrandosi con le istituzioni. Non solo non servirebbe a ottenere di più di ciò che l'organizzazione stessa può garantire al suo interno, ma scatenerebbe la reazione immunitaria del sistema capitalistico. La strategia di un virus è quella di infiltrarsi nel DNA cellulare e indurre la cellula, inconsapevole, a replicare tante copie virali. Avere lo Stato per amico non significa scendere a compromessi col nemico, ma usufruire di tutti i vantaggi legali che possono far crescere l'organizzazione.

Ora si ripropone il problema di sempre. Come istituire e, soprattutto, tenere unita un'organizzazione, senza una «linea politica»? Forse sai già dove voglio andare a parare, e mi chiedo a chi mi farai assomigliare questa volta, oltre a un Testimone di Geova o un Cristiano per il Socialismo! Il fatto è che io, quando parlo di pensiero cristiano, non intendo parlare di religione, ma di *pensiero cristiano laico*. A questo proposito ti invito ancora, come ho fatto nella mail precedente, di trovare una filosofia di vita (per i membri di questa ipotetica organizzazione) che abbia un potere d'unione maggiore di quella fondata sulla regola aurea cristiana. Non ti chiedo molto. Tutto quello che è mistico o misterioso, mettiamolo pure nel cassetto, ma è certo che una forma di comunicazione culturale comune dovrà pur esserci per collaborare. Nella parte iniziale della tua mail mi hai fatto un trattato di filosofia pura. Anch'io mi sento impreparato per discutere su temi di questo carattere. Mi viene mal di testa solo a pensare al tuo «travaglio» culturale, ma sono convinto che è da persone con la tua esperienza che possono uscire idee risolutive.

10 mail EG - 5 febbraio 2003

Per poter rispondere alle tue domande, anzitutto dovrei chiarirmi su alcune cose per le quali non ho ancora delle risposte esaurienti. Inoltre considera che io sono un insegnante (faccio formazione tutto il giorno) e non un politico o un teorico della politica, per cui oltre un certo livello di conoscenze non posso andare.

Continuo a rispondere volentieri alle tue domande perché mi stimolano a riflettere, ma - lo capisci da solo - o ci fermiamo sul piano delle ipotesi teoriche oppure è meglio iscriversi a qualche associazione o partito, perché la teoria ad un certo punto ha bisogno di essere verificata nella pratica; non era forse Lenin che diceva: «la prassi è il criterio della verità»? Se scegli questa soluzione, ti dico subito che io non sono la persona più adatta con cui relazionarti, perché ho abbandonato l'attività politica alla fine degli anni '70 e da allora non l'ho più ripresa, semplicemente perché non credo di poter parlare di queste nostre cose in alcuna formazione politica.

Ora per me sono due le domande che dobbiamo porci e a cui dobbiamo trovare risposte convincenti:

- cosa sarebbe potuto accadere alla storia del genere umano se non si fosse usciti dal comunismo primitivo?

- fin dove può arrivare la libertà dell'uomo?

L'uomo è uscito dal comunismo primitivo affermando il concetto di *proprietà*, cioè si è impossessato privatamente, come singolo o come piccolo gruppo (i più forti o i più astuti) di ciò che un tempo gli apparteneva come collettivo (clan, tribù) o, se vogliamo, come «specie».

L'individualismo (proprietario di qualcosa) ha fatto uscire l'uomo dal comunismo primitivo e lo ha fatto entrare nella cosiddetta «civiltà». (Saprai immagino che il marxismo classico ha sempre considerato - secondo me a torto - questo passaggio come «necessario» per uscire da uno stato di «minorità», un po' come per Kant l'emancipazione della ragione dalla religione. Ho scritto molto su questo nelle pagine dedicate a Marx). Oggi in sostanza diamo per scontato che l'affermazione (in varie forme e modi) della proprietà privata, contro l'interesse collettivo, è all'origine della nascita delle civiltà.

È così vero che anche l'affermazione della libertà si è cominciato a farla dipendere da quella della proprietà: quanto più possiedo (persone o cose), tanto più sono libero, anzi tanto più «sono» *tout-court*. L'affermazione della libertà di pochi proprietari s'è posta contro la negazione della libertà di molti nullatenenti. Il diritto è servito appunto per dare una parvenza di legittimità a un abuso di fatto.

Dunque la proprietà è negazione della libertà, poiché non può esistere vera libertà se è solo per pochi. E per «proprietà» intendo quella che serve per la riproduzione della specie (mezzi di produzione, terre, ecc.), non intendo ovviamente la «proprietà personale» (dall'abitazione allo spazzolino da denti).

Eppure la nascita delle civiltà è un fenomeno relativamente recente. Per migliaia di secoli gli uomini hanno vissuto nel comunismo primitivo. Quale sarebbe stata l'evoluzione del genere umano senza l'affermazione della proprietà privata? Si sarebbe ugualmente arrivati all'attuale progresso tecnico-scientifico?

Qui le risposte da dare, secondo me, sono due, molto diverse tra loro.

1. Gli uomini avrebbero continuato a sviluppare, perfezionandoli, gli strumenti e i mezzi della loro vita quotidiana, ma avendo sempre un occhio di riguardo verso il benessere collettivo, verso la proprietà comune. Quindi i progressi tecnico-scientifici ci sarebbero stati ugualmente, ma secondo forme modi e tempi molto diversi.

2. Gli uomini avrebbero forse scoperto che più importanti delle soddisfazioni materiali sono quelle morali e spirituali, per cui invece di potenziare l'intelligenza e la creatività verso aspetti esteriori alla loro vita, avrebbero sperimentato di più i valori umani e spirituali, le questioni della coscienza e della libertà interiore, ovviamente sempre nel rispetto della proprietà comune.

Dunque quale può essere il senso dell'uomo nella natura? Probabilmente quello di andare oltre la materialità delle cose, oltre i bisogni della sopravvivenza, tipici del mondo animale. L'essere umano è forse la dimostrazione che, volendo, la natura può andare oltre se stessa. Ma in che senso? Tecnologico o Spirituale? Sviluppando la Scienza o la Coscienza?

Noi sappiamo soltanto che con la nascita della proprietà privata e quindi delle tante civiltà, l'uomo, dal punto di vista dei valori spirituali, è regredito a livello animalesco, anzi, per molti versi, si è posto al di sotto degli istinti naturali degli animali (che se è vero che non hanno nulla di etico, non hanno però nulla neanche di immorale).

Purtroppo la proprietà privata si è talmente diffusa come concezione di vita, che chi non ne dispone è come ridotto in schiavitù. E così, da un lato i proprietari sono disumani perché, per conservare i loro privilegi, sono costretti a compiere qualunque tipo di reato (che per loro, ovviamente, è legittimo); dall'altro i nullatenenti rischiano continuamente la disumanità sia quando non reagiscono politicamente al loro stato di soggezione e di sfruttamento, sia quando lo fanno individualmente, come criminali.

Come se ne esce? L'unico modo - secondo me - è quello della *rivoluzione popolare*, che deve riportare le cose a come erano un tempo.

Per quale motivo si è costretti a questa misura di forza? Semplicemente perché la concezione della proprietà privata, per poter sussistere, ha bisogno continuamente di diffondersi, di soggiogare, di sottomettere uomini e natura.

La Terra è una sola: non è possibile emigrare al di fuori di essa. Quando gli ebrei non sopportarono più la schiavitù egizia, se ne andarono in Palestina, ma oggi queste migrazioni di massa non sono più possibili, poiché le civiltà hanno coinvolto il mondo intero. Con la scoperta dell'America il capitalismo è divenuto mondiale, ponendosi come prima civiltà a diffusione internazionale.

Ora, poiché gli uomini hanno usato la forza per privatizzare il bene comune, è secondo me molto improbabile che vorranno disfarsi delle loro proprietà a favore della collettività in modo spontaneo, senza reagire con altrettanta forza.

E qui si pone la domanda sui limiti della libertà umana: fin dove possiamo spingerci? Abbiamo il diritto di autodistruggerci, oppure dobbiamo pensare che la nostra libertà possa muoversi solo entro certi limiti? E quali sono questi limiti, entro cui sia possibile per tutti vivere un'esistenza dignitosa? Queste domande chi se le deve porre? Solo quelli che non posseggono nulla?

Sulla Terra l'uso negativo della libertà non va a toccare solo l'esistenza dei proprietari, ma anche e soprattutto quella dei nullatenenti. L'uomo proprietario ha creato un inferno in cui purtroppo tutti sono costretti a vivere. Per uscire da questo inferno, in questo pianeta, occorre fare una rivoluzione. Non vedo alternative praticabili, in cui capitale e lavoro possano trovare un compromesso vantaggioso per entrambi. I nostri operai «occidentali» non sono mai soddisfatti dei loro contratti di lavoro e quando lo sono, sappiamo bene che nel Terzo mondo qualche altro operaio sta pagando loro gli aumenti salariali che hanno preteso. Sicché paradossalmente abbiamo che imprenditori e operai «occidentali» stanno «sfruttando» insieme le risorse della periferia neocoloniale.

Se le condizioni di vita non fossero determinate dai bisogni materiali, le cose sarebbero diverse. Cioè uno potrebbe scegliere l'inferno senza per questo obbligare gli altri a seguire la sua strada.

Nel nostro pianeta l'uso della forza fisica (o economica) gioca un ruolo rilevante nei rapporti umani, proprio perché gli uomini hanno bisogni fisici e hanno bisogno di risorse materiali per soddisfarli.

Se gli uomini avessero solo bisogni spirituali, al massimo potrebbe esistere l'uso di una coercizione morale. Ma questa ipotesi non è praticabile, allo stato puro, su questa Terra. Chi vuol vivere di «solo spirito», in assoluta libertà, è poi costretto a chiedere la carità degli altri, la quale, peraltro, potrebbe anche essere elargita con ricchezze ingiuste, frutto di soprusi e rapine. Quando si usa la coercizione morale, lo si fa minacciando sempre la perdita di qualcosa di fisico (la vita, i beni, i familiari, il lavoro, il denaro ecc.), perché noi non possiamo prescindere da questa fisicità.

Nessuno vuole sostenere che sia possibile affermare una libertà individuale personale contro le altrui libertà individuali. Non è possibile essere liberi da soli. La libertà personale è sempre vincolata alla libertà degli altri. E tuttavia uno dovrebbe avere lo spazio in cui affermare la propria libertà insieme alla libertà degli altri. Quando questo non è possibile, la rivoluzione diventa necessaria, perché senza libertà l'uomo muore.

Forse il destino dell'umanità è quello di sperimentare tutte le possibili deviazioni dal vero valore umano, per poi riscoprirlo alla fine, dopo le inevitabili tragedie. La storia in sostanza sarebbe la dimostrazione di come l'uomo senta il bisogno di provare tutte le strade dell'individualismo, prima di arrivare ad ammettere che la strada migliore è quella del collettivismo.

Insomma, questo per dirti che il tuo progetto per me è realizzabile solo fino a un certo punto.

11 mail PN - 8 febbraio 2003

Riflettere significa confrontarsi con «l'altra faccia dello specchio», poiché è una virtù tipicamente umana, anche se non tutti ne fanno uso nella stessa misura. Significa avere la saggezza e la modestia di mettersi in discussione. È indiscutibile che tu di riflessione hai dovuto averne parecchia, vista la tua completa inversione di rotta, ma mi fa piacere che le mie domande ancora ti stimolino la riflessione.

«...ho abbandonato l'attività politica alla fine degli anni '70 e da allora non l'ho più ripresa, semplicemente perché non credo di poter parlare di queste cose in alcuna formazione politica». È esattamente quello che è accaduto a me nello stesso periodo e, anch'io, non ho più ripreso a fare politica per le stesse motivazioni, anche se i presupposti delle nostre scelte sono state molto diverse: tu Comunione e Liberazione, io extrasinistra.

La politica è, correggimi se sbaglio, qualsiasi rapporto tra cittadino (abitante della «polis») e istituzioni, finalizzato a mutare di continuo le regole che sono alla base di questo stesso rapporto. È un tiro alla fune tra governo e governati, ma per fare politica non è necessario militare in qualche partito politico tradizionale o in qualche movimento d'opinione. Anche facendo parte di associazioni culturali o ecologiste o umanitarie, si fa politica. Un gruppo di persone che sottoscrive una petizione rivolta al Comune, per spostare un cassonetto dei rifiuti o per fare installare un lampione in più in una via cittadina, fa politica. Anche semplicemente partecipando col nostro voto a qualsiasi consultazione elettorale (sono oltre vent'anni che io non vado più a votare), si fa politica.

L'organizzazione di cui ti ho parlato non esiste, ma se già esistesse non farebbe politica, perché non farebbe nessuna rivendicazione alle istituzioni. «Contrattare» con lo Stato e le sue istituzioni significa legittimare il sistema politico ed economico e, in definitiva, accettare le sue regole e le sue disposizioni, anche se si può farlo sbottando o torcendo il naso. Un'organizzazione popolare che non si riconosce nel sistema in cui vive, non può quindi fare politica. D'altra parte estraniarsi dalla politica, in questo caso, non significa accettare le regole del sistema, ma ignorare completamente le sue emanazioni istituzionali. Semplicemente non esistono. Qualora non pagassi le tasse o, comunque, non rispettassi le regole dello Stato, entrerei in competizione con le istituzioni e quindi farei politica.

A questo punto, per chi non accetta le regole del gioco, ci sono solo due prospettive.

- Quella che tu chiami *rivoluzione*, ossia tentare di rovesciare con la forza un sistema politico per instaurarne un altro.

- Quelle che io chiamo *microsocietà autonome*, ossia cambiamenti locali non violenti, ma radicali.

Ora io concordo sostanzialmente con la tua analisi sul comunismo primitivo (non dimenticare che ti ho scritto la prima volta proprio perché ho apprezzato il tuo articolo «Dio e il serpente») e sulla libertà negata dalla proprietà, ma piuttosto che attenermi, per quel che riguarda questo argomento, alle opinioni di Marx e di altri filosofi contemporanei o posteriori a lui (che danno valutazioni diverse, proprio perché sono soggettive), preferisco affidarmi a chi ha molti milioni di anni di esperienza sul campo. Cosa ci dice la natura sulla rivoluzione?

- Le rivoluzioni non avvengono mai a livello generale, ma locale.

- Non interessano mai la totalità della popolazione di una specie.

- Il cambiamento può essere repentino, ma l'instabilità può avere tempi lunghi.

- Dopo un periodo di stabilità è necessaria una nuova rivoluzione.

Posso farti tutti gli esempi che vuoi, a riguardo, perché si ripetono immancabilmente in tutti i livelli sistemici, ma te li risparmio per la tua «allergia» agli argomenti scientifici. C'è una cosa che però ritengo importante chiarire. È vero che l'uomo è l'essere più complesso dell'universo conosciuto, ma anch'esso non sfugge ai meccanismi evolutivi. È vero che «per migliaia di secoli gli uomini hanno vissuto nel comunismo primitivo», ma il punto di rottura non è stato causato da un atto di loro volontà, bensì da un atto inconsapevole, anche se dovuto alle loro potenzialità intellettive.

Fino a quando non ha raggiunto uno sviluppo del suo cervello tale da consentirgli di fare delle federazioni di gruppi, basandosi solo su comportamenti non genetici, l'uomo non sarebbe mai potuto uscire dal comunismo primitivo, poiché è stata la federazione che ha prodotto la disgregazione del gruppo e l'abbandono del comunismo primitivo.

Tuttavia la «rivoluzione che deve riportare le cose a come erano un tempo», non potrà fare meno della ricostituzione di federazioni di gruppi sociali, perché l'elevata socialità e la predisposizione alla collaborazione sono ancora ben impiantate nel codice genetico della nostra specie, e la federazione è la sua più alta espressione applicata. Una rivoluzione popolare che mirerebbe ad abbattere la proprietà privata dovrebbe essere metodica, finalizzata alla ricostruzione del tessuto sociale comunistico, di cui l'eliminazione della proprietà privata è solo uno degli elementi, altrimenti si incanalerebbe dritta verso lo statalismo.

Secondo i dettami marxisti, la collettivizzazione dei mezzi di produzione doveva essere il mezzo per arrivare a una società senza classi, ma il mezzo si è trasformato in obiettivo, un ostacolo insormontabile. La verità è che nessuna imposizione culturale (intendi dittatura del proletariato) potrà mai portare alla libertà culturale (intendi comunismo). Si possono trovare cento scuse per giustificare il fallimento degli obiettivi della rivoluzione, ma ci saranno sempre centouno motivi per non avventurarsi in un insensato, inutile, inumano dispendio di energia e di vite umane.

Una rivoluzione non è uno scherzo da niente! L'uomo può andare certamente oltre la materialità delle cose, ma mi spieghi perché le masse reagiscono solo per soddisfare la loro materialità? «La storia ci ha insegnato che un popolo affamato fa la rivoluzion»... evviva la pappa col pomodoro!

D'altra parte non si potrà mai impedire alla gente di sognare e di illudersi, e sono convinto che la libertà culturale è la cosa più importante della vita umana. Quale umanesimo laico e socialismo democratico, dunque, possono coincidere con una rivoluzione violenta che mira a una dittatura, che inchioderebbe al palo la libertà culturale degli individui, per intere generazioni?

La dittatura del proletariato non potrà mai essere «democratica» (nel senso letterale del termine), perché non sarà mai il popolo a comandare, ma sempre e comunque una ristretta cerchia di «delegati», che inevitabilmente si trasformerebbe in una nuova classe privilegiata. Di certo non condivido questa voglia di rischiare di sfracellarsi in nome di una libertà, che poi, alla luce dei fatti, si trasforma in una galera. Ce n'è per tutti i gusti, chi vuole guerreggiare lo faccia pure, sappia però che non solo non si libererà di questo sistema immondo, ma finirà per impantanarsi in una palude dalla quale non sarà facile uscirne.

Noto che fai spesso riferimento a momenti storici degli Ebrei. Il popolo ebraico è effettivamente un popolo particolare, essendo stato geograficamente collocato proprio al centro delle più antiche civiltà del Vecchio Mondo. Egizi, Sumeri, Fenici, Ittiti, Assiri, Babilonesi, Medi, Persiani, Greci, Romani, ognuno di questi popoli ha accampato diritti di conquista sui territori d'Israele, perciò è comprensibile che la storia del popolo ebraico sia stata una continua ed estenuante guerra di liberazione. «Quando gli Ebrei non sopportarono più la schiavitù egizia, se ne andarono in Palestina, ma oggi queste migrazioni di massa non sono più possibili, poiché le civiltà hanno coinvolto il mondo intero».

Non è andata esattamente così, perché, per insediarsi nella terra «promessa» di Canaan, gli Israeliti hanno dovuto lottare proprio contro le civiltà già presenti in quei territori (soprattutto di origine fenicia). Inoltre le migrazioni di massa sono proprio caratteristica dei nostri tempi, a causa di sempre più gravi carestie, pestilenze e guerre. Ciò che è importante è che gli Ebrei hanno avuto effettivamente una via di fuga dalla schiavitù, rifugiandosi nel deserto. Sono stati liberi fino a quando essi stessi non sono diventati uno Stato, a danno delle popolazioni locali. È praticamente da poco dopo quel momento che è iniziata la loro lotta di liberazione.

Anche noi possiamo crearci una via di fuga e liberarci dalla schiavitù del sistema capitalistico. Non è necessario abbattere il capitalismo per fare questo. Le leggi liberiste istituite per legittimare la grande proprietà privata e lo sfruttamento del lavoro salariato sono valide, a tutti gli effetti, per la costituzione di microsocietà autonome comuniste. La proprietà è sacra? Ebbene, gli abitanti di una «cellula sociale» saranno proprietari di un territorio, al cui interno non ci saranno né proprietà privata né lavoro salariato. Gli imprenditori vogliono mettere in ginocchio la pubblica sanità o la pubblica istruzione, lucrando su case di cura, case di riposo e scuole private? In questo modo è dato alla «cellula sociale» la possibilità di gestire autonomamente la sanità, l'assistenza e l'istruzione. Si tende a privatizzare la produzione e la vendita di energia elettrica, gas, acqua, telefonia? La «cellula sociale» è perfettamente in grado di prodursi da sé tutte queste cose (risparmiando!).

Questi sono solo gli aspetti superficiali della questione. In realtà i vantaggi veri sono ben altri. Niente è più appagante di vivere come natura comanda, liberi dall'influenza culturale del sistema capitalistico. Inoltre chi vivrà collaborando in modo comunistico col suo prossimo in questo nuovo sistema sociale, avrà fatto una libera e consapevole scelta e potrà ritornare sui suoi passi, qualora questo genere di vita non lo soddisfacesse più.

«Nessuno vuole sostenere che sia possibile affermare una libertà individuale personale contro le altrui libertà individuali. Non è possibile essere liberi da soli. La libertà personale è sempre vincolata alla libertà degli altri. E tuttavia uno dovrebbe avere lo spazio in cui affermare la propria libertà insieme alla libertà degli altri. Quando questo non è possibile, la rivoluzione diventa necessaria, perché senza libertà l'uomo muore. Forse il destino dell'umanità è quello di sperimentare tutte le possibili deviazioni dal vero valore umano, per poi riscoprirlo alla fine, dopo le inevitabili tragedie. La storia in sostanza sarebbe la dimostrazione di come l'uomo senta il bisogno di provare tutte le strade dell'individualismo, prima di arrivare ad ammettere che la strada migliore è quella del collettivismo. Insomma, questo per dirti che il tuo progetto per me è realizzabile solo fino a un certo punto».

Hai detto bene, quando questo non è possibile! Sembra però che tu dia già per scontato che possibile non lo sia. Pensa che beffa se la soluzione fosse davvero dietro l'angolo. Allora perché non provare a spezzare in questo modo il cerchio delle civiltà? Se vedi qualche sassolino negli ingranaggi di questo discorso, dovresti essere più specifico, perché credo che ad ogni tua domanda precisa ci sia una risposta precisa.

11 mail EG - 9 febbraio 2003

Su alcune cose che dici ricordo di aver scritto un testo relativo agli ultimi anni di vita di Lenin, allorché diceva di aver fatto il possibile per il suo paese e che si rendeva conto che se si fosse partiti da una rivoluzione culturale invece che politica sarebbe stato meglio, ma questo non fu possibile proprio a motivo della dittatura dello zarismo e dell'analfabetismo delle masse.

C'era un grande dramma nelle sue parole, e io vorrei dirti che la tua proposta sembra andar bene per una società come la nostra o come quelle occidentali, perché riescono a farci credere che sia possibile vivere pacificamente nelle democrazie liberali.

In realtà questo pacifismo è molto relativo, sia perché lo stiamo ottenendo grazie allo sfruttamento neocoloniale, sia perché non esitiamo a ricorrere alle armi quando qualcuno lo mette in discussione, sia egli interno o esterno ai nostri paesi.

Siamo in pace da oltre mezzo secolo nella nostra Europa (a parte i conflitti locali-regionali in Irlanda, in Spagna ecc.), ma solo perché con le ultime due guerre mondiali, che sono state di una carneficina senza confronti, abbiamo avuto 10 milioni di morti nella prima e 50 nella seconda (nei secoli passati abbiamo fatto guerre persino di 30 anni, di 100 anni...). In questi ultimi duemila anni di storia l'Europa ha vissuto conflitti interminabili.

Quando parlavo di migrazioni di massa a scopo di liberazione socio-politica intendevo dire che le grandi migrazioni della storia (sì degli ebrei con Abramo e Mosè, ma soprattutto quelle degli indoeuropei dalla Russia meridionale e quelle dei barbari medievali, fino a quelle dei «Padri Pellegrini» e dei socialisti utopisti) si spiegano probabilmente col fatto che ad un certo punto si pensò che un'esistenza alternativa poteva essere vissuta solo in un altro ambiente geopolitico.

Individualmente o come piccoli gruppi (vedi p.es. Nomadelfia) è possibile aspirare a vivere un'alternativa nella società borghese stando dentro questa società, ma il problema resta sempre quello di come far uscire l'intera popolazione dalla schiavitù. Ed è evidente che se non è la stessa popolazione a desiderare di uscirne, non sarà mai possibile far nulla di definitivo.

Si può dunque anche partire dalle microsocietà, ma presto o tardi si riproporrà il problema di come superare l'intero sistema, proprio perché il sistema non vuole essere «superato» dal suo opposto (al massimo può appunto tollerare singole, irrilevanti, eccezioni). La transizione è sempre un trauma sanguinoso, perché all'origine di tutto c'è un atto di ribellione (Adamo ed Eva) e l'omicidio di Abele. La storia delle civiltà è nata dal sangue e nel sangue finirà: non perché questo sia un destino ineluttabile, ma perché è nella natura della libertà umana far del male sapendolo di fare.

Io penso che qualunque migrazione (individuale o di massa) sia una forma di debolezza, una sconfitta sul campo. È vero, a volte la realtà delle contraddizioni o comunque la loro percezione è così forte da indurre a compiere scelte unilaterali. Ma è anche vero che là dove è accaduto non si sono mai ottenuti risultati decisamente migliori delle contraddizioni antagonistiche che si erano volute abbandonare, nel senso che alla fine non si è fatto altro che riprodurre, in forme e modi diversi, gli stessi conflitti (il capitalismo americano, p.es., è molto più cruento di quello europeo).

Ecco perché ritengo che fino a quando non avremo preso sul serio le contraddizioni della nostra epoca, non riusciremo mai a liberarci di questa schiavitù. Sarebbe stato meglio, in tal senso, che la Terra fosse stato un pianeta molto più piccolo.

Si può lottare, anche quotidianamente, per cercare di migliorare la società, ma ad un certo punto si pongono di fronte a noi tre strade:

- scendere a compromessi e ridurre la critica, iniziando ad accettare gli aspetti negativi del nostro tempo;

- compiere una rivoluzione politico-istituzionale, con l'intenzione di difenderla dagli attacchi di chi vuole conservare lo *status quo*;

- emigrare in un paese dove sia possibile porre le basi di una diversa convivenza umana.

Quest'ultima soluzione oggi è praticamente irrealizzabile, in quanto il capitalismo si è imposto su scala mondiale. Peraltro emigrare da un paese metropolitano a un altro avrebbe poco senso; andare in una zona di periferia neocoloniale (le cosiddette «missioni») ha senso se la consapevolezza che ci muove è forte, altrimenti - non essendo noi occidentali abituati a sopportare contraddizioni molto forti - rischiamo di crollare dopo il primo impatto (senza considerare che molti vanno in quei paesi per colonizzarli culturalmente, per riscattarsi da una vita piena di fallimenti, per cui sono disposti a tutto, pur di fuggire da un'alienazione e andarne a vivere un'altra, altrove, in forme diverse).

In una zona periferica neocoloniale si possono trovare valori più positivi dei nostri, ma anche maggiore disagio socioeconomico, e dove esiste tale disagio è possibile trovare anche valori molto negativi. Tutto dipende da come si reagisce alle situazioni. Quel che è certo è che non esiste più un terreno vergine ove poter ricominciare da capo. Esiste solo un diverso modo di combattere il capitale: stando nella zona metropolitana, oppure trasferendosi in quella coloniale (dove però non si hanno conoscenze sufficienti per muoversi con scioltezza).

Quindi non ci resta che rimanere qui a chiederci: compromesso o rivoluzione? Mi chiedo, a tale proposito, se sia più facile scendere a compromessi col capitale in una zona metropolitana (dove si è perduta la memoria del diverso), oppure in una periferica (dove forse esiste ancora una memoria del diverso, seppure vissuta in condizioni socioeconomiche molto precarie). Io penso che là dove è andata perduta l'esperienza di un'alternativa al capitale, il compromesso è sicuramente più facile e la rivoluzione molto più difficile.

Secondo me la rivoluzione è più facile che avvenga laddove le contraddizioni rendono impossibile la vita e laddove esiste un ceto di intellettuali in grado di organizzare le masse, soggette allo spontaneismo (questa - come noto - è la lezione di Lenin). Prima che una situazione del genere si verifichi nelle nostre metropoli, essa deve già essersi abbondantemente verificata nelle periferie neocoloniali. Questo per me significa che l'occidente non ha molte possibilità di liberarsi dei propri mali finché il Terzo Mondo non si libera della schiavitù che gli viene imposta.

Insomma, ho l'impressione che il tuo progetto possa andar bene solo in un territorio ancora vergine, come il progetto di Moro nell'isola di Utopia. Da dove mi scrivi: da un carcere? Stai ipotizzando delle cose che in realtà non esistono, oppure sei a capo di una federazione di microsocietà autonome?

12 mail PN - 13 febbraio 2003

Effettivamente ti ho detto poco di me, perciò le tue domande «bizzarre» sono giustificate. No, non ti sto scrivendo da un carcere! Sono un libero cittadino piemontese che non ha pendenti con la «giustizia». Sono nato nel 1953, sono coniugato senza figli e lavoro come tecnico in un'importante azienda tessile del Biellese. Non sono a capo di niente e faccio fatica ad essere a capo di me stesso, perché non sempre riesco a rendere concrete le mie buone intenzioni. Soprattutto commetto peccati di gola, anche se sono un «normolineo». Non ho hobby particolari e mi servo malvolentieri del computer, ma sono costretto a usarlo anche sul lavoro.

Le microsocietà autonome non esistono nella realtà, ma vorrei che tu capissi, esistono nella logica della natura.

Nella ricostruzione storica che tu hai fatto nella mail 8 EG, prefiguri dei periodi di transizione per passare da un'era storica, con determinate caratteristiche, a un'altra con caratteristiche diverse. La natura si comporta proprio in questo modo. Quando essa produce sperimentalmente un livello sistemico superiore, segue un lungo periodo di sconvolgimenti e di assestamenti finalizzati alla ricerca dei sistemi più efficienti e più economici consentiti a quel livello sistemico.

La storia umana, fatta di sconvolgimenti ambientali e sociali e relativi assestamenti (provvisori), rappresenta appunto la fase transitoria per il passaggio da un livello sistemico a un altro di grado superiore, ossia il passaggio dal sistema sociale (il gruppo di cacciatori-raccoglitori) al sistema federativo (l'aggregazione coordinata e stabile dei gruppi sociali). Questo tipo di federazione non esiste ancora perché ancora non potrebbe esistere, essendo ancora insufficiente sia il livello di comunicazione tecnologica, indispensabile per trasformare una semplice aggregazione di gruppi in un sistema federativo efficiente, che la cooperazione in tempi reali tra i vari sistemi federativi, che nasceranno qua e là in tutto il pianeta. Siamo però ormai vicini alla fase finale di questo periodo di transizione. Sto parlando di una copertura satellitare totale su tutto il globo terrestre, di computer multimediali più «intelligenti» a comando vocale, di sviluppo della tecnologia solare ed eolica... quindi un paio di decenni ancora.

Tu attribuisci la maturazione della coscienza rivoluzionaria delle persone soprattutto ai rapporti esistenti tra le classi sociali. Non nego che sia così, ma è evidente che i rapporti intraclasse e interclasse cambiano col mutare degli strumenti di comunicazione. Dobbiamo tenere in considerazione anche questo fattore per interpretare i comportamenti di una popolazione.

Concordo sul fatto che «individualmente o a piccoli gruppi (vedi p.es. Nomadelfia) è possibile aspirare a vivere un'alternativa nella società borghese stando dentro questa società, ma il problema resta sempre quello di far uscire l'intera popolazione dalla schiavitù». Comunità di questo tipo sono completamente prive di carica rivoluzionaria, perché reagiscono passivamente alle pressioni del sistema, patteggiando con esso, come fa una tartaruga ritirandosi dentro il suo carapace, quando si sente minacciata. In realtà, esse non sono un'alternativa al sistema, ma solo una scappatoia che il sistema concede, una valvola di sfogo per sgonfiare alcune sue contraddizioni interne.

Nel mondo potrebbero sorgere milioni di comunità simili a Nomadelfia (che sono realmente esistite nel corso della storia), ma non scatenerebbero la reazione immunitaria del sistema, che, anzi, lascerebbe fare, perché tutto sommato gli gioverebbe. La differenza tra queste aggregazioni di individui e le future microsocietà autonome comuniste è uguale a quella esistente tra un organismo unicellulare, come un'ameba o un paramecio, e una cellula del corpo umano. Possono avere forma e dimensioni similari, ma avranno sempre un comportamento molto diverso. Una, individualista, è insofferente alla presenza dei propri simili e non in grado di comunicare e cooperare con essi; l'altra, comunista, vive proprio per collaborare altruisticamente con le sue simili, affinché ne tragga vantaggio il collettivo. La carica rivoluzionaria delle microsocietà autonome consisterebbe proprio nel fatto di far parte di un tutt'uno in crescita organizzata, senza patteggiamenti con le istituzioni.

È senz'altro vero che una «cellula sociale», per insediarsi, ha bisogno di un territorio «vergine» o comunque libero, ma non è necessario emigrare negli angoli meno accessibili del pianeta per trovare gli spazi necessari. Per la verità, nella sua conquista economica del mondo, il capitalismo lascia dietro di sé enormi spazi inutilizzati, perché antieconomici. In questo momento, mentre scrivo, sto guardando fuori dalla finestra e vedo chilometri di terreni inutilizzati o scarsamente utilizzati. Abito in una zona collinare di 400-500 metri di altitudine, in prossimità delle Prealpi biellesi, in un Comune che ha trecento abitanti scarsi, a una ventina di chilometri da Biella.

Nel Biellese è sorta nel Settecento la prima industria italiana, quella della lavorazione della lana. Innumerevoli stabilimenti tessili sono stati impiantati lungo i torrenti (il Biellese è una zona ricca d'acqua) e i macchinari erano mossi direttamente dalla forza dell'acqua, dal momento che ancora non era stato inventato il motore a vapore, a scoppio o elettrico. Ancora oggi i maggiori impianti si trovano lungo i torrenti. Anticamente questa era una zona povera e l'economia poggiava prevalentemente su attività silvo-pastorali, da qui la produzione della lana. Fino a quando era vantaggioso produrre la lana in loco i pascoli collinari erano ben curati, ma con l'acquisto di lane d'importazione, più economiche e più pregiate, l'allevamento locale delle pecore ha perso importanza e i pascoli sono stati progressivamente abbandonati, sostituiti da fitte boscaglie incolte.

Il danno ecologico è stato enorme, perché la manutenzione dei torrenti non veniva più effettuata con regolarità, causando alluvioni e frane. Solo nel 1968 un'alluvione ha causato più di cento morti tra la popolazione locale. Per le sue caratteristiche geografiche i terreni di questa zona hanno scarso valore commerciale, perché, così come sono, sono inadatti ad attività agricole o turistiche. Per esserlo dovrebbe accadere ciò che viene detto in Isaia 40:4, cioè: «Ogni valle sia colmata, ogni monte e colle siano abbassati; il terreno accidentato si trasformi in piano e quello scosceso in pianura».

Certamente questo è fuori da ogni logica di profitto e nessun imprenditore privato, come neppure lo Stato e le sue emanazioni politiche si sognerebbero mai di attuare una cosa simile: economicamente «il gioco non vale la candela». Le microsocietà autonome sono però fuori dalla logica della competizione e del profitto, e potrebbero veramente bonificare in questo modo il territorio, non ha importanza il tempo occorrente, poiché ogni palata di terra è una conquista territoriale sottratta al capitale. Io conosco bene la mia zona e so bene quanto spazio sarebbe disponibile a questo proposito, ma questo discorso si estende a qualsiasi altro territorio. Nulla vieta, per esempio, che nella stessa fertile pianura Padana, definita, con ragione, un deserto coltivato a cereali, si possano acquistare i territori necessari per insediare delle «cellule sociali», a parte il fatto che i costi sarebbero proibitivi.

È logico e scontato che i primi insediamenti sperimentali di sistemi federativi avverranno ai margini dell'economia capitalistica. D'altra parte l'abbandono delle campagne, la progressiva desertificazione, l'incuria ecologica del capitalismo, lasciano ampi spazi ovunque nel pianeta, sia in paesi industrializzati che in paesi tecnologicamente sottosviluppati. Dato il suo carattere di autosufficienza, le microsocietà autonome comuniste non hanno bisogno di servizi concessi dallo Stato, per cui potrebbero funzionare ugualmente bene sia in una fertile valle, sia in un deserto roccioso opportunamente bonificato. Non pensare che in quest'ultimo caso la popolazione vivrebbe in ristrettezze economiche, perché sarebbe comunque una struttura altamente tecnologica e l'isolamento geografico sarebbe superato con la collaborazione a distanza con altre «cellule sociali».

«Si può lottare, anche quotidianamente, per cercare di migliorare la società, ma ad un certo punto si pongono di fronte a noi tre strade:

- scendere a compromessi e ridurre la critica, iniziando ad accettare gli aspetti negativi del nostro tempo;

- compiere una rivoluzione politico-istituzionale, con l'intenzione di difenderla dagli attacchi di chi vuole conservare lo *status quo*;

- emigrare in un paese dove sia possibile porre le basi di una diversa convivenza umana.»

Se, per uscire dalla schiavitù economico-sociale che ci impone il capitalismo, devo scegliere tra queste tre opzioni, scelgo senza esitazioni la seconda.

Scendere a compromessi con lo Stato, così come hanno fatto tutte le comunità passate e presenti, così come tutti i partiti e le associazioni o tutti gli individui in cerca del miglior adattamento, significa legittimare il sistema e, per dirla con parole tue, «una sconfitta sul campo». Il riformismo annulla ogni speranza di cambiamento effettivo e si finisce per accettare le piccole concessioni che vengono effettuate dal capitale per mantenere inalterato lo stato di cose. In ogni caso questi cambiamenti non potranno portare a quella che definiamo «società a misura d'uomo».

Sulla terza opzione hai già detto abbastanza tu e concordo sull'inutilità e sull'impossibilità della cosa, anche se certe scelte «si spiegano probabilmente col fatto che ad un certo punto si pensò che un'esistenza alternativa poteva essere vissuta solo in un altro ambiente geopolitico». Per un comunista, invece, il problema non è cercare una terra promessa da colonizzare, ma cercare di cambiare radicalmente l'esistente, senza compromessi o piagnistei con lo Stato.

E torniamo così alla rivoluzione, che potrebbe consentirci di uscire dalla schiavitù. Come? Se «è la stessa popolazione a dover desiderare di uscirne», è impossibile che sia tutta la popolazione a desiderarlo, poiché la maggioranza di essa, o una sua parte consistente, accetterà le altre due opzioni, sia per opportunismo, sia «perché è nella natura della libertà umana far del male sapendolo di fare».

Per contro, anche il bene può essere una scelta consapevole e i comunisti che vivranno in microsocietà autonome non avranno costrizioni nelle loro scelte. Questa è una necessità fondamentale per la vita degli esseri umani: la libertà di decidere. Personalmente non concepirei che mi fosse imposto dall'alto ciò che si ritiene sia di mio beneficio, vorrei prima essere interpellato e decidere se la cosa mi può garbare. In caso contrario sono disposto a lottare per la mia libertà. Il sistema non ci darà più l'occasione palese di ribellarci e preferisce adagiarci (o meglio, assopirci) in un'apparente situazione di pace sociale.

Ciò che dici a proposito è vero: «In realtà questo pacifismo è molto relativo, sia perché lo stiamo ottenendo grazie allo sfruttamento neocoloniale, sia perché non esitiamo a ricorrere alle armi quando qualcuno lo mette in discussione, sia egli interno o esterno ai nostri paesi». Se però si mira a superare il sistema capitalistico, sostituendo la sua dittatura culturale con una dittatura culturale diversa, quale progresso verso la libertà è stato compiuto? Come può una rivoluzione violenta non imporre una sua dittatura culturale? Non avrebbe un giorno di vita! Questo va naturalmente a scapito della libertà che si vorrebbe ottenere abbattendo il sistema capitalistico. È un giro vizioso che non porterebbe ad alcuna conclusione. L'unica garanzia sarebbe avere la certezza che una dittatura «popolare» possa aprirsi al più presto verso una struttura sociale di tipo comunistico, ma che prove possiamo avere in merito?

Negli anni di piombo frequentavo ambienti politici che lambivano la «lotta armata» e ho saputo evitare il carcere (per questo ora non ti scrivo da quel luogo), al contrario di alcuni miei conoscenti, perché ponevo una domanda semplice, a loro e a me: «Va bene la rivoluzione, ma quali saranno i percorsi precisi che ci porteranno al comunismo»? La risposta era regolarmente evasiva: «Prima prendiamo il potere, il resto delle cose verranno da sole». Alla fine dei conti si doveva fare la rivoluzione senza saperne il motivo! Un architetto o un ingegnere non daranno mai il via a un lavoro, se non hanno preparato prima un progetto dettagliato dell'opera. Sbarazzarci in modo violento (qualora fosse veramente possibile) della dittatura del capitale, senza un progetto dettagliato, sarebbe come andare in alto mare senza una bussola. Non era forse Marx a dire che nella sua osteria non erano fornite ricette per il futuro? Ebbene, in quell'osteria io non ci voglio andare a mangiare.

Fare la rivoluzione non significa fare a botte, significa cambiare radicalmente le cose, ma nel momento in cui obbligo altre persone al cambiamento, è perché sono già tornato allo stato di cose di prima. In natura i processi rivoluzionari avvengono sempre dal basso, senza necessariamente scontrarsi col «potere». Ti faccio un esempio. I macachi del Giappone sono primati che vivono in gruppi sociali e sono strutturati in ordine gerarchico, al cui vertice c'è un maschio dominante, sempre intento a conservare i suoi privilegi sulle femmine, sul territorio e sui subordinati. Anche il minimo cambiamento di abitudini in seno al gruppo è inteso come un pericolo per il suo potere. Al contrario, i giovani del gruppo, che non hanno niente da perdere, sono disposti a cambiare con facilità le loro abitudini, se questo può giovare. I macachi sono tra gli animali selvatici più studiati in natura, perché vivono ai confini di insediamenti umani con alta densità di popolazione.

Il turismo zoologico è molto diffuso e frequenti sono i visitatori che portano del cibo a questi animali, che, proprio per questo, hanno cambiato le loro abitudini alimentari, perdendo progressivamente la loro autosufficienza in natura. Si è cominciato a offrire dei chicchi di grano, depositandoli sulla sabbia nei pressi di un ruscello. Inizialmente i macachi ingurgitavano chicchi mescolati a sabbia, fino a quando qualche animale non ha avuto il «colpo di genio» di buttare il cibo in acqua, cosicché la sabbia andava a fondo e i chicchi rimanevano a galla, facilitandone la separazione. Questo comportamento è stato immediatamente imitato dai giovani, ma non dagli adulti, che continuavano imperterriti a tranguggiare chicchi e sabbia. Il loro orgoglio, e la paura che le novità potessero scalzarli dalle loro posizioni sociali, li evidenziava come tenaci conservatori. Non so se quel maschio dominante è stato scalzato dal suo trono da un pretendente, oppure se è morto di vecchiaia mantenendo inalterati i suoi privilegi sociali, ma posso assicurarti che la «rivoluzione» è stata compiuta, ed ora tutti i macachi, compresi i nuovi dominanti, lavano il grano prima di mangiarlo. Questo per dirti che un percorso rivoluzionario può avvenire senza lo scontro diretto col potere.

Ho sempre avuto la sensazione che questo scontro miri solo ad appropriarsi dei privilegi di quel potere, strumentalizzando a tal fine le masse, che non ne trarrebbero che scarsi benefici. Sarebbe assurdo considerare rivoluzionario un moto insurrezionale che abbatte il potere politico (a livello nazionale), ma lascia sostanzialmente inalterato lo stato di cose; così come è assurdo considerare «riformista» un processo che cambia radicalmente le cose (a livello locale), senza tuttavia combattere il potere politico nazionale. I giovani macachi rappresentano le microsocietà autonome comuniste, il maschio dominante rappresenta il potere politico, i pretendenti rappresentano gli eventuali moti insurrezionali per rovesciare il potere.

Morale della favola:

- I cambiamenti utili partono sempre dal basso.

- I cambiamenti utili si diffondono per imitazione e non per imposizione.

- Il potere centrale è indifferente ai cambiamenti utili delle masse.

- I cambiamenti utili avvengono senza lo scontro diretto col potere.

- La violenza non è garanzia di cambiamento.

- La lotta per il potere non coincide con i bisogni delle masse.

Il problema non è tanto come liberare l'intera umanità dalla schiavitù economica e culturale del capitalismo, perché dovrà essere la gente, consensualmente e individualmente, a decidere di liberarsi da sola. La chiave della rivoluzione non è come guidare lo spontaneismo delle masse in una lotta armata, ma fornire un programma nel quale gli individui, non la massa, possano riconoscersi e liberamente partecipare.

È necessario dare l'opportunità, a chi si sente oppresso materialmente e spiritualmente da questo sistema, di liberarsi e di collaborare per dare ad altri questa opportunità. La rivoluzione avverrà gradualmente, in tempi proporzionali al desiderio della gente di liberarsi. Questo non impedirà a una parte di popolazione di combattere il potere e quest'ultimo cercherà di conservare i propri privilegi, però questa non sarà lotta rivoluzionaria, ma «normale movimento» all'interno del cerchio delle civiltà. La storia è come un grande pentolone dove cuoce uno stufato con tutti i gusti. Gira e rigira l'unica salvezza è uscire dal pentolone. Con un po' di buona volontà ed empatia possiamo farlo, costruendo un «Progetto per un'esistenza diversa».

12 mail EG - 13 febbraio 2003

Mi fai venire in mente la *Dialettica della natura* di Engels, ovvero il tentativo di ritrovare nella natura le stessi leggi storiche della dialettica (ricordi la negazione della negazione?), che poi era tutto di derivazione hegeliana. E si finì col fare della storia umana una storia della natura, ove tutto si spiega con la categoria della necessità. Non a caso gli ultimi libri di Engels furono dei best-sellers nella Russia stalinista.

Io penso che guardando la natura noi non riusciamo a capire il motivo per cui sia ad un certo punto emersa una storia dell'uomo. Cioè motivazioni come il lavoro, la parola, il cervello... non mi dicono quasi niente. Penso anzi che l'unico scopo della natura sia quello riproduttivo, cioè tutto quello che viene prodotto ha il compito di riprodursi, specie se è di livello superiore. Quando viene meno questa possibilità, la natura è costretta a inventarsi nuove forme d'esistenza o a mettere in primo piano quelle forme che in precedenza contavano pochissimo.

Questo meccanismo può essere applicato anche alle civiltà. Mentre la nostra sta declinando in maniera irreversibile, perché non siamo capaci di dare una svolta in direzione del socialismo democratico, da qualche parte stanno crescendo nuove civiltà, che andranno a sostituire la nostra, e questo, molto probabilmente, non senza spargimenti di sangue, non senza ulteriori acutizzazioni di secolari conflitti irrisolti, le cui conseguenze verranno pagate dalle generazioni future.

Noi abbiamo il compito di riprodurci: il motivo di questo non lo so, ma è chiaro che quando questa capacità viene meno, la natura, senza tanti complimenti, «passa ad altro».

Ho l'impressione che la natura abbia come una sorta di «compito» da svolgere entro un certo limite di tempo, e che proprio la categoria del tempo sia quella, in ultima istanza, che ci determina come «specie umana». L'essere e lo stesso esserci (cioè l'uomo) è determinato dal tempo - diceva il grande Heidegger - ma oltre a questa scoperta noi non riusciamo ad andare. Ci mancano le parole appropriate, l'esperienza adeguata del tempo.

Se la storia delle civiltà è una deviazione dalle leggi naturali, per quale motivo solo all'uomo, tra tutti gli esseri viventi, è concessa una possibilità del genere? Questa domanda mi porta a credere che alla nascita dell'uomo devono per forza aver contribuito fattori extra-naturali, che noi sicuramente non conosciamo (almeno per il momento), ma che altrettanto sicuramente non fanno parte della natura terrestre. Un bambino non nasce nel ventre di una donna senza l'intervento di un fattore esterno.

Supponendo quindi che tutto questo sia vero, qual è lo scopo della nostra esistenza, oltre a quello di riprodurci? Cioè se il fine era quello di vivere un'esistenza in armonia con la natura, perché sono nate le civiltà? Perché la natura o gli stessi uomini non sono stati capaci di reagire subito a questa che si preannunciava come una catastrofe dalle conseguenze irreparabili? Abbiamo forse peccato d'eccessivo ottimismo?

Io penso che lo scopo della storia umana sia appunto quello di dover sperimentare non solo tutto il bene di un sano rapporto con la natura e i propri simili, ma anche tutto il male e capire dalle conseguenze catastrofiche del male, l'importanza di ciò che si era abbandonato. Ora, dimmi te se questo processo ha qualche attinenza con quelli naturali, dove le leggi sono basate su ferree necessità, su inevitabili adattamenti?

Ho studiato tanto nella mia vita, rinunciando a qualunque tipo di carriera, non c'è praticamente disciplina umanistica che non abbia affrontato, eppure la cosa che m'interessa in assoluto di più è la *storia dell'uomo*, preso nella sua interezza. Questo per dirti che non credo nella possibilità di forme di transizione verso società più democratiche in virtù di scelte tecnologiche indovinate o di nuove scoperte scientifiche.

L'uomo ha dentro di sé qualcosa che rende tutto il resto una semplice diversificazione di forme. Per cui se non riesce a risolvere il dramma che lo attanaglia da circa seimila anni di storia, e ciò non potrà avvenire senza sconvolgimenti epocali, qualunque «variante al tema» non servirà a nulla, se non ad accentuare i rischi dell'autodistruzione.

Qualunque progresso tecnico-scientifico noi siamo destinati a pagarlo con effetti devastanti sulla natura e sugli esseri umani. Anche perché a causa delle nostre contraddizioni sistemiche noi siamo soliti passare da una fonte energetica assolutamente prevalente (fino a ieri il carbone) a un'altra (oggi il petrolio e domani forse l'uranio). Noi in realtà dovremmo guardare con sospetto il fatto stesso che per utilizzare le risorse della natura si abbia per forza bisogno di sofisticati strumenti tecnologici. Quando un pannello solare sarà esaurito, come faremo a riciclarlo? Non riusciamo a riciclare neppure i computer odierni, che con un sistema operativo meno «energivoro» di quello della Microsoft, potrebbero continuare a funzionare tranquillamente per molti anni ancora.

Se non riusciamo a risolvere i conflitti sociali, noi siamo destinati a produrre soltanto dei mostri che ci divoreranno, come a Cernobyl, dove peraltro lo Stato aveva la pretesa di definirsi «di tutto il popolo».

Tu mi chiedi di progettare un'esistenza diversa, ma secondo me, allo stato attuale delle cose, sarebbe già molto se mutasse l'atteggiamento con cui le masse si rapportano alle istituzioni. Esiste ancora troppa rassegnazione, troppa fiducia nell'interclassismo dello Stato, e chi parla di federalismo (come quelli della Lega) non ha alcun interesse a realizzare il socialismo democratico. Sembrano i lamenti dei piccoli imprenditori che non riescono a diventare «medi» o «grandi» perché attribuiscono al Mezzogiorno la causa della loro piccolezza. Eppure lo sappiamo tutti che il decollo dell'Italia capitalistica è avvenuto smantellando l'autonomia rurale e sfruttando manodopera a basso costo proveniente dal sud. È incredibile come i leghisti non riescano a capire la logica del *do ut des* che la borghesia del nord fece con gli agrari del sud.

Diciamo che in questi ultimi tempi (grosso modo con la fine della I Repubblica) è mutato, e di molto, l'atteggiamento ossequioso che gli italiani avevano nei confronti della cultura cattolica (politicamente rappresentata dalla Dc), nel senso che oggi c'è sicuramente molto più laicismo, quel laicismo che nei paesi protestanti e persino ortodossi si era sviluppato molto prima di noi.

Ma non è certo dall'acquisizione di una visione più disincantata della vita che può scaturire l'atteggiamento di ribellione nei confronti dei poteri costituiti. Tu probabilmente dirai che anche questo atteggiamento, come l'altro dei cattolici ossequiosi, è non meno infantile. Eppure io vorrei vederlo più spesso... Se fosse diffuso forse si potrebbe meglio parlare, insieme, di «progetto di un'esistenza diversa».

13 mail PN - 17 febbraio 2003

La riproduzione non è lo scopo della natura, ma il mezzo per la sua evoluzione. È vero che «l'essere e lo stesso esserci (cioè l'uomo) è determinato dal tempo», ma questo vale per tutti gli organismi viventi, visto che è il tempo di riproduzione, secondo la complessità della specie, a determinare la riproduzione stessa. Se però la riproduzione fosse finalizzata a se stessa, non sarebbe stata necessaria qualsiasi forma di evoluzione, quindi la complessità della natura si sarebbe fermata nel momento stesso del «big bang».

Sappiamo, dalla realtà dei fatti, che la natura tende a organizzarsi in strutture più complesse, lottando contro la seconda legge della termodinamica, che mira a dissipare energia e a portare tutto a uno stato di entropia (caos). Lo scopo dell'evoluzione della materia è quindi quello della riorganizzazione della natura nell'intero universo. È come se a «qualcuno» fosse scoppiato (big bang) «qualcosa» tra le mani e ora, stia faticosamente cercando, nel tempo, di ricomporlo. Questo «compito della natura» non è semplicemente quello di racimolare tutti i «cocci» e di salvare il salvabile, ma è una ricostruzione metodica, progressiva, mattone dopo mattone, in pratica una riorganizzazione sistematica.

La natura stessa ha impostato le leggi fisiche per questa sua ricostruzione. Ad esempio, c'è un rapporto assolutamente «predeterminato» tra la forza di gravità e la forza elettromagnetica. L'elettromagnetismo è 1x 10.000.000.000.000.000.000.000.000.000.000.000.000.000.000 (10 alla 42esima!) volte più forte della gravità. Eppure, se questo rapporto fosse solo di 1x10 alla 41esima, l'universo collasserebbe su se stesso, schiacciato dalla forza di gravità, e la vita non avrebbe avuto possibilità di comparire. Se questo rapporto fosse invece di 1x10 alla 43esima, l'universo si sarebbe espanso con una velocità tale da non consentire la comparsa della vita. Non è certo la teoria del caso e della selezione che può fornire una spiegazione logica a questo impressionante dato di fatto e, in ogni caso, non è che uno dei tanti punti d'equilibrio sui quali si regge la natura. Ti invito perciò ad essere più cauto, prima di parlare tranquillamente di «fattori extranaturali».

In realtà la nostra consapevolezza è limitata dalla nostra conoscenza, e la nostra conoscenza è limitata dagli strumenti d'indagine che possiamo utilizzare. Quindi non solo le nostre potenzialità intellettive, ma anche (e soprattutto) la loro estensione esterna, vale a dire lo strumento tecnologico, che, al contrario del nostro cervello, continua ad evolversi. Questa tua abitudine di sostenerti alle teorie dei filosofi classici mi lascia un po' perplesso. Di certo non voglio sminuire la loro caratura e il loro genio intuitivo, soprattutto se rapportato ai limiti della loro conoscenza della natura nel loro tempo, ma proprio perché ogni filosofia è conseguente al sapere «provato», ogni tempo d'indagine è, per definizione, limitato.

Mi stupisce anche questa tua avversione per il progresso scientifico. La tecnologia è un elemento neutro nella storia dell'uomo, perché non è né buona, né cattiva, è semplicemente utilizzata. Semmai sono i fini dell'utilizzatore che vanno riveduti, e in questo concordo con te che, fino a quando il progresso tecnologico sarà gestito dal capitalismo, non ci sono «possibilità di forme di transizione verso società più democratiche in virtù di scelte tecnologiche indovinate o di nuove scoperte scientifiche». Penso anche che non sarà il liberismo capitalista a trasformarsi in una società più democratica, e non sarà certo la tecnologia che può favorire questo processo. Non ho mai affermato qualcosa del genere.

Non condivido, però, la tua certezza che mentre la nostra civiltà «sta declinando in maniera irreversibile, perché non siamo capaci di dare una svolta in direzione del socialismo democratico, da qualche parte stanno crescendo nuove civiltà, che andranno a sostituire la nostra». Ogni struttura dispendiosa di energia, in natura non è conservata nel tempo, perciò il capitalismo, che in fatto di spreco di energia ne sa qualcosa, di certo dovrà sparire, ma non è affatto certo che sia sostituito da una nuova civiltà, oltretutto che porti a un socialismo democratico. L'impero romano, ad esempio, non è stato sopraffatto da una potenza superiore, come invece è avvenuto per tutte le potenze che l'hanno preceduto, ma si è afflosciato da solo, schiacciato dal suo stesso peso. Quando penso a Roma non più in grado di far fronte alle sempre più frequenti incursioni «barbariche», mi viene in mente una ricca dispensa divorata dai topi e non a un padrone cacciato da casa sua.

«Io penso che guardando la natura noi non riusciamo a capire il motivo per cui sia ad un certo punto emersa una storia dell'uomo». Guardando la natura potresti invece capire che la storia umana non è qualcosa di separato dal contesto naturale, perché ogni livello sistemico si è formato attraverso una sua storia, che per molti versi non è dissimile a quella umana. Ognuna di queste storie è caratterizzata da lunghi periodi d'instabilità e da immane violenza. Su questo posso anche concordare con te che il capitalismo può essere ancora foriero di tragedie epocali, proprio perché la storia umana non si discosta dalle storie che l'hanno preceduta.

Prendiamo per esempio il livello sistemico pluricellulare, che dalle prime aggregazioni cellulari ha portato alla formazione dell'essere umano. La storia degli animali e delle piante è costellata di rivoluzioni, di precarietà, di rapporti violenti e di difese altrettanto violente, che hanno portato all'estinzione in massa di specie, generi, famiglie, ordini, sottoclassi. Oppure se guardiamo il livello sistemico atomico, possiamo notare che gli elementi atomici pesanti si sono potuti formare solo con la fusione nucleare di elementi più leggeri, dovuta all'enorme pressione causata dall'esplosione di «supernove» (stelle molte volte più grandi del sole).

Viene spontaneo chiedersi perché sia necessaria tanta violenza in natura, se l'evoluzione procede effettivamente secondo una logica programmatica. La risposta l'hai data tu: «Io penso che lo scopo della storia umana sia appunto quello di dover sperimentare non solo tutto il bene di un sano rapporto con la natura e i propri simili, ma anche tutto il male e capire dalle conseguenze catastrofiche del male, l'importanza di ciò che si era lasciato».

Applicando questo ragionamento alla storia di ogni livello sistemico si può capire che, nonostante il risultato finale sia sempre l'approdo a un livello sistemico superiore, la natura procede a «tentoni», valutando a posteriori ciò che è bene e ciò che è male. Quindi, se il caso e la selezione hanno la funzione di «sperimentare» ogni via possibile, il traguardo sarà sempre il sistema più complesso, più stabile e meno dispendioso, che è consentito a un determinato livello sistemico. Nel caso della storia umana, questo sistema non potrà essere che la federazione dei gruppi sociali prima e il comunismo (l'aggregazione di tutte le federazioni) poi. La storia dell'uomo è «emersa» proprio per questo motivo e nel momento più opportuno.

Quando parliamo di comunismo primitivo intendiamo un'era preistorica nella quale l'umanità intera era composta di gruppi sociali di cacciatori-raccoglitori. Avrebbero potuto questi gruppi costituire un unico sistema globale? Assolutamente no! Per la ragione che non potevano comunicare tra loro simultaneamente. Sarebbe come dire che una persona può vivere anche se le varie migliaia di miliardi di cellule che compongono il suo corpo non comunicassero tra loro in tempi reali!

L'inizio della storia dell'uomo ha messo in moto un meccanismo che porterà a un sistema globale molto più complesso del comunismo primitivo, che era, in definitiva, il limite massimo raggiungibile del livello sistemico sociale. C'era una sola possibilità per permettere agli antichi gruppi di comunicare simultaneamente tra loro in tutti i luoghi della terra, quella d'intraprendere un processo produttivo che avrebbe portato alla realizzazione di una forma di comunicazione tecnologica idonea a questo scopo. Il procedere a «tentoni» della natura ha dato il via a questo processo, che definiamo «storia dell'uomo».

Il gruppo dei cacciatori-raccoglitori era un sistema stabile (così è stato per parecchie migliaia di anni) e tale sarebbe rimasto se non fossero intervenuti elementi disturbatori di questa stabilità. Puntualmente questo momento è arrivato, perché la competizione territoriale in alcune zone della terra, causate dall'accresciuta pressione demografica, ha indotto i gruppi a formare delle federazioni, per meglio difendere i loro territori.

L'ordinamento gerarchico della federazione ha destabilizzato il gruppo e creato bisogni che l'uomo non aveva mai avuto, come specializzare i ruoli e incentivare la produzione alimentare con l'allevamento e l'agricoltura. Da questo momento l'uomo ha allontanato il suo modo di vivere dettato dal suo codice genetico, utilizzando tecnologia sempre più complessa per rimediare a questa distanza che cresceva. Solo disgregando la sua stabilità sociale l'uomo poteva, col tempo e vicissitudini, produrre la comunicazione tecnologica necessaria alla formazione del sistema globale. Se dovessimo studiare a tavolino un percorso per giungere al comunismo, capiremmo che non potremmo fare meglio di quanto hanno fatto i «tentoni» della natura.

«Se la storia delle civiltà è una deviazione dalle leggi naturali, perché solo all'uomo, tra tutti gli esseri viventi, è concessa una possibilità del genere?» Semplicemente perché è l'unico essere sufficientemente intelligente per farlo. O meglio, è l'unico essere in grado di produrre delle federazioni di gruppi sociali, basandosi solo su comportamenti appresi. Questa potenzialità unica, una volta espressa, ha obbligato l'umanità alla corsa tecnologica senza possibilità di ripensamenti. Nessuna specie animale avrebbe potuto farlo. Questo non significa che l'uomo stia violando le leggi di natura, ma, al contrario, è la prova che le leggi di natura lo stanno dominando e strumentalizzando, perché non riesce a ribellarsi a un programma che non ha scelto.

«Qualunque progresso tecno-scientifico noi siamo destinati a pagarlo con effetti devastanti sulla natura e sugli esseri umani». Concordo pienamente, perché proprio l'instabilità che determina l'uso di tecnologia induce il bisogno di produrne altra più complessa. È la conferma che la tecnologia non si è sviluppata per migliorare le condizioni umane, ma per quella famosa comunicazione «super partes».

L'autodistruzione della specie umana è realmente possibile, perché gli «esperimenti» della natura non vanno obbligatoriamente sempre a buon fine. La natura potrebbe procedere a «tentoni» su altri pianeti dell'universo per produrre il comunismo, ma per noi sarebbe di poca consolazione. Qualsiasi sistema naturale non è una struttura rigida, ma può modificare le sue caratteristiche con un certo grado di tolleranza. Ad esempio una semplice proteina, sottoposta a un aumento di temperatura, inizia a districarsi dal suo groviglio apparente (che in realtà è la forma meno dispendiosa di energia) e tende a distendersi. Se la temperatura ridiscende ai valori normali, la proteina è in grado di ritornare senza danni alla sua forma originale, ma se la temperatura sale oltre una certa soglia, la proteina si disgrega in modo irreversibile. Non c'è nessun meccanismo naturale che possa proteggere la nostra specie e impedirle quindi di superare quella soglia di tolleranza senza ritorno. Da qui l'urgenza di fare qualcosa per invertire questa tendenza distruttiva.

Da quanto mi fai capire speri che questo cambiamento arrivi, come un frutto esotico, da nuove civiltà che stanno crescendo, capaci di dare una svolta in direzione del socialismo democratico. Anche quando affermi che «sarebbe già molto se mutasse l'atteggiamento con cui le masse si rapportano con le istituzioni», mi dai l'idea di uno che è rassegnato ad attendere, ma la tua attesa potrebbe andare delusa, poiché il rapporto delle masse con le istituzioni potrebbe anche essere opposto alle tue aspettative. Temo che se l'inversione di tendenza fosse veramente legata alla maturazione della coscienza rivoluzionaria delle masse, il disastro sarebbe inevitabile. Le masse hanno sempre dato prova, con le buone o con le cattive, di adattarsi alla logica della civiltà. Cos'è che dovrebbe spingerle a modificare questo atteggiamento?

Parli delle masse come se fossero un corpo unico, ma sono solo un aggregato temporaneo di individui che in un determinato momento hanno delle esigenze comuni. Una volta soddisfatto questo bisogno l'aggregazione esaurisce la sua funzione e si frantuma, perché non ha più motivo di esistere. La coscienza rivoluzionaria deve invece essere qualcosa che lega gli individui in modo perenne, facendo in modo che i loro bisogni siano comuni in modo continuativo. Le masse non sono come una vigna, dove i singoli grappoli maturano quasi contemporaneamente, consentendo di fare una sola «vendemmia», ma sono come un fico, dove i singoli frutti maturano in tempi diversi su periodi relativamente lunghi. Questo semplicemente perché, in una società individualista come la nostra, i bisogni individuali tendono a diversificarsi in misura crescente da persona a persona. Mettere sullo stesso piano gli atteggiamenti di ribellione e la coscienza rivoluzionaria è perciò arbitrario: i primi possono esistere senza la seconda, e la maturazione di quest'ultima non presuppone necessariamente atteggiamenti di ribellione.

Io non so cosa voglia federare Bossi (probabilmente non lo sa neanche lui), di certo l'accostamento del federalismo della Lega con i sistemi federativi di cui ti parlo io, non è per niente azzeccato. Razzismo e campanilismo sono problemi che ho superato già da quando ero bambino. Concordo su quanto dici sulla Lega, ma i sistemi federativi che io intendo sono microsocietà senza classi sociali, la cui istituzione presuppone già una maturazione della propria coscienza rivoluzionaria.

Mentre stai a «centellinare» le differenze culturali tra cattolicesimo, ortodossia e protestantesimo (perché escludi le altre religioni?), mi viene da sorridere. Gli italiani sono certamente meno ossequiosi nei confronti delle loro autorità religiose di quanto lo erano nel passato, ma questo non è la conferma che sta maturando una coscienza rivoluzionaria di massa. In realtà ciò sta accadendo perché il clero sta cedendo progressivamente il suo ruolo d'imbonitore delle masse agli strumenti tecnologici di propaganda del potere economico e politico, che ci arrivano direttamente a domicilio.

Il clero ortodosso non era ossequioso nei confronti dello Stato russo? Il governo ateo non ha portato a una cultura laica, ma la brace ha covato sotto la cenere per tre generazioni, tant'è che, caduto lo statalismo, c'è stata una ripresa «esplosiva» delle religioni. Che dire poi del protestantesimo? Il maggiore laicismo maturato da tempo nei paesi protestanti ha forse determinato un atteggiamento di ribellione alle istituzioni? Non credo proprio. Anzi, è proprio in quei paesi che vedo ancora «troppa fiducia nell'interclassismo dello Stato». Per «meglio parlare, insieme, di progetto di un'esistenza diversa» non è sufficiente maturare una coscienza laica, ma è indispensabile disfarsi della nostra coscienza individualista.

Se qualcuno leggesse eventualmente questo nostro rapporto dialettico, credo che farebbe fatica a capire cosa intendi tu per socialismo democratico. Nella tua testa avrai certamente le idee molto chiare a proposito, ma io stesso, che ti seguo ormai da un po' di tempo, mi faccio un'idea diversa ogni volta che rispondi alle mie mail. Ti propongo quindi, se ti va, di rispondere a una serie di domande («a ruota libera»), magari anche con un sì o con un no.

- Il socialismo democratico presuppone la collettivizzazione dei mezzi di produzione?

- Le cooperative sono alla base dell'economia del socialismo democratico?

- Le cooperative avranno rapporti commerciali tra loro e col mondo esterno?

- L'economia sarà pianificata dallo Stato o si affiderà al libero mercato?

- Ci saranno aziende di proprietà dello Stato?

- Lo sviluppo tecnologico avrà un ruolo determinante nell'economia e nella vita della gente?

- Avrà un rapporto ecologico nei confronti dell'ambiente naturale?

- Saranno privilegiati i bisogni primari della gente o l'ossatura dello Stato?

- Tiene conto dei bisogni morali della gente?

- Presuppone la libera espressione degli individui?

- Si farà uso del denaro e questo avrà un valore di cambio col resto del mondo?

- I cittadini pagheranno le tasse?

- Lo Stato avrà un grande apparato burocratico?

- La classe dirigenziale avrà migliori trattamenti economici e altri privilegi materiali?

- Il socialismo democratico potrebbe realizzarsi in un solo Stato?

- Per difendersi da aggressioni esterne dovrà dotarsi di un forte esercito popolare?

Penso che la risposta a queste domande sia sufficiente per farmi un'idea chiara di ciò che intendi tu per socialismo democratico, così evito di rincorrere un fantasma.

p.s.

Se qualche volta leggendo le mie mail ti venisse voglia di alzare un braccio in «quella» direzione, non farlo! Anche se a volte mi rendo conto di essere un persecutore psicologico, la pazienza di accettare un rapporto dialettico può avere utilità imprevedibili. Se la cosa diventasse pesante potremmo comunque prenderci una pausa, ma troncare significherebbe ricominciare daccapo e perdere tempo utile. Qui sotto ti metto un file che tratta le cause dello sviluppo del cervello umano e le cause del blocco della sua crescita.

13 mail EG - 23 febbraio 2003

I

Vorrei che proseguissimo ancora sui rapporti storia-natura, perché mi sono molto stimolanti, e poi perché ti ritengo una persona a me complementare, anche se la tua sentita esigenza di preventivare nei dettagli un progetto di liberazione, secondo me risente di un certo idealismo.

È la presa del potere che va studiata bene: il resto non può che rimanere sulle affermazioni di principio. Quando Lenin abbatté lo zarismo e la repubblica borghese fece tre cose che aveva debitamente preventivato: il decreto sulla terra, il decreto sulla pace e il decreto sulla separazione tra Stato e chiesa. Tutto il resto dovette ben presto rivederlo se non voleva portare la Russia alla catastrofe. Purtroppo la sua Nep fu proprio la prima delle cosiddette «revisioni» a essere smantellata. Lo schematismo ebbe la meglio sulla flessibilità: si ottennero ugualmente dei risultati straordinari, ma a un prezzo incredibilmente disumano. E non è certo per paura di questi abusi che oggi possiamo smettere di sperare.

Tu dirai che in Italia, non avendo avuto la sinistra, quand'era il momento (p.es. nel Biennio rosso, nella Resistenza, nel '68), il coraggio di compiere la rivoluzione, si è dimostrato non il carattere pavido degli italiani, ma al contrario il loro innato spirito democratico, alieno da eccessi di tipo politico (fatta salva ovviamente l'eccezione del fascismo, che gli storici di destra giustificano come reazione alla paura del comunismo).

Qui il discorso in realtà sarebbe molto complesso: ho già scritto molte cose su questo. Prendendola alla larga mi permetto di dire che dopo 500 anni di storia borghese ritengo molto improbabile che si possa realizzare non dico in Italia ma in tutta l'Europa occidentale una qualsivoglia esperienza di autentico socialismo democratico. Finché il benessere ci permette di chiudere un occhio sulle ingiustizie e le falsità, noi saremo sempre lì a parlare di cambiamenti e a vivere per la conservazione.

Bada, la grandezza di un uomo non sta secondo me né nella sua determinazione di carattere e neppure nella sua coerenza intellettuale, ma piuttosto nella passione per le sorti dell'umanità, quella che poi lo porta a essere lungimirante e a sacrificarsi per il bene degli altri. Persone del genere, nelle civiltà borghesi, se ne vedono sempre meno.

Certo, tu dirai che anche i terroristi, a loro modo, hanno «passione per l'umanità», ma io e te sappiamo che quando esiste una macroscopica discrepanza tra mezzi e fini, ogni «passione» è sospetta.

La classe politica ha buon gioco nell'esigere l'identità di mezzi e fini, come criterio per stabilire la democraticità di una formazione politica, semplicemente perché i mezzi ch'essa ha a disposizione sono infinitamente superiori, e non ha bisogno di ricorrere ai più estremi per conseguire i propri obiettivi.

A loro volta i terroristi si autogiustificano dicendo che nella loro battaglia sono costretti a ricorrere agli atti estremistici proprio perché non vedono alternative in un rapporto di forze così asimmetrico. È, come vedi, una catena senza fine. I terroristi sono gli ultimi a credere in una resistenza di popolo, sono individualisti di natura.

Ma non voglio parlare di questo. Ciò che mi preme è il rapporto storia-natura. E vorrei da te qualche delucidazione.

Vediamo il concetto di *evoluzione*. Oggi ci piace molto recuperare con la fiction quel periodo geologico in cui vivevano i dinosauri. Essendo la nostra una civiltà basata sulla *forza* (e quindi sulla paura, sulla sottomissione, ecc.), ci intriga vedere questa parola applicata così decisamente agli elementi della natura che ci hanno storicamente preceduti. Stesso discorso per tutti quei fenomeni, naturali (eruzioni vulcaniche, valanghe, esondazioni ecc.) e animali (p.es. gli squali) che attestano lo sviluppo di una notevole dose di energia o di aggressività. Noi, come uomini tecnologicamente «superdotati», siamo sempre lì a sfidare questa forza primordiale, misurandoci con essa (in altra mail dovrò affrontare con te anche il discorso sulla tecnologia contemporanea).

Tuttavia, a me i conti non tornano. Se accettassimo sino in fondo il concetto di evoluzione, saremmo costretti ad ammettere che l'uso primordiale della forza bruta è stato progressivamente superato da altri fattori molto più flessibili, performanti, intelligenti, come p.es. la capacità di adattamento (che però potrebbe voler dire «opportunismo»), l'astuzia della ragione (che però potrebbe voler dire «cinismo»).

Possiamo considerare l'opportunismo e il cinismo un segno di progresso evolutivo? Siamo proprio sicuri che Darwin non abbia proiettato, inconsciamente, sul mondo animale e naturale gli atteggiamenti che gli uomini avevano al suo tempo e che di fatto hanno in tutte le civiltà di tipo antagonistico?

Guardiamo le cose dal punto di vista dell'uomo. Finché c'erano solo gli animali non è mai esistita la libertà ma solo l'istinto. La natura avrebbe potuto distruggere intere specie senza che questo avrebbe compromesso la propria identità, il proprio senso di esistere. Le specie animali e vegetali sono il frutto di una libertà creativa della natura, ma nessuna specie è mai stata in grado di creare una storia che avrebbe interferito coi meccanismi della natura stessa.

La comparsa dell'uomo sulla terra ha posto un'ipoteca sul senso della natura. Ora la natura trae il suo significato dal significato della storia. E chi non accetta questo sembra essere destinato a subordinare il primato dell'uomo a quello della natura. Di fatto, l'esistenza dell'essere umano va al di là di quella della natura stessa. Se l'uomo devasta la natura è perché in realtà sta già devastando se stesso e non potrà mai rispettarla a dovere se prima non rispetta se stesso.

Dunque se esiste davvero un'evoluzione positiva nella storia della natura, questa non può riguardare i fenomeni dell'adattamento all'ambiente. Noi l'ambiente lo distruggiamo: quindi questo significa che dentro di noi c'è qualcosa che la natura non può riconoscere come proprio. È giusto che la natura non riconosca la forza del male che è in noi e che di tanto in tanto si preoccupi di farcelo capire, però se io vado a ritroso di questa negatività, m'accorgo che c'è anche un'altra cosa che la natura non è in grado di riconoscere, ed è la forza del bene, cioè la capacità di decidere autonomamente, la coscienza che ci fa sentire liberi di compiere il bene.

Questa cosa non esiste in natura, al di fuori dell'uomo. Dunque come si può parlare di evoluzione?

II

Ora vengo alla tua mail. Tu dici che «La riproduzione non è lo scopo della natura, ma il mezzo per la sua evoluzione». Io dico che la riproduzione è un mezzo d'evoluzione di carattere generale che nel caso dell'evoluzione umana è finalizzato a uno scopo che la natura non conosce. Se la natura avesse potuto decidere non avrebbe mai creato, per motivi di sicurezza, un elemento in grado di distruggerla o di devastarla in maniera irreparabile (nessun animale è in grado di distruggere la natura). Quindi deve essere intervenuto, per la nascita dell'uomo, un fattore non strettamente o non meramente «naturale», di cui noi non sappiamo nulla, ma di cui vediamo chiaramente gli effetti, seppur in gran parte negativi.

Se vuoi davvero sapere come la penso, ritengo che tutto l'universo e non solo la natura o il nostro pianeta siano finalizzati alla nascita dell'uomo e che quindi non esista nulla nell'universo che abbia un'importanza superiore a quella dell'essere umano. Finirà tutto: la terra e l'universo che la contiene, ma non l'uomo, che vivrà in altre dimensioni. Non m'interessa sapere dove l'universo è cominciato o dove finisca, perché so già spiritualmente che è qualcosa di limitato rispetto ai confini della libertà, alle profondità della coscienza umana.

Frasi come questa: «la nostra consapevolezza è limitata dalla nostra conoscenza», per me hanno senso solo da un punto di vista scientifico, perché da un punto di vista metascientifico contraddicono il fatto che noi sappiamo già tutto ciò che ci serve per capire che siamo «unici» nell'universo. Non c'è nulla che la scienza possa scoprire che la cultura prescientifica non abbia già intuito come parte specifica dell'essere umano.

O frasi come questa: «La tecnologia è un elemento neutro nella storia dell'uomo», per me risultano sospette, in quanto s'essa fosse davvero un elemento neutro non si spiegherebbe il motivo per cui per milioni di anni abbiamo conservato una tecnologia compatibile con le esigenze della natura e perché, proprio sotto il capitalismo, siamo arrivati a costruirne una che ci porterà alla rovina. L'uso della tecnologia non dipende affatto dal fine che ci si pone, perché a certi livelli la tecnologia diventa fine a se stessa; l'uomo comune, medio, non è più in grado di padroneggiarla, e purtroppo la sua esistenza sembra dover per forza convergere verso le esigenze di una tecnologia sempre più sofisticata e pericolosa, gestita da pochissime persone, che spesso se ne avvalgono per scopi tutt'altro che democratici.

Dirai che sono un credente o un mistico, eppure nego l'esistenza di un qualunque dio oltre l'essere umano. Ricordi cosa disse Cristo agli ebrei che lo accusavano d'essere ateo? «Non è forse scritto nella vostra Legge: *Io ho detto: voi siete dèi?*» (Gv 10,33s.).

III

C'è qualcosa nei tuoi ragionamenti che andrebbe meditato seriamente e per il quale ci vorrebbe una discreta dose di tempo. Più volte hai detto nel tuo progetto federativo che anche in virtù della scienza e della tecnica gli uomini potranno sentirsi un tutt'uno nel futuro. Gli uomini primitivi non potevano costituire un unico sistema globale perché «non potevano comunicare tra loro simultaneamente».

Non so bene cosa dirti su questo. Nelle epoche preschiavistiche o preborghesi gli uomini avevano tantissimi elementi in comune pur senza conoscersi e non per il fatto di ignorarsi si sentivano estranei gli uni agli altri: infatti quando s'incontravano ci mettevano poco per riconoscersi e rispettarsi reciprocamente. I problemi sono venuti dopo, quando le civiltà antagonistiche hanno preteso di diffondersi a livello mondiale (che per molte di loro tale livello coincideva coi confini del Mediterraneo), imponendo il loro modo di vivere. Quanto più si è universalizzata la scrittura, la tecnologia, una certa organizzazione politica, lo sfruttamento del lavoro e della natura..., tanto meno ci si è capiti.

Quando negli anni '70 sentivamo gli esponenti vietnamiti che combattendo contro gli americani ci dicevano: «Se volete davvero aiutare il Vietnam, sforzatevi di realizzare la democrazia nei vostri paesi», secondo me esprimevano una grandissima verità. Però mi rendo conto che al capitalismo «mondiale» bisognerebbe opporre un'organizzazione altrettanto «mondiale»: se i minatori scioperano in Inghilterra bisognerebbe che gli operai della Fiat facessero altrettanto, per solidarietà, e viceversa. Proprio per far capire che per realizzare il socialismo democratico i lavoratori non possono essere tenuti divisi. Se la tecnologia servisse a questo, sarei favorevole al suo sviluppo...

IV

Quanto all'idea di socialismo democratico potrei dirti sinteticamente (per esteso devi guardare la sezione Economia e Società) che un feudalesimo senza servaggio e senza clericalismo per me è la soluzione che le si avvicina di più. Cioè una ripartizione equa della terra, dove prevale il valore d'uso su quello di scambio, l'autoconsumo sul mercato, la natura sulla tecnologia, la democrazia diretta su quella delegata, l'unità del lavoro manuale e intellettuale, con una difesa popolare armata di queste conquiste - per me è *conditio sine qua non* di una qualunque esperienza di socialismo democratico.

I mezzi principali di produzione vanno collettivizzati, non statalizzati. Lo Stato non deve neppure esistere. Questo è stato l'errore principale della rivoluzione d'Ottobre.

14 mail PN - 5 marzo 2003

Comincio a rispondere alla tua mail partendo dall'argomento che in questo momento ritieni più importante approfondire, ossia il rapporto storia-natura.

«Tuttavia, a me i conti non tornano. Se accettassimo sino in fondo il concetto di evoluzione, saremmo costretti ad ammettere che l'uso primordiale della forza bruta è stato progressivamente superato da altri fattori molto più flessibili, performanti, intelligenti, come p. es. la capacità di adattamento (che però potrebbe voler dire 'opportunismo'), l'astuzia della ragione (che però potrebbe voler dire 'cinismo')».

L'uso della forza bruta in natura è frequente e di normale uso tra le varie specie animali, come lo era ai primordi, ed è contemporaneo di espressioni comportamentali come opportunismo e cinismo. Un leone, per esempio, è conscio della sua forza, perché può permettersi di sonnecchiare in spazi aperti, davanti agli occhi degli altri animali, sicuro com'è di non essere aggredito, ma deve cedere il passo a un elefante che va all'abbeverata, che fa valere la sua forza bruta anche nei confronti del leone.

L'opportunismo è caratteristica di molte specie animali, come per esempio i corvidi, che hanno saputo sfruttare i cambiamenti che l'uomo ha apportato all'ambiente, cibandosi a sazietà degli insetti e di altri animali uccisi dalle automobili lungo le strade. Il cinismo o, come lo definisci tu, «l'astuzia della ragione», si comincia a riscontrare solo tra i primati superiori (scimpanzé, gorilla, orango, oltre che naturalmente l'uomo), perché è indice di un buon sviluppo cerebrale e di una certa consapevolezza dei propri comportamenti. È accertato che una guerra tra due gruppi di scimpanzé si è conclusa con lo sterminio di un intero gruppo, inclusi femmine e piccoli. Una piccola pattuglia di questi primati è stata studiata per la sua nefanda abitudine di sconfinare di soppiatto nel territorio di un vicino gruppo, con lo scopo deliberato di uccidere (quindi senza alcun motivo reale legato alla propria sopravvivenza) gli scimpanzé rivali che in quel momento venivano sorpresi isolati.

È un comportamento troppo simile a quello umano e più unico che raro tra gli animali, ma è comunque esistente in natura, anche se è una evidente deformazione della norma. Non possiamo definire cinico, invece, un pesce balestra, che è maestro di agguati agli insetti che si posano incautamente su steli o foglie sopra il pelo dell'acqua, perché la sua tecnica è frutto di un istinto naturale che ha dalla nascita e che non potrebbe mai apprendere nel corso della sua vita, poiché ha un'insufficiente capacità intellettiva per tale scopo.

Oltre che forza bruta, opportunismo e cinismo, esistono altre soluzioni che in natura vengono utilizzate spesso, come la prolificità e il parassitismo. La prolificità è tipica delle prede che devono potersi riprodurre velocemente per non estinguersi, pressate dall'azione dei predatori. Il parassitismo è diffuso a tutti i livelli di complessità animale, a partire dalle specie più infime, come per esempio la tenia degli intestini (un verme asessuato), fino ad arrivare ad animali superiori, come per esempio il cuculo, non più in grado di riprodursi autonomamente, ma solo con la complicità (inconsapevole) di altre specie di uccelli.

La storia umana, soprattutto la sua ultima fase, ha emulato tutti questi comportamenti espressi in natura. Addirittura in alcune forme ideologiche, come il fascismo, sono incarnati tutti nello stesso momento. La forza bruta: «Spezzeremo le reni alla Grecia»! Anche se poi si è rivelata più la forza di un pavone che di un leone. L'opportunismo, quando l'Italia ha dichiarato guerra agli alleati, cioè nel momento in cui pensava alla loro fine prossima. Il cinismo, con gli intrighi diplomatici (e meno diplomatici) per l'annessione dell'Albania, sprezzante dei diritti d'indipendenza di quel popolo. La prolificità, che doveva servire a costruire un esercito potente e inesauribile. Il parassitismo, che doveva concretizzarsi con le mire colonialistiche.

Il vero atteggiamento vincente in natura, però, è un comportamento esistente nelle potenzialità naturali dell'uomo, ma che nel corso della storia è stato progressivamente abbandonato: la *collaborazione altruistica*. Questo comportamento si è sviluppato, in modo del tutto indipendente, solo in alcune specie di insetti e in alcune specie di mammiferi. La collaborazione portata alla sua massima espressione possibile ha condotto alla formazione di gruppi sociali stabili e perenni (ossia un sistema sociale), dilatando enormemente le potenzialità di adattamento individuale. Il sistema sociale non è un banco di sardine, come non lo è una mandria di gnu o uno stormo di rondini, indipendentemente dal numero di individui che compongono l'aggregato. Questo perché non esiste alcuna forma di collaborazione altruistica tra loro, ma solo opportunismo individualista.

Se io ti chiedessi quale animale è il più temuto dagli altri, in un ambiente come la foresta amazzonica, probabilmente cercheresti il candidato tra serpenti velenosi, anaconda, giaguari, caimani... niente di tutto questo. Il vero terrore degli animali, di tutti gli animali, piccoli o grossi che siano, sono le formiche! Ci sono alcune specie di formiche nomadi carnivore che se si imbattono, per esempio, in un anaconda assopito dopo un lauto pasto, letteralmente lo divorano, senza che questo abbia possibilità di difendersi o di una via di fuga. La forza di queste formiche non dipende solo dalla loro aggressività o dall'enorme numero delle loro colonie, ma anche, e soprattutto, dalla collaborazione altruistica attiva che gli individui riescono a produrre tra loro, trasformando un insieme di singoli in un corpo unico e compatto.

Curiosamente, tutti i comportamenti umani prodotti nel corso della storia sono una ripetizione già collaudata da molti milioni di anni da una specie o l'altra di formiche. Infatti, ci sono formiche cacciatrici-raccoglitrici, altre sono allevatrici (di afidi), coltivatrici (di funghi), predatrici (nei confronti di altre specie di formiche), schiaviste (che predano le larve di altre specie e le allevano per addestrarle al lavoro o a predare a loro volta), nomadi o sedentarie, campagnole o metropolitane, insomma di tutto.

C'è un fatto ancora più curioso che accomuna il comportamento delle formiche a quello dell'umanità. Alcune specie di formiche sono in grado (totale predeterminazione genetica) di aggregare un certo numero di colonie e produrre in questo modo delle vere e proprie federazioni. Le colonie restano comunque autosufficienti dal punto di vista economico, ma svanisce qualsiasi accenno di aggressività nei confronti di bottinatrici che sconfinano in territori di colonie diverse. Le antiche federazioni di gruppi sociali umani di cacciatori - raccoglitori si fondavano esclusivamente sull'apprendimento, ma è comunque stupefacente che solo l'uomo e la formica siano in grado di produrre queste super organizzazioni sociali.

Le assonanze tra uomo e formica non finiscono però qui. La specializzazione dei ruoli economici, che l'uomo fa uso in maniera sempre più pronunciata nella società di mercato, è tipica anche delle formiche (e delle termiti). Decine e decine di milioni di anni di vita sociale nel formicaio hanno dapprima favorito la specializzazione dei ruoli all'interno della colonia, per ottenere il massimo vantaggio economico col minor dispendio energetico, poi l'hanno fissata geneticamente, diversificando gradualmente la loro struttura biologica secondo i loro ruoli. La regina, unica dignitaria di corte, ha sviluppato abnormemente il suo addome (di solito fino al punto da non potersi più muovere da sola) per adattarlo a fabbrica di uova per tutta la colonia. I soldati hanno accresciuto le loro dimensioni spesso di molte volte quello delle formiche operaie, facendo delle loro mascelle delle vere armi da guerra, che in alcune specie sono cresciute a tal punto che impediscono addirittura di alimentarsi autonomamente. A questa e alle altre funzioni vitali della colonia, come la ricerca del cibo, la cura delle uova e delle larve, la pulizia del formicaio...

provvedono le operaie, tutte femmine sterili.

Da quando è nata la storia umana e si è dissolta la struttura originaria di gruppo, l'uomo ha cominciato a costruire il suo «formicaio» e la specializzazione dei ruoli è stata una necessità economica obbligatoria, ma mentre le formiche hanno dovuto modificare il loro codice genetico per modificare i ruoli economici all'interno della colonia, l'uomo ha potuto avvalersi di comportamenti culturali e della tecnologia, cioè di estensioni al di fuori del suo codice genetico.

L'uomo però non è per niente immune da questo processo genetico che ha toccato tutte le specie viventi apparse sulla superficie della terra. Anch'egli, ovviamente, è un animale sessuato, dove esiste una specializzazione biologica tra maschio e femmina (la riproduzione sessuata è stata una scelta della natura per accelerare lo scambio di informazione genetica, per produrre diversità biologica e offrire alla selezione più opportunità) e all'interno del gruppo sociale donne e uomini hanno subito una diversificazione di forme e di dimensioni, chiamata «dimorfismo sessuale».

Questo è il risultato di centinaia di migliaia di anni di vita sociale nel gruppo; perciò, nel relativamente breve arco di tempo della storia umana, i ruoli specializzati di origine culturale non avrebbero avuto il tempo materiale per essere fissati geneticamente. La minaccia che l'ingegneria genetica possa fare in poco tempo ciò che la natura non ha fatto in qualche migliaio di anni è però molto reale.

Perché la specializzazione dei ruoli è nata al di fuori del gruppo sociale umano, ma si è formata all'interno della colonia di formiche? La risposta sta semplicemente nei numeri. Un gruppo di cacciatori-raccoglitori è completamente autosufficiente e perfettamente adattato al territorio se è composto da qualche decina di individui (di solito mai più di cento), mentre un formicaio, per raggiungere l'autosufficienza, necessita di un numero di individui notevolmente superiore. Cento formiche sono in balia dei predatori quasi quanto lo può essere una sola formica. È la massa dei singoli che da potenza al formicaio.

C'è però una tassa da pagare: non sarebbe possibile coordinare decine o centinaia di migliaia di individui senza una ferrea suddivisione dei compiti. Naturalmente le formiche non necessitano di una organizzazione gerarchica (Proverbi 6:6-8: «Va alla formica, o pigro, guarda le sue abitudini e diventa saggio. Essa non ha né capo, né sorvegliante, né padrone, eppure d'estate si provvede il vitto, al tempo della mietitura accumula il cibo»), perché sono totalmente guidate dal loro codice genetico, quindi la specializzazione dei ruoli non prelude affatto a una diversa ripartizione dei privilegi. Le formiche sono perciò «comuniste» anche se i loro ruoli economici sono diversificati e la loro struttura sociale è suddivisa in «caste» biologiche. Discorso diverso per il «formicaio» umano, perché la specializzazione (inesistente nel comunismo primitivo, ma necessaria in un sistema che di fatto ha perso l'autosufficienza territoriale) si è basata, fin dall'inizio, sulla diversa remunerazione dei ruoli, che ha determinato il formarsi delle classi sociali e dei privilegi della classe dominante.

«L'opportunismo e il cinismo» nell'uomo sono comportamenti culturali individualisti che sono nati fuori del gruppo, in una struttura sociale che si stava trasformando in «antagonistica». Non potevano esistere nel gruppo (questo non significa che non erano nelle potenzialità umane, ma erano comportamenti rifiutati dalla cultura del gruppo) e spariranno quando si riformeranno i gruppi, ma la tua domanda: «Possiamo considerare l'opportunismo e il cinismo un segno del progresso evolutivo?» presuppone una domanda più profonda, vale a dire: la dissoluzione del gruppo, che ha innescato questo processo antagonistico, è un segno del progresso evolutivo? Giudicando da quello che possiamo vedere dovremmo certamente dire di no.

Infatti il capitalismo sta sicuramente logorando le resistenze del pianeta e la socialità si sta sbriciolando, ma l'ambiente naturale è solo l'aspetto esteriore della natura, come la pelle lo è di un corpo umano. Sotto la pelle ci sono dei meccanismi complessi e autoregolanti. Io non accetto l'idea che la natura sia cosi fragile e l'uomo così potente da sfuggire ai meccanismi naturali. Per capirlo non dovremmo ragionare in tempi umani (cioè quelli consentiti dalla durata della nostra vita), ma in tempi evolutivi. Quello che allora potremmo considerare a prima vista un inevitabile sfacelo della natura, potrebbe invece rivelarsi un logico decorso con esito positivo. In pratica, non soffermiamoci sulle apparenze ma analizziamo a fondo la logica con la quale la natura si evolve.

Tu stesso confermi indirettamente l'esistenza di questa logica quando affermi: «Se vuoi davvero sapere come la penso, ritengo che tutto l'universo e non solo la natura o il nostro pianeta siano finalizzati alla nascita dell'uomo e che quindi non esista nulla nell'universo che abbia un'importanza superiore a quella dell'essere umano».

È curioso che tu faccia una distinzione tra l'universo e la natura e il nostro pianeta. La natura è l'universo intero, inteso come la sua massa e le leggi che ne regolano il suo equilibrio. L'uomo potrebbe potenzialmente distruggere la vita sul nostro pianeta, ma non potrebbe mai, assolutamente mai, modificare alcunché delle leggi della natura. Ho la sensazione che parliamo di due cose diverse: quando tu parli di natura parli di ambiente, di equilibrio ecologico, di animali, di piante, di aria pulita; io quando parlo di natura intendo specificamente le leggi che regolano l'universo, altrimenti non parlerei di logica della natura. È attraverso la comprensione di queste leggi che possiamo dare una spiegazione plausibile di quanto è accaduto, di quanto sta accadendo e di quanto potrà accadere all'essere umano e all'umanità.

È innegabile che il capitalismo non ha niente di umano, anzi, è la negazione stessa dell'umanità; è anche la forma più dispendiosa di energia e questo, apparentemente, dovrebbe contrastare con la logica che la natura, nel suo processo evolutivo, conserva solo le strutture meno dispendiose. Non è un paradosso, perché se consideriamo la cosa in tempi evolutivi ha invece una logica ferrea. Le leggi naturali non sono così complicate da comprendere, poiché si possono riassumere in poche formule matematiche, ripetitive fino alla nausea, per questo scontatissime.

La perdita d'identità di un sistema (nel caso della storia umana è il sistema sociale del gruppo) è indispensabile (lo è stato in tutti i salti evolutivi da un livello sistemico all'altro) per approdare a un sistema di livello superiore (in questo caso il sistema federativo). Questo l'ho scritto in modo più esteso nel file «Il disegno della natura». L'uomo può approdare al sistema federativo perché è l'unico essere a possedere il necessario quoziente intellettivo per farlo. In questa fase di transizione il gruppo originario ha perso la sua originaria identità, che potrà ritrovare solo se mediata dalla federazione, con una forma di comunicazione che era estranea al gruppo originale.

Ad esempio quando alcuni atomi (sistema atomico) si aggregano per formare una molecola (sistema molecolare) devono mutare necessariamente la loro identità elettrica, diventando ioni negativi e ioni positivi, perché in caso contrario non saranno mai attratti l'uno verso l'altro. All'interno della molecola troveranno l'identità originale di atomi neutri, ma la comunicazione tra essi sarà mediata dal complesso molecolare, utilizzando gli elettroni liberi esterni dei singoli atomi, che diventeranno patrimonio comune. Questo significa che il sistema di livello superiore fa uso di una forma di comunicazione inesistente nei singoli componenti separati. Lo stesso identico processo lo si può notare in tutti i livelli sistemici, utilizzando questa sequenza di eventi:
- Sviluppo di caratteristiche idonee alla aggregazione.
- Perdita d'identità dei singoli elementi che tentano di aggregarsi.
- Ritorno all'identità originaria all'interno del collettivo.

Per quanto riguarda l'uomo, egli ha superato già da parecchi millenni la fase uno, perché la sua struttura sociale di gruppo ha sviluppato le necessarie caratteristiche aggreganti che permetterebbero di costituire il sistema federativo. Ora ci troviamo alla fine della fase due, ossia alla perdita d'identità completa del gruppo originario. Lo prova il fatto che la disgregazione del gruppo non potrebbe procedere oltre al più assoluto individualismo che si sta già manifestando nella società capitalistica. La fase tre inizierà quando la fase due sarà completata e si riformeranno i nuovi gruppi sociali, che si riorganizzeranno in federazioni.

La stabilità di queste strutture dipenderà dall'uso di una cultura comune, sostenuta da un mezzo di comunicazione veloce per diffonderla e difenderla. Quindi per rispondere alla tua domanda se l'opportunismo e il cinismo sono segni del progresso evolutivo, la risposta è sì, a condizione però che queste manifestazioni siano temporanee.

È proprio questo carattere di temporaneità che può ingannarci e farci pensare (come ha fatto Darwin e stanno facendo ancora adesso i riduzionisti neodarwinisti) che la negatività della natura sia una sua scelta definitiva. Vedi forse opportunismo e cinismo tra le cellule del corpo umano? Lo si può vedere forse tra gli elementi di un gruppo di cacciatori-raccoglitori? Oppure in qualsiasi sistema stabile esistente in natura? No di certo, perché i loro rapporti sono basati sulla collaborazione altruistica. Eppure manifestare il male per produrre il bene è una scelta temporanea delle leggi naturali dell'evoluzione, finalizzata a produrre sistemi complessi improntati definitivamente sulla collaborazione altruistica.

«Siamo proprio sicuri che Darwin non abbia proiettato, inconsciamente, sul mondo animale e naturale gli atteggiamenti che gli uomini avevano al suo tempo e che di fatto hanno in ogni civiltà antagonistica»?

In realtà Darwin ha fatto anche peggio, proiettando gli atteggiamenti negativi del mondo animale e naturale al contesto umano, giustificando in questo modo lo sfruttamento dell'uomo sull'uomo e la brutalità del capitalismo, oltre tutto in modo decisamente consapevole. Anche se il darwinismo è ancora la cultura dominante negli ambienti scientifici, sta perdendo terreno nei confronti di una visione olistica della natura. Una natura che se è analizzata separatamente nei suoi aspetti parziali, ossia in modo riduzionistico, potrebbe dare effettivamente l'idea di assenza di logica, di disordine casuale, di incomprensibili ingiustizie, di crudeltà. La temporanea perdita d'identità di un sistema deve essere analizzata in funzione del prodotto finale, quindi una visione d'insieme del processo evolutivo.

Dobbiamo dunque stare attenti a non guardare il capitalismo come il trionfo di una natura cieca e crudele, come neppure dovremmo giudicare il nostro operato sull'ambiente naturale e sui nostri consimili come la prova che l'uomo è sfuggito ai meccanismi della natura. Asseconderemmo solo il fondamentalismo darwiniano e ci condanneremmo alla rassegnazione e all'accettazione passiva che il capitalismo è una scelta definitiva della natura, o, ancora peggio, di un elemento (l'uomo) che è sfuggito al controllo della natura.

Il marxismo è caduto in pieno nel «tranello» darwiniano, considerando casuale e definitivo il processo evolutivo che ha condotto al capitalismo, proprio perché considera l'uomo libero da vincoli naturali. Le tue idee entrano in questo stesso ordine quando affermi: «La comparsa dell'uomo sulla terra ha posto un'ipoteca sul senso della natura. Ora la natura trae il suo significato dal significato della storia. E chi non accetta questo sembra essere destinato a subordinare il primato dell'uomo a quello della natura. Di fatto, l'esistenza dell'essere umano va al di là di quella della natura stessa».

Per renderti più chiaro il concetto di temporaneità della storia umana ti faccio un esempio. Quando una persona, in una giornata invernale, esce di casa con un abito leggero, si accorge subito che non è sufficientemente protetto dal freddo e decide di rientrare per cambiarsi d'abito. Prima d'indossare un abito più pesante deve comunque spogliarsi dell'abito leggero e rimanere temporaneamente svestito. Ora trasportiamo l'esempio alla storia dell'uomo. In questo caso la storia rappresenterebbe la nudità temporanea per poter indossare un abito più pesante, ossia il tempo necessario per togliersi di dosso il sistema sociale e indossare il sistema federativo. Se fai caso, ogni volta che c'è un cambiamento finalizzato a delle migliorie, come per esempio la ristrutturazione di una casa, il cambio di gestione di un'azienda, il rifacimento di una strada pubblica... avviene una temporanea perdita d'identità della vecchia struttura, che determina instabilità ambientale, sociale o economica.

«C'è qualcosa nei tuoi ragionamenti che andrebbe meditato seriamente e per il quale ci vorrebbe una discreta dose di tempo». Se davvero vuoi meditare seriamente, medita su questo aspetto (la temporanea instabilità che caratterizza la storia umana), perché lo ritengo un nodo centrale per la comprensione del presente e utile al buon proseguimento del nostro dialogo.

La dimensione «metascientifica», in cui collochi l'uomo, la ritengo un argomento che per il momento è prematuro affrontare. Probabilmente servirebbe solo ad arroccarci su posizioni filosofiche soggettive (e tali rimarrebbero proprio perché non possono avere un riscontro scientifico) e, visto il nostro tempo limitato, ci distrarrebbe dallo scopo principale di questo scambio di idee, cioè un «progetto per un'esistenza diversa».

Mi sono letto tutta la sezione «Economia e società» e penso di avermi fatto un'idea abbastanza precisa su ciò che intendi per socialismo democratico. Per molti aspetti, sia dal punto di vista economico che umano, ci sono assonanze con le «cellule sociali». Sotto altri aspetti ho trovato invece delle contraddizioni (o che comunque io ritengo tali fino a prova contraria). Se sei d'accordo vorrei mettere a confronto, punto per punto, i nostri rispettivi modelli di società ideale, cioè una sorta di «prova del nove». Per ragioni di tempo potremmo analizzare solo uno o pochi punti alla volta, così faremmo degli interventi più brevi (almeno credo!) mantenendo la stessa frequenza. Soprattutto daremmo un carattere di utilità a quello che ormai sta quasi diventando come un secondo lavoro!

14 mail EG - 23 marzo 2003

«...quando tu parli di natura parli di ambiente, di equilibrio ecologico, di animali, di piante, di aria pulita; io quando parlo di natura intendo specificamente le leggi che regolano l'universo, altrimenti non parlerei di logica della natura. È attraverso la comprensione di queste leggi che possiamo dare una spiegazione plausibile di quanto è accaduto, di quanto sta accadendo e di quanto potrà accadere all'essere umano e all'umanità».

Sai che su questo non riesco bene a seguirti. Per me la natura non ha leggi che l'uomo non conosca, cioè se l'uomo non conosce ancora le leggi della natura è perché in realtà non conosce ancora se stesso. Il fatto che ancora non si conosca l'antimateria o non si veda la profondità dei buchi neri è nulla rispetto al fatto che ancora non vogliamo accettare l'idea che la coscienza umana va considerata come una voragine senza fondo, assolutamente incommensurabile alle capacità interpretative umane. La conoscenza della natura può aiutarci a comprendere l'essere umano, ma solo fino a un certo punto.

L'essere umano è una realtà infinitamente più profonda e più complessa di qualsiasi analisi interpretativa. Per questo non faccio differenza tra *natura naturans* e *natura naturata*, cioè tra sostanza e forme della natura. La natura è solo un contenitore il cui contenuto essa non è in grado di comprendere. Quando salvo i miei file nella cartella documenti (l'universo) devo preventivamente creare delle sottocartelle (l'organizzazione dell'universo), perché nell'universo mi perdo e ho bisogno di ridefinire lo spazio di accesso ai dati in maniera schematica. Mi rendo conto della limitatezza di questo agire, perché sicuramente uno stesso file potrebbe stare in cartelle diverse tra loro, ma quello che più mi preme è che certi file io possa trovarli subito, sapendo bene dove andarli a cercare.

Cioè voglio dirti che alla fine la natura non è altro che un contenitore che mi permette di gestire delle cose la cui importanza va ben oltre la classificazione e l'archiviazione dei documenti. Se un fulmine mi mandasse in malora il pc e mi facesse perdere tutta l'organizzazione reticolare o gerarchica dei materiali, inclusi tutti i documenti contenuti nelle cartelle, una cosa però rimarrebbe del tutto inalterata: il fatto che quei documenti io li ho digeriti nella mia mente, li ho salvati in una memoria di massa che è il mio cervello e se qualcuno mi stimola con degli interrogativi, in maniera relativamente facile io vado a recuperare tutto quello che per me è davvero importante, non perché abbia una memoria formidabile ma semplicemente perché l'inconscio conserva infinite relazioni tra le cose. Quello che non riesco a recuperare probabilmente non era così importante.

È davvero indispensabile sapere tutto? La conoscenza ci fa davvero progredire? Aver consapevolezza di poter fare con la scienza e la tecnica cose inimmaginabili fino a qualche decennio fa, è davvero un segno di progresso, un indice di sicurezza? Gli animali non sanno in alcuna maniera che di fronte alla potenza dell'uomo non possono fare nulla e che l'unico animale in grado di distruggere l'uomo è l'uomo stesso, anzi, se guardassimo le cose in maniera metafisica, dovremmo dire che l'uomo non è in grado di distruggere se stesso neppure fisicamente, in quanto vi è in lui un aspetto che va al di là dei limiti della natura. In definitiva l'uomo può distruggersi spiritualmente soltanto cercando di non essere quello che è. E in questa autodistruzione egli non ha comunque neppure facoltà di scomparire definitivamente, non solo perché è continuamente soggetto a trasformazione ma anche perché non ha proprio facoltà di autodistruggersi definitivamente e irreversibilmente.

Noi siamo destinati a esistere. Possiamo solo scegliere il modo o le forme, e dalla scelta operata possiamo ricavare gradi più o meno grandi di felicità o di soddisfazione personale. Non credo in un processo evolutivo dell'uomo in cui l'uomo possa scoprire cose che già non aveva sin dalla nascita. Tutte le sinfonie di Beethoven erano già nei tasti del suo pianoforte: si trattava soltanto di tirarle fuori con l'ingegno creativo. Se non abbiamo la possibilità di dire che l'uomo è quello che è sin dalla nascita, allora l'uomo del lontano passato cui ci riferiamo, non era tale, ma qualcos'altro.

L'uomo si sta costruendo un destino che non era quello preventivato, poiché alla conoscenza doveva arrivare nell'innocenza non nella colpevolezza, ma nonostante la deviazione dallo standard, l'uomo sarà comunque in grado di giungere allo scopo per cui è nato, recuperando ciò che ha perduto. Per me l'esigenza di recidere il cordone ombelicale che lo legava alle comunità primitive è stata una falsa esigenza. E in questo il marxismo classico ha capito poco.

Noi siamo destinati a riscoprire il valore del passato, in cui si era ignoranti ma innocenti, seguendo la strada della scienza ma anche della colpevolezza: arriveremo all'innocenza consapevole di sé passando attraverso immani tragedie (quando invece, secondo me, avremmo potuto fare un percorso analogo senza alcuna tragedia).

Forse dovremmo parlare di un'altra cosa: del concetto di tempo in relazione al nesso uomo/natura. Che senso ha il tempo? Perché è irreversibile? Possiamo avere nel microcosmo una concezione del tempo applicabile anche al macrocosmo? Quello che succede nell'esistenza individuale di una persona può essere considerato una sintesi paradigmatica di processi infinitamente più vasti e complessi?

Se mi rispondi a queste domande così come mi aspetterei se le rivolgessi a me stesso, allora mi confermerai nell'idea che non esiste alcuna differenza tra la concezione tolemaica o copernicana del sistema solare, nel senso che sapere che non il sole gira attorno alla terra ma il contrario, non è di alcuna utilità ai fini della comprensione dell'identità umana e non incide in alcun modo sul compito che dobbiamo porci di un'esistenza diversa.

La scienza non serve a nulla ai fini dello sviluppo dell'umanità dell'uomo: è solo uno strumento con cui manifestarla, ma siccome per poterla manifestare in modo adeguato la scienza dovrebbe essere compatibile coi processi naturali, posso dichiarare in tutta sicurezza che la scienza moderna, a partire da Galileo, ponendosi in violazione dei principi della natura, non solo non serve a nulla ai fini dello sviluppo morale dell'uomo, ma gli è addirittura nociva, per una serie infinita di ragioni, la prima delle quali è la pretesa che con la scienza si possa rinunciare al sapere orale trasmesso dalle generazioni che ci hanno preceduto, alle conoscenze radicate nelle tradizioni popolari.

Il fatto stesso che io agisca nell'ambito lavorativo in maniera esattamente opposta a quello che ti scrivo, dovrebbe farti capire in quale guazzabuglio di contraddizioni noi, con tutta la nostra scienza, siamo precipitati.

Dimmi dunque cos'è il tempo per te, perché solo una certa visione del tempo mi permette di avere una visione olistica del rapporto uomo-natura.

15 mail PN - 28 marzo 2003

Posso solo risponderti su ciò che è il tempo per me in rapporto allo spazio e all'energia-materia. Tranquillizzati! Anche se devo scomodare la teoria della relatività di Einstein, non ti farò venire il mal di testa. Proviamo ad applicare questo concetto ai livelli sistemici nei quali la natura è organizzata e tende a organizzarsi. Per semplificare, rappresentiamo ogni livello sistemico con una linea orizzontale, in questo modo:

1. quark, 2. particelle, 3. atomi, 4. molecole, 5. macromolecole, 6. microrganismi, 7. cellule, 8. persone, 9. gruppi sociali, 10. federazioni, 11. pianeta, 12. galassia, 13. universo.

Lo spazio tra una linea e l'altra rappresenterebbe il tempo necessario alla realizzazione del livello sistemico. In realtà il tempo non è lineare e identico tra un livello e l'altro, ma, secondo la teoria del «big bang» e delle teorie evoluzionistiche, questa successione dovrebbe essere, schematicamente, più o meno questa:

Possiamo osservare che il tempo si contrae più andiamo a ritroso, fino al punto iniziale, ma si dilata nel percorso inverso, per tornare a contrarsi più l'evoluzione è proiettata al futuro. Il fatto è che la dimensione del tempo è relativa al momento della sua osservazione. Se potessimo osservare il percorso evolutivo partendo da un punto più vicino allo stadio iniziale, la rappresentazione schematica potrebbe essere questa:

Viceversa, se lo spostamento fosse più vicino allo stadio finale, lo schema sarebbe questo:

Ti ho parlato di stadio iniziale e finale come se fossimo certi che ci sia un inizio o una fine, ma non sappiamo affatto se ci sono più universi, oltre al nostro, come non è certo se i quark sono effettivamente le particelle elementari della materia. Tempo, spazio, energia e materia erano una singolarità, un unico punto infinitesimo al momento del grande scoppio. In poche frazioni di secondo si sono formati i quark e le particelle sub-atomiche, pochi secondi dopo i primi atomi. La dimensione del tempo era proporzionata alle dimensioni dello spazio.

Via via che lo spazio si dilatava occorreva più tempo per trasformare energia in materia, quindi parrebbe logico pensare che l'universo avrebbe rallentato la sua corsa per inerzia e forza gravitazionale. Sappiamo invece che i corpi celesti si allontanano tra loro con velocità crescente. In realtà possiamo affermare che il tempo è una dimensione apparente relativa a un certo spazio e a un singolo punto d'osservazione.

Ti faccio un altro esempio. Se fossimo fermi vicino a una ferrovia a osservare un treno che arriva verso di noi, noteremmo che il suo rumore cambia mentre si avvicina (non solo nel volume del suono, ma anche nella frequenza delle onde sonore), e cambia ancora quando si allontana, dopo averci sorpassato. Questo fenomeno è dovuto alla compressione delle onde sonore, secondo la direzione del mezzo, dando l'impressione che la sua velocità aumenti man mano che si avvicina e ancora aumenti nel momento che ci sorpassa, per poi rallentare mentre si allontana. Eppure, se fossimo su quel treno, giureremmo che la sua velocità è costante e il suono che produce è sempre lo stesso.

Se gli eventi storici e i cambiamenti che l'uomo imprime all'ambiente si susseguono a ritmi esponenziali, è perché lo spazio d'azione dell'uomo si dilata in misura proporzionale. Sono certo che in piccoli mondi autosufficienti come le «cellule sociali» non solo il tempo avrebbe un altro significato, ma avrebbe anche una diversa dimensione rispetto al mondo globalizzato.

Che dirti dunque del tempo riguardo al rapporto uomo-natura? Semplicemente dobbiamo osservare questo rapporto con «relatività». Come si potrebbe, però, rispondere alle tue domande: «Che senso ha il tempo? Perché è irreversibile?»

Forse nessuno potrà mai spiegare perché la freccia del tempo è unidirezionale e ci consente di vivere invecchiando, senza poter ringiovanire. La natura deve «faticare» per organizzarsi in sistemi stabili e vincere così la seconda legge della termodinamica, che vuole che dall'ordine si passi al caos e non dal caos all'ordine. Questo processo è possibile solamente rallentarlo in misura limitata e con l'impiego massiccio di energia, ma non sarà mai possibile invertirlo. Il perché non sono in grado di spiegartelo.

D'altra parte, come tu stesso ti domandi: «È davvero indispensabile sapere tutto? La conoscenza ci fa davvero progredire? Aver consapevolezza di poter fare con la scienza e la tecnica cose inimmaginabili fino a qualche decennio fa, è davvero un segno di progresso, un indice di sicurezza?»

La risposta che hai dato alla tua domanda sarebbe stata anche la mia, perché sapere che «non il sole gira attorno alla terra, ma il contrario, non è di alcuna utilità ai fini della comprensione dell'identità umana e non incide in alcun modo sul compito che dobbiamo porci di un'esistenza diversa». Inoltre è provato che la tecnologia garantisce un adattamento provvisorio, perché nello stesso tempo produce cambiamenti ambientali e sociali con relativi disagi, che solo l'uso di tecnologia più evoluta può superare. Un cacciatore-raccoglitore può avere più soddisfazioni morali di un individuo che vive nel più grande lusso tecnologico.

Il problema è che questo sistema fondato sulla competizione non ci consente di essere ignoranti, pena la sofferenza. Solamente per non soffrire cerchiamo di adattarci con la conoscenza dell'ambiente che ci circonda, utilizzando tutti gli strumenti tecnologici che ci è consentito utilizzare. Credo anch'io che «noi siamo destinati a esistere», ma è anche vero che siamo costretti a adattarci all'esistente. Tu stesso confermi «in quale guazzabuglio di contraddizioni noi, con tutta la nostra scienza, siamo precipitati». Questo dovrebbe dirla lunga sulle nostre effettive possibilità di scelte libere, ma anche se fosse parzialmente possibile andare controcorrente (il che purtroppo non è), è la somma delle singole scelte che produce la spinta alla corsa tecnologica e alla disgregazione sociale.

So perfettamente che «la scienza non serve a nulla ai fini dell'umanità dell'uomo», ma anche un contadino del medio evo, se poteva, preferiva usare un carro a ruote piuttosto che una slitta, per trasportare il fieno. Potremmo senz'altro fare a meno dell'automobile o del telefonino o degli elettrodomestici, ma solo in un sistema dove non esista competizione economica e sociale: in pratica solo in una società senza classi. Sarà il comunismo che porterà all'affrancamento dalla tecnologia, non sarà l'affrancamento dalla tecnologia che ci porterà al comunismo.

Una struttura sociale senza classi non potrebbe nascere e affermarsi senza una ristrutturazione ambientale. Praticamente tutto l'ambiente terrestre è stato manipolato e plasmato, durante la storia, in funzione della competizione economica e sociale. La ristrutturazione ambientale, però, non può realisticamente fare a meno della tecnologia, perché è la soluzione meno dispendiosa di energia. Purtroppo non sarà sufficiente cambiare l'assetto politico ed economico del sistema capitalistico per arrivare a una società senza classi, ma è necessaria la progressiva ristrutturazione dell'ambiente terrestre. Le «megalopoli» e gli insediamenti urbani, industriali, commerciali, militari, stanno erodendo terreno fertile; i deserti avanzano e le foreste si riducono; la biodiversità sta scemando e l'inquinamento sta modificando il clima terrestre. Nemmeno uno di questi problemi potrà essere risolto in tempi ragionevoli senza l'uso di tecnologia complessa.

Il punto, però, è che tipo di tecnologia utilizzare. È chiaro che il capitalismo produce una tecnologia individualista, che incita e permette di fare a meno dell'aiuto materiale del prossimo, annullando così la naturale socialità degli individui. Qualsiasi tipo di sistema politico, che non prendesse atto di questo dato di fatto, sarebbe destinato al fallimento di ogni tentativo di ripristinare la struttura sociale dell'«uomo del lontano passato cui ci riferiamo». La soluzione non sta nel proibire alle persone l'uso di autovetture private o degli elettrodomestici, ma nel creare strutture ambientali che annullino il desiderio di tali mezzi, perché assolutamente inutili. Una tecnologia «sociale», aggregante, ecologica, non dispendiosa, potrà effettivamente garantire l'auspicata inversione di tendenza.

La struttura del corpo umano ci dice che è necessario questo tipo di tecnologia per la corretta funzionalità di un sistema comunistico. La postura eretta, la visione a colori, le corde vocali... si possono definire tecnologia sociale molto complessa. La natura tutta, a qualsiasi livello, adotta soluzioni tecniche per l'adattamento, perciò non è la tecnologia a dover essere considerata innaturale, ma lo è il suo uso che sostiene la competizione umana, questa sì innaturale.

Sapere «tutto» non è perciò indispensabile, ma è necessario sapere bene ciò che occorre per ripristinare la condizione umana naturale, che, solamente, è il comunismo. Impegnarsi a fondo per contribuire alla caduta del sistema economico capitalista, e poi non saper gestire il cambiamento in direzione del comunismo, significherebbe intraprendere percorsi alla cieca, inutili e deleteri. Tu ad esempio, per tornare a casa dal luogo dove insegni potresti certamente passare da Roma-Tokyo-Berlino, ma è scontato che preferisci prendere la via più breve e meno difficoltosa. È normale pensare questo, perché destiniamo tempo ed energia alle cose che facciamo, in base al valore che attribuiamo loro.

Io non nego la bontà di un socialismo democratico che affonda le sue radici sui valori del passato, perché credo anch'io che più tecnicamente si va all'indietro, più umanamente si va avanti, ma proprio perché la direzione del tempo è irreversibile, cercare di andare controcorrente comporterebbe un enorme dispendio di energia che è infinitamente sproporzionata ai vantaggi che si potrebbero ottenere. Purtroppo è vero ciò che affermi: «Noi siamo destinati a riscoprire il valore del passato, in cui si era ignoranti ma innocenti, seguendo la strada della scienza ma anche della colpevolezza: arriveremo all'innocenza consapevole di sé passando attraverso immani tragedie, quando secondo me avremmo potuto fare un percorso analogo senza alcuna tragedia». Non è possibile andare controcorrente, soprattutto adesso che la corrente è impetuosa, ma è possibile uscire dalla corrente e attraccare a riva. Non resistere al sistema economico capitalistico, quindi, ma uscire da esso, dalla sua economia e dalla sua influenza culturale con l'istituzione di microsocietà comuniste.

Ricordi qual era il comando originale che Dio ha dato all'uomo? Era quello di estendere il «giardino» su tutta la terra. Indipendentemente dai motivi che hanno spinto l'uomo alla «disubbidienza», egli ha innescato un meccanismo irreversibile che non consente ripensamenti. «L'uomo si sta costruendo un destino che non era quello preventivato», semplicemente perché il preventivo non l'ha fatto lui.

Detto questo, credo pure che «nonostante la deviazione dallo standard, l'uomo sarà comunque in grado di giungere allo scopo per cui è nato, recuperando ciò che ha perduto». Se lo scopo per il quale l'uomo è nato è ripristinare ed estendere il «giardino» su tutta la terra, si possono già cominciare i lavori da adesso, seguendo la direzione della freccia del tempo, senza cercare inutilmente di contrastarla.

Il sistema federativo

I livelli sistemici

Tutto l'Universo è governato dalle stesse leggi fisiche alle quali sottostanno sia le entità più semplici che quelle più complesse. La natura deve però «faticare» per organizzarsi e mantenersi in strutture stabili di complessità crescente, lottando contro una sua stessa legge fisica, che vuole che dall'ordine si passi al caos e non viceversa, se non con l'impiego massiccio di energia. Senza scendere nei dettagli del processo evolutivo, basterà dire che la natura ha creato le strutture più complesse assemblando tra di loro le strutture più semplici prodotte in precedenza. «L'unione fa la forza» è il motto col quale si può identificare questo meccanismo, cioè l'associazione coordinata di elementi simili in grado di comunicare tra loro.

La tendenza di certe strutture ad associarsi è paragonabile a un buon investimento con alti tassi percentuali d'interesse; infatti, unire le proprie forze per far fronte agli stimoli ambientali significa ridurre notevolmente la quantità di energia individuale necessaria all'adattamento, anche se una parte di questa viene spesa per la stabilità dell'associazione. Più i rapporti tra le parti del tutto sono fitti, minori sono le interazioni di ogni singolo elemento con l'ambiente esterno, perciò elementi che presi individualmente sarebbero in completo disadattamento, con l'aggregazione coordinata con altre unità simili, formano una struttura complessa e adattata con basse spese energetiche (per esempio le cellule del corpo umano). Un'associazione con queste caratteristiche può essere definita «sistema».

Non tutte le strutture tendono ad associarsi; infatti i rapporti con i consimili possono andare dall'isolamento assoluto (per esempio i cosiddetti gas «nobili») ad associazioni sporadiche e temporanee (come in molte specie animali, dove maschio e femmina si associano solo per il periodo riproduttivo), fino ad arrivare ad organizzare dei veri sistemi perenni e altamente stabili (per esempio una colonia di formiche). Solo i sistemi stabili possono associarsi con strutture simili a loro e formare un sistema di livello superiore: così le particelle sub-atomiche formano gli atomi, gli atomi le molecole, le molecole le macromolecole ecc. La natura ha quindi la struttura di una piramide dove il gradino più basso è la base per il gradino successivo, fino a salire verso il vertice. Questo vertice, o ultimo gradino della piramide, è il sistema più stabile, complesso e meno dispendioso d'energia che potrebbe essere prodotto sul nostro pianeta e che riguarderà in modo diretto la nostra specie.

Per chiarezza si può stilare una tabella assegnando un nome convenzionale ai livelli sistemici:

Organizzazione interna di un sistema

Forse apparirà alquanto riduttiva questa classificazione, poiché non contempla sistemi intermedi, ma si può spiegare che sono solo questi i gradini della «piramide» della natura. Un sistema, ad ogni livello, è organizzato in modo tale da garantirsi la massima funzionalità col minimo dispendio di energia, con la specializzazione dei ruoli tra i suoi singoli componenti e con la costituzione di sottosistemi parzialmente autonomi, via via più complessi secondo i livelli sistemici. Queste strutture potrebbero essere considerate, esse stesse, dei sistemi intermedi solo se fossero strutturate per funzionare in modo indipendente, in quanto un sistema deve essere stabile e autosufficiente.

Gli elementi atomici, per esempio, secondo le loro dimensioni, si organizzano internamente stratificando in modo ordinato gli elettroni. Le «cortecce elettroniche», cioè un gruppo di elettroni di numero variabile che ruotano nella stessa orbita attorno al nucleo, sono un apparato funzionale che garantisce stabilità al sistema atomico, ma non potrebbero essere definiti sistemi intermedi (tra le particelle e gli atomi), perché non potrebbero esistere come entità indipendenti dall'atomo. Al di fuori di esso, infatti, l'ordinata «corteccia elettronica» diventerebbe uno sciame scoordinato destinato a sfaldarsi. Oppure negli organismi pluricellulari le cellule sono differenziate e specializzate e sono organizzate in ghiandole, tessuti, organi, apparati. Queste strutture non possono però essere considerate sistemi intermedi tra la cellula e l'organismo pluricellulare perché dovrebbero, in tal caso, poter vivere in modo indipendente e non è certo il caso di una ghiandola linfatica, di un polmone o di un apparato digerente.

Anche il sistema sociale dei cacciatori-raccoglitori è organizzato internamente per funzionare nel migliore dei modi. Oltre alla specializzazione biologica dei ruoli tra uomini e donne, oppure a specializzazioni culturali come il «consiglio degli anziani» (cioè la testa pensante del gruppo), gli apparati più efficienti che garantivano stabilità al sistema comunitario erano le famiglie, ossia gruppi di persone, uomini e donne, vecchi e bambini, strettamente imparentati tra loro, con una certa autonomia decisionale all'interno del gruppo. L'uomo è un essere molto sociale proprio in conseguenza della sua struttura fisica relativamente debole, perciò ha bisogno della stretta collaborazione di un cospicuo numero di altre persone per far fronte alle avversità di un ambiente ostile. Ben difficilmente una singola famiglia potrebbe sopravvivere a lungo in una foresta vergine o in un arido deserto senza l'ausilio della tecnologia complessa o, comunque, senza il supporto del gruppo. Per queste ragioni la famiglia umana non può essere considerata un sistema sociale, ma un apparato funzionale del gruppo, che è il vero sistema sociale umano (in alcune specie animali la singola coppia formata da un maschio e una femmina può essere autosufficiente e durare tutta la loro vita: in questo caso si può definirla «sistema sociale», ma è molto raro in natura).

Stesso ragionamento si può fare per tutte quelle organizzazioni sociali come una catena di montaggio, una multinazionale o una nazione, che non sono strutture perenni e non sono costituite da sistemi stabili. Anche se definissimo la civiltà globale un «superorganismo», soggetto all'azione della selezione naturale, non la si potrebbe però definire «sistema globale», perché di un sistema non ha assolutamente le caratteristiche. Per esserlo dovrebbe essere composta di sistemi sociali umani stabili e autosufficienti, tanto quanto lo erano i gruppi di raccoglitori-cacciatori.

I gruppi dovrebbero essere coordinati attraverso un unico tipo di informazione culturale ed avere un trattamento economico egualitario dentro il «superorganismo», anche se avessero ruoli diversi tra loro, tanto quanto possono averlo le singole cellule all'interno del corpo umano.

Mi sembra invece che la nostra civiltà, più che a un sistema, assomigli a una grossa infezione batterica che si espande sulla superficie del pianeta, dove i singoli batteri (gli individui umani) non sono in grado di collaborare tra loro coordinando i loro sforzi. Come batteri le persone si ammassano in modo disordinato in agglomerati urbani, piccoli o giganteschi, dove esiste competizione individuale selettiva per la sopravvivenza. È ovvio che il proliferare di questa massa informe, se fosse solo il prodotto del puro caso, non potrebbe far altro che corrodere le risorse del pianeta e poi soffocare anch'essa sotto il peso dei suoi rifiuti.

Il paradosso della storia

La storia umana ha fatto sorgere un paradosso: il meccanismo della costituzione di livelli sistemici via via superiore avrebbe dovuto produrre delle federazioni perenni, stabili e funzionali, costituite da gruppi sociali anch'essi stabili, invece abbiamo visto che non solo il sistema federativo non si è affermato, ma il processo di civilizzazione ha portato addirittura alla disgregazione del gruppo sociale. Si è dunque inceppato questo meccanismo o non esiste nessun «progetto» creativo della natura e tutto è affidato al puro caso? Affatto!

Può sembrare una contraddizione che per costituire un sistema di livello superiore sia necessario disgregare prima il sistema di livello inferiore, ma è esattamente ciò che è avvenuto ogni volta che alla piramide della natura è stato aggiunto un gradino. Per esempio, quando alcuni atomi si accingono ad aggregarsi per costituire una molecola devono cedere o acquistare elettroni, modificando la loro identità, ossia la loro carica elettrica, diventando ioni positivi e ioni negativi. A quel punto saranno attratti reciprocamente, si divideranno le orbite di parte dei loro elettroni esterni e questo sarà il loro legame. Tale processo, che definiamo «reazione chimica», dura un attimo impercettibile, ma è occorso un tempo enorme affinché fosse possibile la formazione di composti chimici di una certa complessità, che è avvenuta solo col progressivo raffreddamento della superficie della Terra. Fin tanto che persistevano condizioni di alta temperatura, gli atomi della primordiale atmosfera erano per lo più allo stato di plasma ionizzato.

Un altro esempio è il tempo tra il concepimento e la nascita di un essere umano, che riassume tutta la trasformazione progressiva degli organismi pluricellulari, per effetto della continua differenziazione cellulare. Per specializzarsi dentro il collettivo le singole cellule hanno dovuto mutare progressivamente la loro identità e il loro modo di comunicare.

Anche i rapporti tra le persone avvengono attraverso scambi culturali, perciò, per far parte di un sistema sociale come un gruppo di raccoglitori-cacciatori, è necessario che l'identità degli individui sia plasmata con l'apprendimento della cultura del gruppo. Questo processo cognitivo, che chiamiamo «educazione», è la sintesi della fase in continuo fermento che dai primi mammiferi sociali ha portato al gruppo sociale umano.

Per costituire il livello sistemico federativo non dovrebbe quindi apparire strano che sia stata necessaria la perdita d'identità del gruppo sociale umano, che è iniziata con la sua stessa storia. Guardando la natura possiamo capire che la storia umana non è qualcosa di separato dal contesto naturale, poiché ogni livello sistemico si è formato attraverso una sua «storia», che per molti versi non è dissimile da quella umana. Ognuna di queste storie è caratterizzata da lunghi periodi d'instabilità e da immane violenza. Purtroppo la nostra civiltà può essere ancora foriera di tragedie epocali, proprio perché la storia umana non si discosta dalle storie che l'hanno preceduta.

Prendiamo per esempio il livello sistemico pluricellulare, che dalle prime aggregazioni cellulari ha portato alla formazione dell'essere umano. La «storia» degli animali e delle piante è costellata di rivoluzioni, di precarietà, di rapporti violenti e di difese altrettanto violente, che hanno portato all'estinzione in massa di specie, generi, famiglie, ordini, sottoclassi.

Se guardiamo il livello sistemico atomico, possiamo notare che gli elementi atomici pesanti si sono potuti formare solo con la fusione nucleare di elementi più leggeri, dovuta all'enorme pressione causata dall'esplosione di «supernove» (stelle molte volte più grandi del sole).

Viene dunque spontaneo chiedersi perché sia necessaria tanta violenza in natura, se l'evoluzione procede effettivamente secondo una logica programmatica.

In realtà la natura procede a «tentoni», valutando a posteriori ciò che è bene e ciò che è male, però, anche se il caso e la selezione hanno la funzione di sperimentare ogni via possibile, il traguardo sarà sempre il sistema più complesso, più stabile e meno dispendioso, che è consentito a un determinato livello sistemico. Nel caso della storia umana, questo sistema non potrà essere che la *federazione dei gruppi sociali*.

La lunga fase di trasformazione di ogni livello sistemico ha una durata inversamente proporzionale alla sua complessità: più è semplice il livello, maggiore è stato il tempo della sua evoluzione. Tutto sommato la storia umana è un periodo evolutivo relativamente breve, ma sufficiente per il passaggio dal sistema sociale al sistema federativo.

La comunicazione

Era veramente necessario disgregare il gruppo, per produrre delle federazioni stabili? Sì, lo era. Non avrebbe potuto potenzialmente formarsi un «superorganismo» planetario, o meglio, un sistema planetario, semplicemente aggregando tutti i gruppi sociali ancestrali, senza passare attraverso le immani sofferenze che hanno caratterizzato la nostra storia? No, non sarebbe stato possibile. Se lo sgretolamento del gruppo sociale non è stato un processo casuale, ma un disegno mirato, ora cercherò di spiegarne le ragioni.

La facoltà di collaborazione dei singoli elementi di un sistema si fonda sul fatto che tutti gli elementi «parlano» la stessa lingua e sono perfettamente in grado di capirsi, perché sono in possesso della stessa informazione. Per esempio, c'è uno stretto rapporto tra le particelle nucleari di un atomo e gli elettroni che vi ruotano attorno alla velocità prossima a quella della luce. La comunicazione tra protoni nucleari ed elettroni è fondata su campi elettromagnetici. I protoni (che hanno una massa enormemente più elevata degli elettroni) hanno una carica elettrica positiva e attraggono verso di loro gli elettroni, che hanno una carica elettrica negativa. Questi ultimi non vanno a conficcarsi violentemente nel nucleo in quanto la forza centrifuga, prodotta dalla loro rotazione, li spinge verso l'esterno. Attrazione e fuga si bilanciano ad una certa distanza dal nucleo e questa è appunto l'orbita dell'elettrone, secondo il suo livello energetico.

Ogni sistema, in misura proporzionata alla sua complessità, ha diversi canali interni di comunicazione, di velocità variabile secondo la loro funzione, ma è assolutamente indispensabile che esista almeno una forma di comunicazione immediata e diretta tra i componenti. Una comunicazione efficiente, rapida e in tempi reali tra i suoi elementi è alla base del buon funzionamento di un sistema. Anche un organismo pluricellulare deve la sua stabilità all'efficace comunicazione tra le sue cellule. Attraverso i canali sanguigni e linfatici sono inviati messaggi chimici che regolano il flusso dei materiali necessari al metabolismo e all'igiene delle cellule (*comunicazione lenta*); mentre tutte le funzioni motorie e sensoriali sono governate attraverso stimoli elettrochimici delle cellule nervose (*comunicazione rapida*), ramificate in tutto l'organismo e collegate, in ultima analisi, col cervello.

Un gruppo di raccoglitori fondava la sua stabilità sullo scambio d'informazioni non genetiche tra i suoi membri, frutto di una cultura che si è accumulata soprattutto per le esperienze delle generazioni precedenti. Il gruppo era quindi un sistema sociale che sopravviveva nel tempo anche dopo la morte progressiva delle persone che lo componevano e si riproducevano dentro di esso. Una comunicazione lenta poteva avvenire da persona a persona, per esempio, con lo scambio di parole o gesti o simbolismi, mentre una comunicazione rapida poteva avvenire, per esempio, con l'urlo d'allarme di una sentinella, oppure coi «tam tam» o segnali luminosi, per mettere velocemente in contatto i membri che erano momentaneamente dispersi nel territorio.

Ora veniamo ad un punto importante. Per diventare un sistema stabile e funzionale la federazione di gruppi sociali avrebbe necessariamente dovuto far uso di vari canali di comunicazione tra i gruppi, almeno uno dei quali doveva essere una forma diretta e immediata. I vari gruppi sociali della federazione potevano tenersi in contatto, per esempio, con l'invio di staffette, oppure, attraverso vari ponti ripetitivi, lanciando messaggi sonori o visivi che potevano attraversare valli e montagne, ma erano necessari tempi relativamente lunghi per informare tutti i gruppi nei loro specifici territori. Non c'era assolutamente modo di effettuare una comunicazione rapida che potesse informare in modo immediato tutti i gruppi. Per questo l'aggregazione dei gruppi sociali dei raccoglitori-cacciatori non si è mai trasformata in un sistema federativo stabile e funzionale. La natura però non si è fermata davanti a questo ostacolo e, se le potenzialità umane erano insufficienti allo scopo, ha fatto in modo che l'uomo producesse un supporto esterno alle sue potenzialità biologiche di comunicazione: la comunicazione tecnologica! Questo presuppone che l'uomo sia stato e sia lo strumento principe di un disegno evolutivo mirato che scavalca la sua volontà, pur facendo leva sui suoi bisogni e desideri immediati.

La disgregazione del gruppo

Il tentativo di costituire federazioni stabili è stato la causa diretta della disgregazione del gruppo sociale: vale perciò la pena di soffermarsi su questo punto. Il sistema federativo si riscontra già in alcune specie di formiche che, in determinate occasioni, formano delle associazioni di colonie che raggruppano fino a decine di milioni d'individui. Le colonie sono autosufficienti da ogni punto di vista, ma sembra esserci un accordo sottinteso di abbattimento delle frontiere e le bottinatrici di una colonia sono libere di attraversare il territorio di un'altra colonia senza il rischio di essere aggredite. Senza dubbio il comportamento supersociale di queste specie di formiche ha origine genetica e fanno ciò che il loro istinto dice di fare, fin dalla nascita.

Più si sale la scala biologica degli esseri viventi più il comportamento diventa di origine *culturale* (deve cioè essere appreso) e la scomparsa di federazioni perenni tra gli animali sociali dimostra quanto sia difficile costituire queste super organizzazioni basandosi solo sull'apprendimento, nonostante il chiaro vantaggio adattante. Solo nella specie umana esistevano (ed esistono) le possibilità di costituire delle federazioni di gruppi sociali utilizzando una cultura comune. Far parte di una di queste federazioni significava, per gli antichi raccoglitori-cacciatori, poter rispondere con successo a delle mutazioni ambientali improvvise, come un incendio o un'alluvione, che compromettevano l'habitat del territorio di un gruppo; oppure far fronte alle minacce militari dei gruppi culturalmente diversi, perché si aveva un grande vantaggio numerico in un'eventuale guerra di confine. Una così complessa organizzazione sociale doveva comportare una parallela organizzazione gerarchica per essere veramente funzionale. Allo scopo era indispensabile una lingua comune e un «credo» religioso poteva fornire le regole di vita comuni, le leggi comportamentali che fungevano da cemento culturale per un popolo in formazione. Nascevano così i primi ruoli specializzati (cioè persone adibite a tempo pieno a un'unica mansione): i capi militari e i «sacerdoti». È stata proprio questa organizzazione sociale e militare che ha scombussolato la struttura comunitaria del gruppo.

Le armi, che prima erano sufficienti per le piccole battaglie di confine e per cacciare la selvaggina del territorio, hanno dovuto subire delle innovazioni tecnologiche. Contro un nemico organizzato militarmente e deciso ad assicurare la propria supremazia ai danni dei popoli culturalmente diversi, non c'era altra alternativa che quella di organizzare altrettanto bene la propria struttura gerarchica militare-religiosa. Mantenere soldati e sacerdoti a tempo pieno accresceva di molto la spesa energetica per l'adattamento, anche se assicurava stabilità alla federazione. Questo problema poteva essere risolto solo trovando il modo di trarre maggiori risorse dall'ambiente del territorio. L'agricoltura e l'allevamento del bestiame hanno presto sostituito, o perlomeno integrato, rispettivamente la raccolta di vegetazione spontanea e la caccia alla selvaggina. L'avvento di queste forme economiche ha fatto sorgere i primi insediamenti stabili ed è nato il concetto di proprietà privata, sia individuale che collettiva.

Un gruppo di raccoglitori è nomade dentro dei confini territoriali e difende dagli altri gruppi uno spazio che per lui è necessario, ma non ha legami con il terreno che può abbandonare, a sua discrezione, senza alcun danno. Difendere il possedimento della terra è diventato invece, per gli agricoltori e gli allevatori una condizione di importanza vitale. Il confine territoriale non era più simbolico, ma era tracciato materialmente (per esempio con filari di alberi o canali d'irrigazione), oppure si avvaleva di punti di riferimento geografici, come fiumi o colline. Con gli insediamenti stabili regrediva il nomadismo e il gruppo sociale perdeva progressivamente il suo significato di entità autosufficiente e stava diventando, semmai, un semplice aggregato di famiglie autonome dal punto di vista alimentare, ma che pagavano alla federazione un tributo di alimenti e di uomini necessari alla difesa. Poiché la difesa degli insediamenti stabili e la costruzione di strumenti bellici impiegavano sempre più tempo ed energie umane, era indispensabile mantenere le stesse produzioni alimentari con meno personale e anche gli strumenti di lavoro, come le armi, hanno dovuto subire delle innovazioni tecniche. Strumenti di metallo hanno alla fine sostituito quelli di legno, di pietra o di osso lavorato e altri ruoli specializzati si sono aggiunti ai precedenti. In questo modo si è innescato il processo tecnologico.

I raccoglitori-cacciatori

Insisterò tanto sul concetto di raccoglitore-cacciatore perché è l'elemento chiave per la definizione della reale natura umana. Questa figura preistorica è quello che potremmo definire un «uomo naturale», poiché ancora non ha intrapreso nessun processo manipolatore nei confronti dell'ambiente del suo adattamento e mantiene intatta la sua originaria struttura sociale. Per definizione il raccoglitore è colui che vive prelevando dalla natura tutto quanto gli necessita, in modo «ecologico», non distruttivo. Che l'agricoltura e l'allevamento siano stati positivi per l'economia del raccoglitore è una tesi che si può facilmente confutare.

I reperti fossili di raccoglitori-cacciatori europei del paleolitico, ad esempio, dimostrano chiaramente che la loro statura media era alta quasi 20 centimetri più di quella dei contadini-allevatori del Medioevo (solo ora l'altezza media è ritornata ai quei valori antichi). Già questo evidenzia una qualità della vita alquanto diversa tra queste due figure economiche. Inoltre un raccoglitore-cacciatore era in grado di procacciare gli alimenti per sé, per la sua famiglia e di contribuire al mantenimento degli individui meno fortunati del gruppo, lavorando solo poche ore al giorno.

Ben diversa è la situazione in molte parti del mondo, dove una miriade di persone è costretta a effettuare estenuanti turni di lavoro in cambio di un compenso che è ai limiti della sussistenza. Calamità naturali come incendi, inondazioni, terremoti, eruzioni vulcaniche, avevano effetti contenuti in gruppi che non avevano insediamenti stabili, ben lungi dagli effetti disastrosi di un terremoto o un'alluvione in grossi centri urbani attuali.

I raccoglitori-cacciatori vivevano perfettamente integrati nel loro habitat e l'adattamento prolungato a un determinato tipo di ambiente ha permesso l'immunoresistenza agli agenti patogeni del luogo. Le malattie infettive erano cosa sconosciuta, o quasi, fino a quando tipi umani sufficientemente diversi geneticamente sono venuti a contatto tra loro. All'opposto è la situazione nella nostra società consumistica; basti pensare alla rapidità di diffusione e ai danni umani ed economici che può causare una «semplice» epidemia influenzale. Le variazioni genetiche negative che un tempo erano eliminate dalla selezione naturale ora possono riprodursi col sostegno della tecnologia e le malattie ereditarie, lievi e meno lievi, stanno insinuandosi lentamente ma inesorabilmente nel codice genetico della nostra specie. Se ora l'uomo consumista sarebbe un disadattato ambientale senza l'ausilio della tecnologia, senza la stessa tecnologia potrebbe diventare un disadattato genetico in qualsiasi tipo di ambiente.

La tenacia con la quale gli ultimi popoli «primitivi» difendono la loro integrità culturale dall'assedio della «civiltà» dimostra quanto quest'ultima non sia di nessun giovamento per la qualità della loro esistenza. È più logico pensare, quindi, che il passaggio da un'economia di raccolta a un'economia agro-pastorale sia stata una costrizione, piuttosto che una miglioria programmata.

L'illusione tecnologica

La tecnologia serve all'uomo per mediare la distanza tra il suo ambiente artificiale e la sua organizzazione sociale e a soddisfare i bisogni che da questo rapporto derivano. Fatto è che l'uso di strumenti tecnologici provoca delle modifiche ambientali e sociali, i quali, a loro volta, creano bisogni nuovi e diversi, che solo l'uso di tecnologia ancora più complessa può soddisfare. I cambiamenti ambientali e sociali sono dunque la molla che fa da incentivo all'evoluzione tecnologica, ma poiché ambiente e struttura sociale subiscono modifiche proprio per opera della tecnologia, è come se la tecnologia facesse evolvere se stessa disadattando l'uomo e poi riadattandolo al suo ambiente artificiale, in un processo sempre più rapido, nel quale egli è protagonista ma non regista. È l'illusione che la tecnologia possa guarire i suoi mali che spinge l'uomo ad affidarsi sempre di più ad essa.

La diversa disponibilità di risorse pro capite tra paesi industrializzati e paesi sottosviluppati è il risultato diretto dei rapporti culturali ed economici tra paesi dominanti e paesi culturalmente ed economicamente dominati. Chi detiene il potere tecnologico impone la supremazia culturale ed economica: vi è opulenza nei paesi industrializzati perché c'è penuria nei paesi sottosviluppati. La tecnologia non potrà ridurre il dispendio energetico per l'adattamento al pianeta Terra dell'umanità, presa nel suo complesso, per la semplice ragione che per produrre tecnologia occorre un dispendio energetico pari al vantaggio energetico che la tecnologia può dare. «L'energia non si può creare né distruggere, ma solo trasformare».

Una pala meccanica manovrata da un uomo in un'opera di sterramento, ad esempio, esegue, a parità di tempo, un lavoro equivalente a quello di decine di uomini equipaggiati solo di badile. Apparentemente c'è un vantaggio energetico abissale, ma consideriamo prima l'iter per produrre la pala meccanica. Tutte le fasi per il reperimento delle materie prime, per la progettazione, per la costruzione dei singoli pezzi e il successivo assemblaggio, comportano ognuna un costo e un utilizzo di personale umano, alle quali devono essere aggiunte varie mediazioni di mercato e il trasporto in loco. A conti fatti, la quantità di energia necessaria per la messa in funzione, per la manutenzione e per il rifornimento di carburante della pala meccanica, per eseguire un determinato lavoro, equivale all'energia spesa dalle squadre di sterratori armati di solo badile.

Lo strumento tecnologico è quindi un «pacchetto» di energia umana e materiale, precedentemente accumulata, utilizzabile al momento opportuno. Ciò che ne deriva è la maggiore competitività economica di chi è in possesso di tecnologia complessa. È stata la competitività economica la causa del travaso d'energia da una parte all'altra del pianeta, col risultato evidente di aver impoverito alcune zone per arricchirne altre. C'è sempre maggior divario tecnologico tra nazioni ricche e nazioni povere, tra individui ricchi e individui poveri e questa tendenza appare immutabile. L'alternativa sarebbe un'equa distribuzione delle risorse, ma questo non è contemplato negli indirizzi della nostra società e del nostro modo di vivere, perché la competizione economica è lo stimolo numero uno all'incentivazione tecnologica. Se la tecnologia fosse effettivamente uno strumento in mano all'uomo e servisse veramente a ridurre il dispendio energetico per l'adattamento al suo ambiente, si potrebbe pensare ad una specie umana in grado di autodeterminarsi senza gravare sull'ecosistema e sui singoli individui, ma le cose stanno andando ben diversamente.

Purtroppo il benessere delle nazioni industrializzate è compensato dall'affossamento della dignità e dei più elementari diritti di molti esseri umani dei paesi sottosviluppati e, non ultimo per importanza, dal deterioramento generale della superficie del globo terrestre. Tutto ciò in virtù della corsa all'accaparramento di «pacchetti» di energia tecnologica, che è denominata «legge di mercato», che mette le nazioni, i gruppi istituzionali e gli individui uno contro l'altro, estraniando l'intera umanità dalla sua naturale predisposizione genetica alla socialità.

Caso e progetto

Poiché, come abbiamo visto, la tecnologia non è servita a migliorare le generali condizioni di vita umane, è ragionevole pensare che non è per nostro diretto beneficio che essa si sia sviluppata, ma appunto per produrre una comunicazione idonea al conseguimento di un livello sistemico superiore. Una comunicazione artificiale che si fonda sull'emissione e la ricezione di onde elettromagnetiche non solo potrebbe permettere la formazione del livello sistemico federativo, ma anche il gradino successivo, cioè l'aggregazione coordinata e totale di tutte le federazioni umane della Terra: il *sistema planetario*. Questo e solo questo può essere il vero scopo dell'evoluzione tecnologica.

Se l'intelligenza dell'uomo non fosse stata sufficiente ad aggregare dei gruppi di raccoglitori-cacciatori, nel tentativo (materialmente impossibilitato al successo) di produrre delle federazioni stabili, il gruppo stesso non si sarebbe disgregato e non sarebbe mai stato necessario iniziare il progresso tecnologico. Diventa perfino difficile non individuare in tutto questo un processo scontato, anche tenendo conto che le civiltà sono sorte in più punti del globo terrestre, in maniera del tutto indipendente tra loro. L'uomo poteva scegliere, secondo il suo libero arbitrio, qualsiasi percorso diritto o tortuoso, era il caso a scegliere i modi, i tempi e i luoghi, ma egli potrà approdare, alla fine, solamente nell'ordine meno dispendioso d'energia. Può apparire inverosimile che per produrre un sistema che risparmia energia sia necessario fare uno spreco almeno pari all'energia che si potrà risparmiare, ma la natura è fatta in questo modo, l'ha dimostrato ogni volta che ha iniziato il processo per la formazione di un sistema di livello superiore.

La storia umana è solamente una temporanea perdita d'identità del gruppo sociale necessaria per dare inizio alla creazione di un livello sistemico superiore: la *federazione dei gruppi*. È proprio questo carattere di temporaneità che può ingannarci e pensare che la negatività della natura sia una sua scelta definitiva. Ogni volta che c'è un cambiamento finalizzato a delle migliorie, come per esempio la ristrutturazione di una casa, il cambio di gestione di un'azienda, il rifacimento di una strada pubblica... avviene una temporanea perdita d'identità della vecchia struttura, che determina instabilità ambientale, sociale, economica. Anche se possiamo riconoscere, se non una funzione, almeno una giustificazione per l'attuale sfacelo umano, resta da dire che l'autodistruzione della nostra specie è realmente possibile, perché gli «esperimenti» della natura non vanno obbligatoriamente sempre a buon fine.

Qualsiasi sistema naturale non è una struttura rigida, ma può modificare le sue caratteristiche con un certo grado di tolleranza. Ad esempio una semplice proteina, sottoposta a un aumento di temperatura, inizia a districarsi dal suo groviglio apparente (che in realtà è la forma meno dispendiosa di energia) e tende a distendersi. Se la temperatura ridiscende ai valori normali, la proteina è in grado di ritornare senza danni alla sua forma originale, ma se la temperatura sale oltre una certa soglia, la proteina si disgrega in modo irreversibile. Non c'è nessun meccanismo naturale che può proteggere la nostra specie e impedirgli quindi di superare quella soglia di tolleranza senza ritorno, ma, se le cose andranno secondo la logica che ha sostenuto la natura fino ad ora, dovremmo aspettarci la formazione di nuovi gruppi sociali, col chiaro proponimento di aggregarsi in federazioni stabili e dare inizio a un nuovo corso evolutivo.

I nuovi gruppi sociali

In un futuro non lontano il livello tecnologico potrebbe garantire la comunicazione necessaria per fare di una semplice aggregazione di gruppi sociali un vero sistema federativo, ma nello stesso tempo non esistono più (o non esistono ancora) i gruppi da aggregare. Sappiamo che gli ultimi gruppi di raccoglitori (ancora i soli sistemi sociali umani a tutti gli effetti) stanno ormai scomparendo e, in ogni modo, sono proprio loro i soli a non sapersi servire di tecnologia complessa. È evidente che non saranno loro a iniziare la costituzione del livello sistemico federativo, ma saranno nuovi gruppi sociali che avranno modificato la loro «identità» rispetto agli antichi gruppi umani. La natura ci dimostra che i grandi cambiamenti non sono mai venuti dal «vertice» ma dal basso. Infatti, per la costituzione di un sistema di livello superiore concorrono elementi che non necessariamente si evidenziano per le loro dimensioni o per il loro grado di dominanza, ma per la facilità con la quale collaborano con i propri simili e per il tipo d'informazione di cui sono in possesso.

Solo alcuni elementi atomici, che potremmo definire particolarmente «sociali», come l'idrogeno, il carbonio, l'azoto, l'ossigeno, possono dar corpo alla maggior parte delle molecole presenti in natura, comprese le molecole della vita. Tra l'enorme varietà di ceppi batterici, solo i mitocondri, che in sostanza sono batteri di piccole dimensioni, apparentemente insignificanti, hanno avuto le qualità per costituire la cellula nucleata. Solo un tipo di cellula nucleata, tra tutti gli organismi unicellulari, è stata abbastanza «sociale» da poter dar corpo a tutti gli animali. La ricostituzione dei gruppi sociali non avverrà perciò per iniziativa di qualche governo nazionale o di qualche ente pubblico. Non avverrà neanche per la semplice addizione d'individualità culturalmente diverse spinta dal desiderio d'ipotetici vantaggi economici, ma da persone libere dalle influenze culturali dell'economia di mercato e desiderose di poter esprimere pienamente quella che è la reale natura umana: la *socialità*. Queste entità sorgeranno perché gli individui che le costituiranno rifiuteranno la cultura dominante della competizione e fonderanno invece la loro ragione di vita sulla collaborazione.

È evidente che non potrà esserci un mutato rapporto con la natura se non muteranno i rapporti sociali tra le persone, per cui non avrebbe senso parlare di gruppi senza parlare di struttura sociale comunitaria. Vorrei precisare che per esperienza comunitaria non intendo né una struttura socio-economica ideologizzata e calata dall'alto da un potere centrale che controlla perfino la libertà individuale, né una «comunità», intesa come una struttura assistenziale o terapeutica, che serva solo da rifugio temporaneo alle emarginazioni prodotte dal sistema economico competitivo. Queste esperienze comunitarie dovrebbero necessariamente partire dal basso, essere in sintonia con l'ambiente naturale, puntare all'autosufficienza (almeno per il soddisfacimento dei bisogni primari), socializzare la proprietà (tenendo conto del necessario spazio individuale), essere solidali con altre esperienze simili. Sono convinto della fattibilità di questi ipotetici accadimenti perché è la natura stessa che è strutturata in questo modo, in tutti i suoi livelli di complessità. Nel suo divenire la natura ha conservato solo le strutture più stabili e meno dispendiose di energia, le più idonee per affrontare una determinata pressione ambientale: non è certo casuale se lo spirito comunitario è il fondamento evolutivo.

I confini naturali

Presi dai problemi oggettivi che ci crea la modernità, non riflettiamo mai abbastanza sul «Tutto» come tale, per cui era conseguenza inevitabile un progressivo impoverimento del rapporto uomo-natura. Essendo l'uomo nella natura, prodotto della natura, l'uomo non può riflettere su di sé senza riflettere sul suo rapporto con la natura, anche se per natura dobbiamo intendere non soltanto l'ambiente del nostro antico adattamento, ma, in modo specifico, l'insieme di leggi che regolano la dinamica dell'universo. L'uomo può manipolare l'esteriorità della natura, ma non potrà mai modificarne le leggi fisiche. Proprio alla luce di una suprema unità (la totalità universale), apparirà evidente che la nostra specie non è una «scheggia impazzita» (termine politico in voga negli anni Settanta) sfuggita al controllo della natura, ma è addirittura un suo strumento evolutivo.

Di solito, attribuire una finalità (o perlomeno un senso) all'evoluzione della materia, è vista per lo più con sospetto dalla scienza ufficiale, forse perché una consapevole autolimitazione annulla l'idea di dominio dell'uomo sulla natura e tende a focalizzare l'attenzione su un altro fattore che prepotentemente si porterebbe alla ribalta: il rapporto d'interessi tra scienza e potere politico ed economico. Una visione antropocentrica pone un limite fisico all'evoluzione della materia, e considera l'essere umano come l'ultimo stadio logico dell'evoluzione, il suo traguardo finale.

In realtà la nostra specie è una tappa transitoria dell'evoluzione della natura, la sua «fase» biologica, di cui ne è l'apice invalicabile, il suo «non plus ultra». Ciò non deve sorprendere, visto che ogni livello sistemico ha dei limiti fisici invalicabili. Il confine, infatti, è raggiunto quando una struttura perde energia nell'ambiente esterno più di quanta possa recuperarne, mettendo così a repentaglio la sua stabilità.

Gli elementi atomici, ad esempio, sono costituiti in ordine progressivo dal numero 1 (idrogeno) al numero 92 (uranio): oltre a queste dimensioni e complessità la struttura atomica non è andata per ragioni di stabilità. Gli elementi atomici transuranici che l'uomo ha prodotto artificialmente sono molto instabili e radioattivi. Questo spiega perché ogni livello sistemico ha delle dimensioni finite, oltre alle quali non potrebbe sopravvivere. C'è una regola che a questo proposito vale per tutti i livelli sistemici: più i componenti si allontanano tra loro, o se si vuole, più la periferia si allontana dal centro, più aumentano le difficoltà di comunicare in tempi reali tra i singoli elementi del sistema e la struttura è facilmente disgregabile dagli agenti ambientali.

Così, la necessaria comunicazione tra il nucleo e i vari componenti cellulari, compresa la membrana esterna, ha fatto sì che la cellula non potesse crescere a dismisura ma avesse le dimensioni più funzionali possibili: appunto quelle che ha, né più grandi, né più piccole.

Anche l'antico gruppo dei raccoglitori-cacciatori era un sistema sociale di dimensioni e complessità ben delimitate. Troppo piccole sarebbero state strutturalmente carenti, non in grado di garantirsi l'autosufficienza; troppo grandi sarebbero state dispersive, non in grado di garantirsi la stabilità. Se, nell'arco delle generazioni, il numero dei componenti di un gruppo saliva oltre una certa soglia (di solito non più di cento), si costituivano due gruppi indipendenti e autosufficienti, che mantenevano comunque stretti rapporti sociali (e di parentela). Se eventualmente il numero scendeva sotto una soglia minima, per qualche trauma imprevisto, era prevista la fusione in un altro gruppo con affinità culturali e genetiche. Il senso del limite è dunque un fondamento dell'evoluzione della natura, e anche i limiti della nostra specie hanno una loro logica.

Homo Sapiens Sapiens

Capire perché e come si è evoluta biologicamente la specie umana, e come e perché questa evoluzione si è arrestata, servirebbe a limitare la nostra presunzione di creazione speciale, separata da un contesto più ampio dell'evoluzione della natura. Vale quindi la pena di entrare più specificamente in questo argomento.

La natura è una speciale macchina in costruzione con la particolarità di costruirsi da sola i pezzi di ricambio e le innovazioni tecniche. Nel prototipo di una qualunque macchina le parti più collaudate e risultanti funzionali non sono più modificate o, al più, solo ritoccate, mentre le parti sperimentali sono continuamente modificate o addirittura stravolte nel loro principio funzionale, fino a quando si potrà trarre da loro il maggior vantaggio economico. Al pari di una macchina, la natura continua a modificare la sua parte sperimentale, mentre conserva immutate, o quasi, le sue parti collaudate, perché economicamente valide. C'è stato un momento evolutivo nel quale la specie umana era la parte sperimentale in continua trasformazione. Questo processo è continuato fin quasi all'inizio della sua storia, dopodiché la sua struttura biologica e intellettuale non ha più subito trasformazioni innovative economicamente valide, e la tecnologia l'ha sostituito nel ruolo di parte sperimentale dell'evoluzione.

I reperti fossili non fanno completa chiarezza sulla nostra origine filogenetica e non sappiamo con certezza quali specie di ominidi estinte rappresentino la radice del nostro albero genealogico e quali, invece, ne siano i rami secchi. Quel che è certo è che il genere Homo è ormai da parecchi millenni rappresentato da un'unica specie vivente: Homo Sapiens Sapiens, distribuita su tutta la Terra con tutte le varianti genetiche caratteristiche di ogni tipo umano o razza. La caratteristica più evidente dell'evoluzione degli ominidi, in definitiva la loro prerogativa, è stata la rapida espansione della capacità cranica, sinonimo di sviluppo intellettuale. Il cervello umano, da un certo punto evolutivo, ha subito una crescita vertiginosa che l'ha differenziato nettamente da quello di ogni altra specie animale, per poi subire un brusco rallentamento e infine un blocco totale che perdura tuttora.

Se l'evoluzione di quest'organo fosse continuata con lo stesso ritmo, a quest'ora dovremmo possedere un cervello all'incirca doppio di quello attuale, invece è evidente che è da parecchie migliaia di anni che la capacità cerebrale dell'uomo non si evolve più, indipendentemente dalle strade adattative intraprese. È importante indagare su questo aspetto, perciò soffermiamoci un momento sul cervello e sulle ragioni che ne hanno determinato il blocco evolutivo. Innanzi tutto il cervello si può definire un accumulo di cellule nervose (o neuroni) in un punto specifico del corpo e ciò che ne determina la complessità e le potenzialità intellettive in ogni specie animale è, prima di tutto, la quantità di cellule nervose che compongono quest'organo. In questo caso è la quantità che fa la qualità. Va da sé che la specie umana è di gran lunga la più intelligente, proprio perché dotata di una quantità di cellule nervose molto superiore a ogni altro animale di pari dimensione.

Le cellule nervose

La struttura di un neurone si può paragonare a quella di un albero, con tanto di tronco e di ramificazioni (anche più di diecimila per i neuroni della corteccia cerebrale dell'uomo) e ogni ramo di ogni cellula nervosa può essere in contatto diretto con altri rami di altre cellule, formando una «rete» nervosa. Le cellule nervose adibite alle funzioni intellettive non si duplicano nel corso della vita dell'individuo, per questo il numero di cellule nervose di un neonato umano è pressoché identico a quello di un adulto. Il volume notevolmente più piccolo del cervello di un neonato, rispetto a quello di un adulto, è giustificato dal fatto che i suoi neuroni sono immaturi, molto meno ramificati, paragonabili a tenere pianticelle che ancora devono crescere. I rami crescono e si direzionano (quindi con specifici contatti con altre cellule nervose) con criteri logici e ordinati, in base alle esperienze quotidiane e le informazioni acquisite: in una parola, con l'apprendimento.

Non tutte le cellule nervose alla nascita sono tenere pianticelle, ma molte sono già alberi completi e frondosi, perché servono a regolare certe funzioni motorie e biologiche fondamentali per la vita dell'individuo, addirittura prima della nascita, durante lo sviluppo del feto. Così, quando un neonato umano viene alla luce, pur senza apprendimento, è in grado di utilizzare alcuni comportamenti «istintivi» indispensabili per la sua sopravvivenza, come la ricerca del capezzolo della madre, la capacità di aggrapparsi con le mani, la capacità di attirare l'attenzione col pianto e altri ancora, proprio perché sono già presenti reti nervose complete e funzionanti allo scopo. C'è una scala di complessità biologica progressiva delle specie viventi, e gli animali che si trovano negli scalini più bassi hanno un cervello dotato di un numero relativamente esiguo di cellule nervose e, quel che è più, già completamente ramificate alla nascita e non modificabili dalle esperienze, per cui sono quasi impossibilitati ad apprendere.

Un qualunque comportamento impresso nel codice genetico di una specie, se risulta nel tempo economicamente valido, è utilizzato come risposta automatica per la soluzione di un determinato problema; dare però la stessa risposta a uno stimolo ambientale che varia nel tempo, equivale a un disadattamento crescente. Per ovviare a questo inconveniente sarebbe opportuno poter modificare un comportamento innato e adattarlo alla variazione ambientale, potendo modificare la crescita delle ramificazioni delle cellule nervose destinate all'apprendimento. Ovviamente la possibilità di variare i comportamenti genetici che non sono più adattanti, con comportamenti appresi, è stata una grossa conquista evolutiva. C'è però uno scotto da pagare. Qualora queste cellule fossero danneggiate non potranno più essere duplicate, poiché produrrebbero cellule immature che dovrebbero ricominciare il processo di apprendimento.

Questo andrebbe a discapito della funzionalità di tutta la rete di comunicazione con le altre cellule, perché i suoi collegamenti (diversi dai precedenti perché frutto di situazioni irripetibili) andrebbero a interferire e a cortocircuitare altre funzioni comportamentali. Per questa ragione la natura ha preferito impedire la duplicazione delle cellule nervose adibite all'apprendimento, e trasmettere le informazioni, da una generazione alla successiva, per via culturale.

Negli animali inferiori la rigenerazione delle cellule nervose è consentita, perché si tratta di cellule già completamente formate. Noto è, per esempio, il fenomeno di ricrescita nelle stelle di mare che possono ricostruire completamente un loro braccio mancante e, addirittura, un individuo intero (anche se non perfettamente formato) dal braccio che è stato troncato. Questo fenomeno si attenua con la complessità delle specie, così che una salamandra può ancora ricostruirsi una zampa perduta o una lucertola la sua coda, ma entrambe non sono in grado di ricostruire un organo vitale.

Sviluppo intellettivo

C'è una costante nella scala delle specie viventi: più un comportamento genetico ha la possibilità di «smussarsi» per dare spazio a delle varianti apprese, più cresce il numero di neuroni interessati a perfezionare questa risposta comportamentale. Ciò può essere sinteticamente spiegato nel modo seguente. Dal concepimento in poi, durante lo sviluppo del feto, la duplicazione cellulare avviene con una precisa sequenza dettata dall'informazione genetica della specie. La disposizione delle cellule e la loro differenziazione avviene come nell'assemblaggio di un «puzzle», dove ogni singolo tassello rappresenta un gruppo di cellule con uno spazio predeterminato da riempire. Una volta che questo spazio è riempito totalmente con la duplicazione cellulare, inizia la costituzione e l'assemblaggio di un tassello successivo (un esempio pratico si può notarlo con la cicatrizzazione delle ferite superficiali, dove le cellule interessate si duplicano a comando, fino a quando non avranno saturato lo spazio mancante, dopo di che smettono di duplicarsi).

Se durante il processo evolutivo di una specie, per un errore di trascrizione genetica, durante lo sviluppo del feto, anziché prodursi cellule nervose completamente mature (cioè alberi altamente ramificati e frondosi, ossia comportamenti genetici già funzionali) e comunicanti tra loro, si fossero prodotte cellule nervose immature (cioè come tenere pianticelle) con deboli collegamenti tra loro, la loro duplicazione sarebbe continuata fino a quando non si fosse riempito tutto lo spazio predestinato a quel tassello del «puzzle». Più le cellule nervose erano immature e più cresceva il loro numero, perché occupavano meno spazio. Il risultato immediato era però la compromissione della funzionalità di un comportamento innato, che causava di solito la morte dell'individuo portatore di questa anomalia, ma sarebbe potuta aumentare, in qualche caso, la potenzialità di variare e arricchire quel tipo di comportamento con l'apprendimento, fino a completa maturazione delle cellule nervose (cioè fino a quando tutte le pianticelle non fossero diventate grandi alberi). Questo poteva avvenire se già esisteva un certo grado di cura parentale (cioè la necessità di accudire i figli perché nati immaturi), come negli uccelli e nei mammiferi, soprattutto nei mammiferi sociali, così da tramutare un iniziale handicap in un vantaggio adattante.

Questa anomalia genetica è probabile che sia apparsa e si sia riprodotta già decine di milioni di anni fa, ma solo tra i mammiferi, con lunghe cure parentali, ha potuto avere concreti risultati. La quantità di comportamenti appresi e in definitiva la quantità di cellule nervose adibite all'apprendimento, è quindi legata direttamente alla quantità di comportamenti genetici «smussati», incompleti alla nascita.

Tutti i comportamenti genetici che sarebbe stato vantaggioso modificare, nella specie umana sono stati modificati con l'apprendimento, per questo la nostra specie è la più adattabile tra le specie animali e dispone del cervello più voluminoso. Quando però di un comportamento genetico di stabile rimane solo la base piatta su cui deve poggiare il comportamento appreso (praticamente solo la radice su cui devono crescere il tronco, i rami e le foglie), significa che si è raggiunto il massimo grado di modificazione e non sono più possibili variazioni culturali. La mancanza di specializzazione genetica nella specie umana si estende praticamente a tutte le sue funzioni comportamentali, per altro saturabili da un'infinità di comportamenti appresi.

Nella nostra specie la cultura ha progressivamente sovrastato la predisposizione genetica comportamentale, man mano che si sviluppava la corteccia cerebrale, al punto che ora, anche con una struttura biologica relativamente debole (anzi, proprio per questo s'è sviluppata la corteccia cerebrale) possiamo adattarci a variazioni ambientali che sono letali agli altri esseri. L'uomo ad esempio non dispone di una folta pelliccia per ripararsi dal freddo: ciò significa che questa caratteristica genetica ha perso la sua importanza, ma è stata sostituita da comportamenti culturali, quali l'abitudine di indossare abiti più o meno pesanti secondo le condizioni climatiche. Le nostre unghie non sono più strumenti di difesa e di offesa, come possono essere invece gli artigli di un'aquila o di un leopardo, ma la nostra mano può brandire, con l'apprendimento, strumenti più affilati di un artiglio. I nostri denti non sono più strumenti potenti per tagliare e triturare, ma abbiamo la possibilità culturale di cuocere i cibi per renderli più teneri. Si può dire che l'uomo non ha pungiglioni, aculei, ghiandole velenifere, corazze, corna, pelle irritante, mimetismo, artigli, zanne, velocità, ecc., perché può sopperire a ciascuna di queste funzioni con l'apprendimento.

Blocco intellettivo

Mentre procedeva la semplificazione del nostro corpo, cresceva il volume del nostro cervello (di conseguenza il corpo si adattava alle potenzialità intellettive) e si può affermare che l'uomo è l'essere più semplice e nello stesso tempo il più complesso della natura conosciuta: il massimo della semplicità in cambio del massimo dell'intelligenza. Il neonato umano alla nascita ha il cervello neurologicamente molto meno maturo rispetto a tutti gli altri animali: solo il 25% del suo volume definitivo, pur disponendo dello stesso numero di cellule nervose dell'adulto. Ciò significa che il 75% della massa cerebrale matura attraverso l'apprendimento. I nostri cugini scimpanzé, geneticamente i più vicini a noi, nascono con il 45% del volume del loro cervello di adulti. Facendo un rozzo calcolo, in base ai rispettivi volumi cerebrali, si può affermare che dalla nascita allo stato adulto il cervello umano cresce quattro volte di più di quello dello scimpanzé.

Ora però arriviamo a una conclusione: il cervello umano ha subito un blocco evolutivo perché non c'erano più comportamenti genetici da «smussare». Infatti, comportamenti genetici indispensabili, come ad esempio il sonno, l'attrazione per il sesso opposto, il battito del cuore, la respirazione, la paura, la fame, la sete, il dolore, ecc., sono comportamenti che anche nell'uomo l'apprendimento individuale può modificare in misura quasi nulla. D'altronde dare la possibilità all'apprendimento di modificare un comportamento più volte sperimentato, collaudato e conservato intatto perché economicamente valido, significa deteriorare una cosa che non è perfettibile, mettendo a repentaglio la stessa sopravvivenza.

Anche per quanto riguarda l'evoluzione della sua struttura sociale l'uomo ha raggiunto il massimo grado di perfezionamento possibile con l'ordinamento comunitario dell'antico raccoglitore-cacciatore. Il grado di socialità tra gli elementi che compongono il gruppo è direttamente proporzionato al numero di gesti, di suoni e di simboli che possono essere emessi e recepiti da ogni singolo individuo, quindi allo sviluppo degli organi riceventi e trasmittenti, nonché della corteccia cerebrale che deve decifrare ed elaborare i segnali. La specie umana può produrre una gestualità più sofisticata degli altri animali, con la sua mimica facciale e le sue mani tuttofare; d'altra parte i gesti possono essere recepiti da un ottimo apparato visivo. L'uomo è inoltre in grado di recepire e rimettere insieme un elevatissimo numero di suoni, articolando in questo modo ogni tipo di linguaggio. Ciò è possibile grazie a un buon apparato uditivo e alla particolarità delle sue corde vocali.

Naturalmente tutte queste particolarità biologiche di comunicazione non sarebbero espresse se non fossero sostenute dalla sua voluminosa corteccia cerebrale. Infatti è per merito di questa che gli esseri umani sono in grado di produrre ed elaborare un'infinità di simboli. Bloccandosi la crescita numerica delle cellule nervose adibite all'apprendimento, si è bloccata l'evoluzione degli organi sensoriali, poiché ogni altro rilevamento più sofisticato degli stimoli ambientali non poteva più essere elaborato, per questo la comunicazione sociale all'interno del gruppo non ha più subito trasformazioni innovative economicamente valide, bloccando, di conseguenza, anche l'evoluzione della struttura sociale.

Per tutte queste ragioni l'uomo è il «non plus ultra» dell'evoluzione biologica, il suo apice invalicabile, anche se è ancora molto diffusa la credenza errata che l'intelligenza dell'uomo si stia ancora sviluppando grazie al progresso tecnologico, o che questo sia sinonimo di sviluppo intellettivo.

Trasmissione di informazioni

Si può facilmente capire l'importanza della comunicazione osservando ciò che avviene in natura. Ad esempio, nella maggior parte dei pesci, degli anfibi e dei rettili, dove non esiste alcuna cura parentale, i singoli possono apprendere (nei limiti consentiti alla loro specie) solo per esperienze individuali (su una base di prove ed errori) che non possono essere trasmesse alle generazioni successive. Tra i mammiferi e gli uccelli, invece, la temporanea cura di entrambi i genitori, o almeno uno di essi, permette che i piccoli ricevano un buon «pacchetto» di informazioni culturali, trasmissibili da una generazione all'altra. Questo passaggio di informazioni non genetiche, dagli adulti ai giovani, è relativo al tempo che è dedicato alla cura parentale, perciò è comprensibile che tra gli animali sociali, dove l'apprendimento si protrae avanti nel tempo, l'informazione culturale assume un'importanza determinante per l'ecologia di una specie, che ha raggiunto il suo apice nel gruppo umano dei raccoglitori-cacciatori.

Nel suo percorso storico il gruppo sociale umano si è frazionato in famiglie sempre meno consistenti, venendo meno la sua identità socio-culturale, per cui cresceva la difficoltà di un adattamento collettivo all'ambiente del territorio. La struttura sociale ed economica della nostra civiltà impone, in modo sempre più accentuato, un'assimilazione di informazioni culturali attraverso prove ed errori individuali, più simile ai rettili che non ai mammiferi sociali quali noi esseri umani siamo. L'odierna carenza di cura parentale, che poteva invece offrire il gruppo (e che la federazione di gruppi potenzierà enormemente), è mitigata in parte dagli strumenti tecnologici di comunicazione, ma è chiaro che l'informazione non può essere uniformemente distribuita, anche perché essa tende soprattutto all'adattamento a un ambiente deformato, artificioso, piuttosto che al soddisfacimento dei nostri bisogni naturali.

Tra i raccoglitori tutte le informazioni necessarie all'autosufficienza del gruppo erano patrimonio di ogni individuo. Ognuno, secondo l'età e il sesso, era addestrato a riconoscere e a cacciare gli animali che servivano da cibo, alla raccolta di vegetazione spontanea commestibile, a conciare una pelle, a confezionarsi una calzatura o un abito, a costruirsi le proprie armi o i propri strumenti di lavoro o la propria abitazione, oltre che, naturalmente, a collaborare con gli altri. Il nostro cervello di uomini moderni non sta incamerando più informazioni di quello dei nostri antichi progenitori, perché la capacità cerebrale è una caratteristica di specie che è rimasta immutata da alcune decine di migliaia di anni. La differenza consiste nel fatto che tutte le informazioni apprese nel gruppo dei raccoglitori erano utili per l'adattamento all'ambiente naturale del territorio, mentre ora molte delle informazioni che stiamo assimilando sono assolutamente inutili per adattarci al nostro ambiente artificiale. Stiamo immagazzinando sempre più spazzatura culturale nel nostro cervello.

Le nostre potenzialità individuali di trasmissione di informazioni utili, ai fini di una conversione culturale, sono quindi piuttosto limitate, nonostante possiamo avvalerci di forme di comunicazione quasi in tempi reali. Non sarà cosa semplice rendersi conto del nostro stato di «prigionieri culturali»; inoltre la nostra liberazione non avverrà semplicemente con questa consapevolezza, ma solamente con la realizzazione effettiva di federazioni di gruppi sociali.

Il cacciatore e l'allodola

La comparsa e l'affermazione dell'Homo Sapiens Sapiens è forse il risultato di un processo casuale, che poteva invece culminare in strutture biologiche diverse in forme e grado intellettivo? Il caso e la selezione sono effettivamente operanti, ma solo per affermare una logica che è già presente nelle leggi della natura. L'evoluzione è solo una lunga ricerca per trovare le soluzioni meno dispendiose di energia, più efficienti e idonee come base per nuovi balzi evolutivi. Potenzialmente queste soluzioni sono già esistenti, anche se non espresse (i livelli sistemici di complessità crescente): al caso e alla selezione sono solamente affidati i tempi e le modalità per renderle operative. Per questo si può parlare di «programma» della natura, non solo in senso di metafora. Pensare che l'uomo sia uno strumento inconsapevole di questo programma, con un suo ruolo preciso da svolgere, è quindi molto di più di una semplice illazione.

Lo scambio di informazioni è alla base dell'evoluzione: lo prova il fatto che la natura prima ha «inventato» il sesso, per velocizzare lo scambio di informazioni genetiche; poi ha «inventato» la memoria umana, per accelerare ancora di più la diffusione delle informazioni non genetiche; infine ha «inventato» la tecnologia e la conseguente intelligenza artificiale, che in quanto a velocità... L'evoluzione della materia è in realtà l'evoluzione dell'informazione. Un atomo, una proteina, un batterio, un vertebrato, l'uomo stesso o un suo qualunque prodotto tecnologico, sono strutture materiali che contengono informazione. È l'informazione che è riprodotta e sopravvive nel tempo e nel tempo si perfeziona, mentre la struttura materiale o biologica o tecnologica serve solo da supporto o da involucro protettivo, una sorta di scatola usa e getta, che con la sua usura nel tempo esaurisce la sua funzione di riparo all'informazione ed è perciò necessario sostituirla con un altro involucro integro.

Lo scopo della riproduzione e della morte degli esseri viventi andrebbe vista in questa prospettiva. Forse definire noi esseri umani, «creati a immagine e somiglianza di Dio», come dei semplici involucri portatori d'informazione è certamente riduttivo, se non scandalizzante, ma anche cercando una terminologia un po' più romantica e rispettosa non si può realisticamente mutare la sostanza delle cose. L'umanità è uno strumento della natura e non il suo manipolatore impunito.

La prospettiva che il progresso tecnologico possa mettere in futuro l'uomo in posizione di dominanza assoluta sui fenomeni naturali è solo uno specchio per le allodole, dove l'uomo non è, una volta tanto, il cacciatore, ma l'allodola. La natura ha trovato il modo di produrre entità con elevati livelli di energia e altamente intelligenti, al di fuori dei viventi e dell'uomo, anzi, utilizzando proprio l'uomo come strumento di questo processo. Dubito fermamente che l'intelligenza biologica dell'uomo possa controllare all'infinito la rapida evoluzione dell'intelligenza artificiale. La tecnologia, che è l'«involucro» di questa intelligenza, è come un uovo di cuculo depositato dalla natura nel nido della specie umana. Dopo essersi schiuso il piccolo cuculo farà di tutto per spingere fuori del nido i figli legittimi, accaparrandosi totalmente le attenzioni dei genitori adottivi (loro malgrado) e crescere a spese di una specie che non è la sua, senza che quest'ultima possa trarne alcun vantaggio.

I benefici che si possono trarre dal progresso tecnologico sono compensati dai danni che questo produce, ma l'uomo non potrà decidere a suo piacimento quando sottrarsi al «giogo» tecnologico. La tecnologia continuerà a crescere a spese della specie umana fino a quando l'intelligenza artificiale non avrà estromesso l'uomo dalla sua nicchia ecologica. La nostra intelligenza non è affatto il traguardo dell'evoluzione dell'informazione (che non cesserebbe anche se lo volessimo) e, in questa fase di crisi d'identità dell'intera umanità, non ci sono ragioni per non pensare che la natura potrebbe continuare a organizzarsi in sistemi superiori con o senza l'uomo, con o senza gli esseri viventi. È più confortante pensare invece che l'uomo non potrà autodistruggersi per la sola ragione che egli non è padrone del suo destino, ma è strumento indispensabile e insostituibile della natura per lo svolgimento di un programma prestabilito.

La chiave di volta

Nel suo processo evolutivo la natura si è sempre servita di strutture semplici per creare strutture più complesse, utilizzandole come se fossero «impalcature» provvisorie per la costruzione definitiva. Queste strutture di sostegno potrebbero essere espulse a processo terminato, come l'impalcatura che ha reso possibile la costruzione di una volta. In effetti, la natura si è servita di innumerevoli «impalcature» provvisorie per produrre entità materiali complesse, come ad esempio gli organismi unicellulari nucleati sono stati l'impalcatura per la formazione degli organismi pluricellulari, ma non sono per niente determinanti per l'esistenza di questi ultimi, oppure i rettili sono stati l'impalcatura per i mammiferi, che a loro volta sono stati l'impalcatura per i primati superiori e questi per l'uomo. A conti fatti l'attuale presenza dei rettili o delle scimmie antropomorfe non è di per sé determinante per la sopravvivenza della specie umana: potrebbero quindi essere considerate impalcature inutili e inutilizzabili dal programma naturale. In realtà le impalcature ormai inutili sopravvivono perché non interferiscono nei programmi stessi della natura.

L'estinzione dei dinosauri, o dell'altro 99% e più delle specie che sono apparse sulla terra, è un fattore del tutto casuale e non legato allo svolgimento di questo programma. Va considerato, però, che solo una specie di organismi unicellulari nucleati ha prodotto organismi pluricellulari, solo una specie di rettili si è trasformata in mammifero, solo una specie di mammiferi si è trasformata in primate e solo una specie di questi ha prodotto l'uomo. In questo caso si tratta non solo di una semplice impalcatura, ma addirittura della «chiave di volta», la pietra incastrata che può sostenere la volta senza l'ausilio dell'impalcatura.

I mitocondri, ad esempio, non sono solamente antichi batteri che sono stati l'impalcatura per la formazione del sistema cellulare nucleato, ma sono la sua chiave di volta, perché la cellula non potrebbe sopravvivere senza di essi. Così come sarebbe assurdo pensare alla sopravvivenza di un animale o di una pianta senza l'esistenza delle cellule. C'è un filo rosso che lega i livelli sistemici nei quali la natura è strutturata, una generazione diretta come da padre a figlio a nipote e così via: ogni livello sistemico è la chiave di volta per il livello successivo. Solo la specie umana, tra tutte le specie di animali sociali, potrà costituire delle federazioni stabili e perenni di gruppi sociali (livello sistemico federativo) e aggregare tutte queste federazioni in un unico organismo planetario. L'umanità sarà quindi la chiave di volta di questo supersistema, ma proprio come la chiave di volta tiene incastrate le altre pietre della volta, così queste tengono incastrata la chiave.

Le necessità indurranno alla nascita delle prime federazioni di nuovi gruppi sociali, iniziando la ristrutturazione dell'ambiente terrestre e della struttura sociale umana. «Gaia», il pianeta che vive, avrà bisogno degli esseri viventi per la sua stabilità, soprattutto della specie umana, che solo per questo non correrà il rischio di estinguersi. Molto prima che questo processo sia portato a compimento, però, l'intelligenza artificiale sarà già autosufficiente e sarà in grado di autoriprodursi senza alcun aiuto umano. Paradossalmente, giunti a quel punto, sarà la stessa tecnologia, che nel frattempo avrà avuto il ruolo di impalcatura di sostegno al processo di ristrutturazione, a diventare inutile. La tecnologia che verrà riprodotta (non più dall'uomo) servirà solamente da involucro alla crescita dell'intelligenza artificiale, ma questo sarà un processo al quale la specie umana sarà completamente estranea, perché essa vivrà felice e inconsapevole nel suo «giardino dell'Eden».

Modello naturale

La natura, dall'alto della sua esperienza evolutiva, ci fornisce il modello, in assoluto più funzionale e meno dispendioso d'energia, per la realizzazione di un sistema federativo a «misura d'uomo». L'esempio possiamo trarlo dallo stesso corpo umano, che è formato da cellule autosufficienti che, collaborando tra loro, danno vita ad un organismo complesso ed efficiente. Infatti, una semplice cellula può darci, a tal proposito, una quantità d'informazioni utili superiore alla somma di tutte le filosofie prodotte nel corso della storia umana. Potrebbe sembrare fanatismo integralista il voler applicare, ad una società umana, i comportamenti che regolano una cellula biologica, ma questo, come potremo vedere, ha una logica inaspettatamente funzionale e... umana!

D'altra parte, questo metodo comparativo ha solo una funzione indicativa per mettere in rilievo i vantaggi e i punti deboli di una qualsivoglia esperienza comunitaria. È solo per comodità che possiamo prendere a modello il corpo umano (in quanto è il sistema che meglio conosciamo) per descrivere nei dettagli la struttura e la funzionalità di queste federazioni autonome e paragonarlo a «Gaia», nella sua futura stabilità ecologica, quando cioè l'uomo assolverà (senza possibilità di evasione) alle funzioni ecologiche che le saranno state assegnate.

Le potenzialità di collaborazione sociale umana vanno ben al di là della sola famiglia, come invece ci relega questo sistema competitivo (in ogni caso anche la famiglia di coppia oggi sta già conoscendo una profonda crisi), ma vanno al di là anche del singolo gruppo (che è il limite di collaborazione delle scimmie antropomorfe). La piena espressione delle potenzialità sociali umane è la federazione dei gruppi, o meglio, il sistema federativo, ossia il tentativo non riuscito degli antichi raccoglitori per mancanza di una comunicazione intergruppo in tempi reali.

Le dimensioni di queste antiche aggregazioni di gruppi avevano anch'esse un limite, determinato ovviamente dalla difficoltà di gestire i normali rapporti sociali. Dentro queste organizzazioni (che potevano diventare vere isole culturali) avvenivano, ad esempio, i matrimoni tra gli individui di gruppi diversi, poiché lo scambio genetico tra circa 2000 persone (o anche meno), era già sufficiente a scongiurare il proliferarsi di malattie genetiche. Queste «isole» non erano però sistemi completamente chiusi ed esisteva un minimo di promiscuità genetica con altre «isole», frenato soprattutto dalla distanza geografica, piuttosto che dalle differenze culturali. Una qualsiasi esperienza comunitaria che intenda adeguarsi alla vera natura sociale umana, dovrà necessariamente tenere nella stessa considerazione l'individuo, la famiglia, il gruppo e la federazione dei gruppi.

Le dimensioni

Se tali aggregazioni iniziassero a sorgere nella nostra epoca, indipendentemente dalla nazione in cui s'insediassero, il numero ideale di persone per garantirne il massimo funzionamento potrebbe aggirarsi tra i

1200 e i 1800, suddiviso in gruppi sociali numericamente simili ai gruppi antichi di raccoglitori (da quaranta a ottanta persone, di solito mai più di cento). La popolazione dovrebbe comprendere tutte le fasce d'età, per permettere il necessario ricambio generazionale e dare continuità al sistema sociale. Una federazione sperimentale che si costituisse aggregando solo persone in età lavorativa (quindi con pochi anziani e pochi bambini) avrebbe certamente dei vantaggi iniziali, per la maggiore energia potenziale disponibile, ma con l'invecchiare della popolazione ci sarebbero scompensi generazionali e il complesso sarebbe destinato a sfaldarsi.

Considerando il numero adeguato di persone per garantire l'autosufficienza economica e, quindi, la quantità di terreno destinato all'alimentazione (nei paesi occidentali è di circa mezzo ettaro per abitante), considerando pure lo spazio destinato alla riforestazione, agli insediamenti sociali, abitativi e produttivi, si può dedurre che le dimensioni territoriali ideali di una tipica federazione di gruppi potrebbe aggirarsi da 10 a 20 Km quadrati, secondo la morfologia del territorio. Ogni territorio comunitario dovrà essere compatibile con ogni tipo d'ambiente naturale: esso stesso si potrà considerare come un'oasi per la protezione della natura. Pur utilizzando tecnologia complessa, tutte le attività domestiche e produttive dei suoi abitanti non recheranno alcun danno all'ambiente, perché saranno svincolate dalla legge del mercato e non legate alla ricerca del profitto. Saranno privilegiati gli interessi umani anziché gli interessi economici, perciò potranno essere realizzate opere che certamente non reggerebbero la competizione economica della società consumistica, ma che, comunque, garantirebbero il benessere materiale e morale della popolazione, apportando migliorie all'ambiente, sia dal punto di vista estetico che produttivo. La federazione farà uso solo di energia rinnovabile che sarà in grado di produrre da sola, non farà uso di materiali e sostanze chimiche che non sarà in grado di riciclare totalmente o di neutralizzare e dal suo territorio dovranno uscire solo aria e acque pulite.

Uno degli impegni che si dovranno imporre i suoi abitanti sarà quello del risanamento ambientale del territorio, perché non sarà sufficiente non inquinare, ma sarà necessario riparare i danni prodotti da secoli o millenni di economia competitiva. La federazione potrà trarre il suo fabbisogno alimentare dal territorio in cui è insediata, dovrà salvaguardare la salute fisica, morale, psichica degli individui. A menzionarli così, tutti in una volta, questi obiettivi sembrano ideali irraggiungibili, ma proviamo a considerare, senza pregiudizi culturali (almeno sforziamoci di farlo), ciò che può suggerirci una semplice cellula.

Il nucleo centrale

La cellula biologica ha un nucleo centrale preposto alla protezione di tutta l'informazione genetica necessaria alla sua duplicazione e al suo metabolismo. Immaginiamo perciò un «nucleo» centrale nel territorio della federazione: una grande costruzione altamente tecnologica, fatta con criteri antisismici, antincendio e insonorizzata, che possa servire sia come abitazione (che possa garantire la necessaria «privacy» individuale) sia come sede di tutte le attività sociali, culturali e amministrative necessarie al soddisfacimento dei bisogni dei suoi 1200-1800 abitanti. Quasi certamente nei desideri insoddisfatti della gente (i classici «sogni nel cassetto»), non rientra il voler convivere con altre 1500 o più persone in un «grande condominio». Anzi è un'idea che istintivamente ripugnerebbe ai più. Molto meglio sarebbe poter vivere in una bella casetta in mezzo a tanto spazio verde, con la propria famiglia, lontano da fastidiosi o magari rumorosi vicini, che cercheremmo solo quando ci farebbe comodo. La verità è che questo modo di ragionare è il frutto della cultura competitiva della nostra società consumistica, che ci fa vedere gli altri come rivali, anziché dei potenziali collaboratori.

Verrebbe da chiedersi se era veramente indispensabile che la cellula biologica concentrasse in un nucleo le sue funzioni direttive, ma è la soluzione adottata da tutti i sistemi naturali, perché la meno dispendiosa d'energia e, lo potremo scoprire più avanti, potrebbe portare enormi vantaggi anche alla popolazione e all'ambiente del territorio. Ad esempio, concentrando la popolazione in un'unica struttura a tecnologia avanzata, oltre che portare agio e sicurezza agli abitanti, c'è il vantaggio di avere una grande quantità di terreno a disposizione, altrimenti usato per insediamenti a scopi abitativi, sociali e industriali.

Nel loro graduale (e a volte esplosivo) sviluppo le città industriali hanno accresciuto in altezza i loro siti abitativi ed amministrativi, col risultato che i grattacieli sono le costruzioni più alte edificate nel corso della storia dell'uomo. Nelle grandi metropoli, vista la scarsità di terreno edificabile, una costruzione a più piani potrebbe significare un risparmio economico; il fatto è che, superata una certa altezza, o se si vuole un certo numero di piani, la costruzione del grattacielo deve procedere con sofisticate tecnologie che richiedono alti costi di lavoro e di materiali, per questo diventa sempre più antieconomica. Anche dal punto di vista della qualità della vita, abitare e lavorare in un grattacielo alto fino a 400 metri crea non pochi problemi di adattamento. Lo sbalzo di altitudine, consentito da velocissimi ascensori, crea differenze improvvise di temperatura e pressione atmosferica che non sempre l'organismo umano ben sopporta.

La struttura centralizzata della federazione deve soddisfare le esigenze di una piccola popolazione di 1200-1800 persone e la costruzione rientra perfettamente nei parametri dei vantaggi economici ed è ben contenuta negli stessi. A conti fatti, per soddisfare tutte le esigenze vitali degli abitanti, sarebbe sufficiente una costruzione di massimo 20 piani, che sfrutterebbe tutti i vantaggi economici del concentramento edilizio senza arrivare ad invertire il rapporto costi-benefici. Un fattore determinante per la drastica riduzione dei costi è il fatto che la manodopera sarà gratuita, perché la maggior parte dei lavori di costruzione sarà effettuata dai futuri abitanti e dai membri volontari dell'organizzazione che li sostiene (della quale ci occuperemo più avanti).

Gruppo e individui

Qualsiasi essere vivente, anche il più gregario, ha bisogno di uno spazio fisico individuale, una «zona d'aria» personale, che difende, spesso con accanimento, dagli altri individui, sia della stessa specie che di specie diversa. Le necessità, molte volte, spingono gli individui a cercarsi e a collaborare per migliorare la qualità della propria esistenza, le stesse circostanze e gli stessi motivi inducono, altre volte, ad allontanarsi dagli altri. I rapporti con i consimili sono dovuti sia alle caratteristiche fisiche di un animale, sia alle caratteristiche ambientali del suo territorio di adattamento. Un leopardo preferisce vivere da solo, perché basa la sua tecnica di caccia sull'agguato isolato a prede compatibili con le sue dimensioni. Diventerà più sociale solo nel periodo riproduttivo.

Animali della stessa specie possono variare completamente le loro abitudini se vivono in ambienti diversi, così, ad esempio, i lupi artici devono collaborare tra loro affinché sia possibile abbattere grandi prede come i caribù o i buoi muschiati, mentre i lupi della Spagna, dove non ci sono più grandi prede libere, devono nutrirsi di conigli selvatici o roditori, per cui è più proficua un'azione di caccia individuale. I pinguini imperatore, per fronteggiare i rigori dell'inverno antartico, si ammassano l'uno contro l'altro per condividere il calore dei propri corpi, annullando di fatto ogni minimo spazio individuale. Quando il clima diventa meno rigido ogni individuo si appropria di una sua area territoriale che difende dagli altri, ma l'aggregazione rimane per meglio proteggersi dai predatori.

La conclusione che potremmo trarne è che i rapporti di collaborazione sono presenti solo se sono utili, altrimenti è preferibile fare da soli. Ovviamente questo concetto è valido per gli animali e lo è anche per gli esseri umani. A riprova di ciò possiamo considerare gli effetti disgreganti che il progresso tecnologico ha avuto sull'originario gruppo sociale dei raccoglitori. Detto in termini brutali, il gruppo è scomparso perché, con lo sviluppo della tecnologia, gli altri ci servivano sempre meno ai fini della nostra sopravvivenza. Fortunatamente ci sono esigenze umane che la tecnologia non potrà mai soddisfare e quindi gli esseri umani continueranno a cercarsi e a collaborare. Infatti, la quasi totalità dei comportamenti umani deve essere appresa, per cui le relazioni parentali saranno sempre elemento indispensabile per la formazione dell'individuo, per la sua sicurezza e la sua stabilità emotiva.

Il sistema sociale dei raccoglitori-cacciatori è una struttura dinamica e ogni individuo ha, nei confronti del gruppo, un rapporto che è simile a quello degli elettroni attorno al nucleo atomico, oppure a quello dei pianeti attorno al sole. Attrazione verso il gruppo e fuga da esso devono bilanciarsi a una certa distanza per ogni singola persona, secondo la sua energia disponibile. Un bambino o un anziano graviteranno molto più vicini al gruppo che non un bravo cacciatore o una brava raccoglitrice, ma nessun individuo (e nemmeno una singola famiglia) sarà mai completamente autosufficiente e potrà fare a meno del gruppo. Il necessario «spazio d'azione» personale varia da un individuo all'altro, dalla soglia minima (come un neonato o una persona malata) a una massima (come un cacciatore che si assenta per lunghe battute di caccia): oltre questa soglia l'individuo si staccherebbe dal gruppo, come la velocità di fuga di un razzo può vincere la forza di gravità terrestre. Tuttavia, come potremo costatare, non è la tecnologia in se stessa la causa diretta della disgregazione del gruppo sociale, ma il suo utilizzo come strumento di sostegno alla competizione economica. Solo potendo fare a meno della competizione la tecnologia sarà strumento di coesione, anziché di divisione.

Servizi personali

La stabilità di un sistema naturale è dovuta al fatto che è composto da elementi specializzati che si completano l'un l'altro. Ad esempio l'anziano del gruppo di raccoglitori non ha più l'energia del giovane cacciatore, ma è detentore di quella cultura che i giovani attingono a piene mani per poter utilizzare al meglio la loro energia. Nella civiltà occidentale la cultura dell'anziano è obsoleta, sempre più inutile per l'adattamento a un ambiente artificiale che cambia a ritmi esponenziali. I nostri giovani non dipendono più dal sapere dell'anziano per il loro adattamento, ma soprattutto è il messaggio massificato dei media a determinare i loro indirizzi comportamentali. Senza il gruppo sociale la persona anziana è diventata un inutile fardello del quale si farebbe volentieri a meno, delegando sempre più il problema alle pubbliche istituzioni. Tra i raccoglitori non esiste per gli anziani una pensione di Stato o l'assistenza sanitaria gratuita, ma certamente è maggiore la loro considerazione all'interno del gruppo, rendendo superflue queste istituzioni.

La rivoluzione industriale (frutto della competizione economica) ha dilatato enormemente la necessità di spazio privato in tutti i settori della vita quotidiana, aumentando di fatto la distanza tra gli individui. Un cittadino occidentale ha uno spazio d'azione personale infinitamente più elevato di un raccoglitore, ben oltre quella soglia massima che può tenere gli individui legati in un gruppo, ma è proprio per questo che la solitudine è un fenomeno sconosciuto tra i raccoglitori e sta invece diventando una caratteristica di quasi normalità nella nostra società, soprattutto per gli anziani. Anche lo spazio materiale destinato all'abitazione è cresciuto relativamente al «benessere», anche se non è stato per niente un processo omogeneo. Mentre nella società opulenta si tende ad assegnare mediamente una camera per abitante, la maggioranza dell'umanità è composta di famiglie numerose che vivono in poche camere, spesso prive di servizi.

Nella grande costruzione polifunzionale della federazione ogni individuo, ogni famiglia, ogni gruppo sociale, avranno uno spazio d'azione adeguato alle loro necessità, contenuto entro quelle soglie che consentono la stabilità di un sistema sociale, compreso lo spazio materiale abitativo. Ogni persona avrà la sua camera, soprattutto ogni individuo avrà i suoi servizi igienici personali: quest'ultimo dato è determinante ai fini di un'efficace medicina preventiva. Si stima che almeno il trenta per cento delle malattie infettive vengano trasmesse negli stessi ospedali e nelle case di cura, pubbliche o private, proprio per il collocamento dei malati in camere comuni e per l'utilizzo di servizi igienici collettivi. Del resto la nostra cultura (o semplicemente i costi economici) ritiene sufficiente un solo servizio igienico per una famiglia media di quattro, cinque o sei persone. La camera e i servizi igienici personali nella federazione non faranno lievitare i costi dell'insediamento abitativo, perché verranno eliminati tutti gli spazi non necessari, ma che sono invece indispensabili per una famiglia indipendente della nostra società.

Per la funzionalità del gruppo sociale (che sarà dislocato su un intero piano della grande costruzione) e per i proficui rapporti di collaborazione interpersonali e interfamiliari all'interno di esso, non saranno necessari saloni, salette, ingressi, disimpegni e neppure cucine familiari, lavatoi, cantine, mansarde, terrazze, balconi, solai, garage, ripostigli o ancora laboratori, studi, camere degli ospiti e quant'altro. Solo una parte del nostro attuale spazio abitativo viene utilizzato appieno, perciò sarebbero più economici e più funzionali servizi di gruppo, come cucina collettiva, lavanderia, magazzini, attrezzistica leggera, biblioteca multimediale…

Grand Hotel

Ogni piano della grande casa comune, che sarà dato in gestione a un singolo gruppo, dovrà essere strutturato per essere utilizzato pienamente dagli individui e dalle famiglie: se ciò non fosse, comporterebbe un inutile dispendio di energia. Ad esempio il locale adibito a mensa collettiva, potrà essere utilizzato, con opportune veloci modifiche, anche come sala per le assemblee di gruppo, per proiezioni cinematografiche o anche come aula scolastica o luogo di intrattenimento serale. Un giudizio frettoloso potrebbe sentenziare che questo è un tipo di vita più simile a una caserma, piuttosto che a una società libera. In realtà il gruppo non è un'ammucchiata di individui, ma è un'ordinata aggregazione di famiglie che collaborano tra loro. I locali e i servizi a uso collettivo dovrebbero servire a rafforzare lo spirito comunitario, non a prevaricare le necessità individuali. Teoricamente ogni individuo sarebbe libero di isolarsi dal resto del gruppo, non socializzare con gli altri membri, consumare i suoi pasti nella propria camera, ma questo denoterebbe uno stato di disagio e non un indice di libertà.

Sta di fatto che oggi possiamo anche vivere come individui indipendenti, con la cultura del sistema competitivo che ci spinge a remare controcorrente e con la tecnologia che ci permette di fare a meno della collaborazione del nostro prossimo, ma dentro, nel profondo del nostro essere, siamo geneticamente «sociali». Se ci fossero comunque delle cause oggettive che tendono all'isolamento di un individuo, sarebbe l'intero gruppo a farsi carico della soluzione di questo problema, nella prospettiva di reintegrare il soggetto momentaneamente «perso». Non dimentichiamo poi che i componenti di un gruppo sono tra loro parenti o amici e i rapporti umani all'interno della struttura comunitaria sono, nel complesso, più vicini a quella che è la nostra natura, tant'è vero che per curare molti mali prodotti dalla nostra disastrata società sono sorte comunità «terapeutiche».

Preferisco pensare che la vita di gruppo, in un piano della grande struttura centralizzata, sia simile a quella di un Grand Hotel a cinque stelle, dotato di tutte le comodità e i servizi necessari per rendere confortevole il permanere dei villeggianti. Quel che è di più è che tutti questi servizi sono completamente gratuiti! Se per undici mesi all'anno la maggioranza di noi aspetta con ansia di lasciarsi alle spalle il normale ritmo di vita, sognando di farsi servire per un mese in una pensione o in un hotel, anche se questo comporta un costo non indifferente per il bilancio familiare, significherà pur qualcosa.

L'idea della camera e dei servizi igienici personali e null'altro, potrebbe far sorgere a qualcuno il paragone con le cellette di un alveare o con le celle di un monastero, così che anche marito e moglie siano rigorosamente separati tra loro. Questa potrebbe essere un'opzione se la cosa fosse desiderata, ma la struttura architettonica permetterebbe, attraverso paratie mobili e insonorizzate, di trasformare due camere singole in una camera matrimoniale, oppure di dare una sistemazione alle camere dei figli, più consona alle esigenze familiari. In ogni modo, anche personalizzando l'ambiente abitativo, non muterebbe la quantità di spazio individuale. Lo scopo dei servizi collettivi non è soltanto quello di guadagnare spazio abitativo, ma anche di ridurre notevolmente il numero di ore lavorative destinate alla manutenzione dell'abitazione.

Ci fanno credere che un normale turno di lavoro sia composto di circa otto ore giornaliere, ma non è affatto così. Alle ore impiegate nell'ufficio, nel laboratorio, in fabbrica, nel negozio…. si dovrebbero sommare le ore di lavoro effettivo per la preparazione dei pasti, per la manutenzione della propria abitazione e dei mezzi di trasporto, per lavare i panni, per fare la spesa, per recarsi al lavoro, dal medico o in un pubblico ufficio, ecc. Tutte queste mansioni nella federazione saranno effettuate da personale specializzato (o addirittura non saranno necessarie), dilatando perciò il tempo libero a disposizione di ognuno.

Rapporti interpersonali

Probabilmente si potrebbe obiettare che la «grande casa comune» è una matrice un po' troppo rigida e chiusa per l'ecologia sociale umana, che è basata essenzialmente sul nomadismo (che abbiamo geneticamente ereditato dai nostri avi cacciatori-raccoglitori) e potrebbero crearsi conflitti interni tra famiglie e tra gruppi sociali. In pratica potrebbe essere una convivenza difficile e dispersiva. Il nomadismo fa parte delle potenzialità naturali della nostra specie: lo prova il fatto che gli esseri umani sono fisicamente strutturati da camminatori, con gli arti inferiori sensibilmente più sviluppati degli arti superiori (al contrario degli altri primati superiori, che sono sostanzialmente degli arrampicatori).

Il gruppo di raccoglitori è però nomade per costrizione e non per un effettivo bisogno biologico. Infatti, solo quando cominciano a scarseggiare le risorse spontanee nelle vicinanze dell'accampamento (e procurarsi il necessario diventa antieconomico perché aumentano le distanze per la raccolta) il gruppo si sposta in un'altra zona del territorio. «Levare il campo» sarebbe un inutile dispendio di energia se, ipoteticamente, le risorse ambientali rimanessero abbondanti, nonostante il continuo prelievo. Di solito la natura non è così generosa e i gruppi, chi più, chi meno, sono stati costretti al nomadismo.

Tra i raccoglitori esiste però un altro tipo di nomadismo, che non è di gruppo ma individuale. Oltre ai matrimoni misti tra i gruppi, ci sono le visite ai parenti e agli amici di altri gruppi, oppure visite ufficiali di cortesia e di «diplomazia», insomma relazioni sociali al di fuori del gruppo e del suo territorio. La grande casa comune potrebbe facilitare questo tipo di rapporti, viste le minime distanze. Gli inevitabili conflitti interni tra gruppi familiari (relativamente rari tra i cacciatori-raccoglitori, perché esistevano regole culturali accettate e condivise) potevano di certo essere risolti con un pacifico distanziamento. Ciò significava che una famiglia (o anche solamente un individuo), avrebbe potuto essere assorbita da un altro gruppo, magari più vicino per grado di parentela o di amicizia. Perché mai la stessa cosa non potrebbe avvenire dentro la casa comune?

All'interno della federazione i gruppi sarebbero entità indipendenti e parzialmente autosufficienti, che non interferirebbero negli affari interni di un altro gruppo, e che consisterebbero, in definitiva, di tutte quelle operazioni che concernono la soddisfazione di bisogni immediati: mangiare, dormire, pulizie, ecc. Se una famiglia o un individuo ha dei problemi di adattamento in seno al suo gruppo può semplicemente richiedere il trasferimento in un altro gruppo, in un altro piano. Conviene a tutta la federazione che ogni dissidio venga spento sul nascere. Se poi quel tale individuo o quella tale famiglia non riescono a adattarsi alla vita comunitaria, accadrà ciò che accadeva tra i raccoglitori, cioè l'inevitabile espulsione. Proprio per questo, prima di entrare a far parte di una federazione, è necessaria una buona e apposita preparazione culturale, impartita nell'organizzazione di sostegno, per affinare lo spirito di adattamento alla vita comunitaria (ossia ristabilire la nostra identità sociale mondandola dalle influenze culturali del sistema competitivo). Visti i condizionamenti culturali che riesce a produrre questo sistema sulle persone, non sarà una cosa semplicissima poter far parte di una di queste federazioni.

Proprietà privata

Quando tutta l'umanità era formata unicamente da gruppi di cacciatori-raccoglitori il concetto di proprietà privata era inesistente. Uno spazio territoriale poteva essere delimitato da un gruppo che ne godeva l'usufrutto, ma, una volta utilizzato, quello spazio era poi abbandonato, magari per ritornarci in un tempo successivo o mai più. Nessun individuo si poteva vantare di essere «padrone» di un pezzo di terra o di un immobile. Le cose sono cambiate quando sono avvenuti mutamenti economici come l'agricoltura e l'allevamento, e gli esseri umani, che prima erano nomadi, hanno cominciato a diventare stanziali. Da questo momento della nostra storia il gruppo sociale ha cominciato ad assottigliarsi fino all'attuale individualismo e la tecnologia ha sostituito progressivamente le persone del gruppo, dando sostegno e ragione di essere alla proprietà privata. È così vero che anche l'affermazione della libertà si è cominciato a farla dipendere da quella della proprietà: «quanto più possiedo, tanto più sono libero».

L'affermazione della libertà di pochi proprietari s'è posta contro la negazione della libertà di molti nullatenenti. Il diritto è servito appunto per dare una parvenza di legittimità a un abuso di fatto. Dunque la proprietà è negazione della libertà, poiché non può esistere vera libertà se è solo per pochi. Nella federazione non ci sarà proprietà privata né competizione economica, quindi la tecnologia non sarà al servizio del singolo individuo o della singola famiglia, ma sarà gestita collettivamente dai gruppi sociali ricostituiti. Nessuno dirà più di essere «padrone» di un pezzo di terra o di un immobile.

Va detto però che ogni essere umano, così come il raccoglitore, costruisce la propria identità sulla base di ciò che costituisce la sua sfera privata, cioè beni ed affetti, di cui appunto può dire «questo è mio». Questo è ciò che avviene in tutti i gruppi di raccoglitori ed è perciò parte integrante del nostro codice genetico, ma a quali beni ed affetti è precisamente rivolto? Certamente anche un raccoglitore può affermare «suoi» gli oggetti che usa per il suo sostentamento: armi, attrezzi, suppellettili, monili, ecc., poiché li considera un'estensione del proprio corpo, ma sarebbe per lui inconcepibile affermare che è suo quel pezzo di terra, quell'albero, quel gruppo di animali o quel fiume, essendo estranei alla sua persona. Si potrà perciò parlare di usufrutto del territorio di adattamento, ma mai di proprietà, né individuale, né collettiva.

C'è di più: un raccoglitore sente «suo» un qualsiasi oggetto che è egli stesso in grado di costruire, ossia quella che potremmo definire tecnologia semplice. Strumenti come lance, propulsori, asce, coltelli, raschiatoi, clave, cerbottane, seghetti, rasoi, trapani, boomerang, archi e frecce... rientrano nelle possibilità di costruzione di ogni singolo individuo, senza alcun bisogno di specializzazione in merito, per cui possono essere definiti tecnologia semplice. Di tecnologia complessa si può cominciare a parlare quando sono sorti ruoli specializzati che hanno comportato sostanziali mutamenti dell'economia e della struttura sociale del gruppo. In questo senso i gruppi di raccoglitori-cacciatori, che ancora non hanno avuto contatti con la nostra civiltà (e ormai sono veramente pochi) e abitano le zone più impervie del pianeta, non fanno uso di tecnologia complessa. Non hanno intrapreso il cammino tecnologico non certo perché hanno facoltà intellettuali inferiori al resto della specie umana ma, semplicemente, perché non ne hanno mai avuto alcun bisogno per adattarsi al loro ambiente.

Vi è sempre stato un rapporto armonico tra l'ambiente in cui vivono e il loro essere uomini «naturali». Infatti, non occorrevano sofisticati strumenti tecnologici per garantirsi l'adattamento (anche a quell'ambiente ostile), bastava la loro struttura sociale di gruppo e le potenzialità intellettuali che sono patrimonio di tutta la specie umana. Anche all'interno delle federazioni ci sarà una sfera privata di affetti e cose: sarà legittimo, come lo è ora, usare termini come i miei parenti, i miei figli, i miei amici, oppure le mie scarpe, i miei vestiti…, ma i nostri mezzi di sussistenza non sono più tecnologia semplice che noi stessi siamo in grado di costruirci da soli, perciò non sono da considerarsi come una semplice estensione del nostro corpo. Sono in realtà strumenti estranei alla nostra natura ed è appunto la rivendicazione della loro proprietà che ha creato e crea competizione, individualismo e prevaricazione. Inoltre, la nostra economia non si fonda più sul semplice prelievo dall'ambiente, ma siamo costretti a una sua manipolazione per mezzo della tecnologia.

Senza uso di denaro

L'assenza di possedimenti privati non permetterà di effettuare scambi commerciali all'interno della federazione e quest'ultima non dovrà farne uso né con l'esterno, né con altre federazioni. Se per esempio un'entità comunitaria sperimentale volesse produrre intensivamente un qualsiasi bene di largo consumo per immetterlo nel mercato esterno e utilizzarlo come merce di scambio per acquistare tecnologia complessa, ricadrebbe banalmente nella logica della competizione economica. Il mercato condizionerebbe l'attività produttiva e l'ambiente del territorio, così l'intera struttura sociale perderebbe il suo carattere di entità autonoma. Questo vale non solo nei rapporti tra le federazioni e il mercato esterno, ma anche nei rapporti tra le varie federazioni.

L'esempio che ci viene fornito dal corpo umano c'insegna che le cellule collaborano tra loro non barattando materiali, ma fornendo ognuna una prestazione d'opera utile al collettivo pluricellulare. Similmente la futura collaborazione tra le federazioni non dovrà cedere alla logica del «libero scambio», ma dovrà esistere, unicamente, come offerta d'aiuto reciproco sotto forma di prestazione d'opera volontaria. Nemmeno è previsto l'uso di denaro, neanche nei rapporti con le altre federazioni, ma questo non impedirà, comunque, di soddisfare tutti i bisogni materiali e morali degli abitanti e, inoltre, di svolgere tutte le mansioni assegnate: «Da ciascuno secondo le sue possibilità a ciascuno secondo le sue necessità», come ci dimostra il rapporto esistente tra le cellule del corpo umano.

L'uso del denaro si è reso necessario, nel corso della storia umana, poiché permetteva di tramutare una merce in un altro qualsiasi bene materiale o in prestazione d'opera, anche diluiti nel tempo. La possibilità di accumulare denaro (anche in modo disonesto) ha accentuato le disuguaglianze economiche tra gli individui e i popoli, ed è stata causa di molte sofferenze umane, ma la nostra complessa società competitiva, individualista, non potrebbe più funzionare senza il suo uso. Non usare denaro dentro la federazione, invece, impedirà a chiunque di farne uno strumento di prevaricazione nei confronti degli altri. D'altra parte non avrebbe senso usare denaro quando non ci saranno scambi commerciali, perché non ci saranno possedimenti privati.

L'uomo e la formica

Curiosamente, tutti i comportamenti umani prodotti nel corso della storia sono una ripetizione già collaudata da molti milioni di anni da una specie o l'altra di formiche. Infatti, ci sono formiche cacciatrici-raccoglitrici, altre sono allevatrici (di afidi), coltivatrici (di funghi), predatrici (anche nei confronti di altre specie di formiche), schiaviste (che predano le larve di altre specie e le allevano per addestrarle al lavoro o a predare a loro volta), nomadi o sedentarie, campagnole o metropolitane, insomma di tutto. C'è un fatto ancora più curioso che accomuna il comportamento delle formiche a quello dell'umanità: alcune specie di formiche sono in grado di aggregare un certo numero di colonie (autosufficienti dal punto di vista economico) e produrre in questo modo delle vere e proprie federazioni. Le antiche federazioni di gruppi sociali umani dei raccoglitori si fondavano esclusivamente sull'apprendimento, mentre queste specie di formiche su una totale predeterminazione genetica, ma è comunque stupefacente che solo l'uomo e la formica siano in grado di produrre queste super organizzazioni sociali.

Le assonanze tra uomo e formica non finiscono però qui. La specializzazione dei ruoli economici, che l'uomo fa uso in maniera sempre più pronunciata nella società di mercato, è tipica anche delle formiche (e delle termiti). Decine e decine di milioni di anni di vita sociale nel formicaio hanno dapprima favorito la specializzazione dei ruoli all'interno della colonia, per ottenere il massimo vantaggio economico col minor dispendio energetico, poi l'hanno fissata geneticamente, modificando gradualmente la struttura biologica degli individui, secondo i diversi ruoli.

La regina, unica dignitaria di corte, ha sviluppato abnormemente il suo addome (di solito fino al punto da non potersi più muovere da sola) per adattarlo a fabbrica di uova per tutta la colonia. I soldati hanno accresciuto le loro dimensioni spesso di molte volte quello delle formiche operaie, facendo delle loro mascelle delle vere armi da guerra, che in alcune specie sono cresciute a tal punto che impediscono addirittura di alimentarsi autonomamente. A questa e alle altre funzioni vitali della colonia, come la ricerca del cibo, la cura delle uova e delle larve, la pulizia del formicaio... provvedono le operaie, tutte femmine sterili. Anche queste possono modificarsi, secondo le esigenze della colonia, magari trasformandosi in contenitori viventi di acqua o di miele (di dimensioni sproporzionatamente grandi rispetto al loro corpo) o in nuove regine.

Da quando è nata la storia umana e si è dissolta la struttura originaria del gruppo, l'uomo ha cominciato a costruire il suo «formicaio» e la specializzazione dei ruoli è stata una necessità economica obbligatoria, ma mentre le formiche hanno dovuto modificare il loro codice genetico per modificare i ruoli economici all'interno della colonia, l'uomo ha potuto avvalersi di comportamenti culturali e della tecnologia, cioè di estensioni al di fuori del suo codice genetico.

L'uomo però non è per niente immune da questo processo genetico che ha toccato tutte le specie viventi apparse sulla superficie della terra. Anch'egli, ovviamente, è un animale sessuato, dove esiste una specializzazione biologica tra maschio e femmina e all'interno del gruppo sociale donne e uomini hanno subito una diversificazione di forme e di dimensioni, chiamata «dimorfismo sessuale». Questo è il risultato di centinaia di migliaia di anni di vita sociale nel gruppo, per cui, nel relativamente breve arco di tempo della storia umana, i ruoli specializzati di origine culturale non avrebbero avuto il tempo materiale per essere fissati geneticamente. La minaccia che l'ingegneria genetica possa fare in poco tempo ciò che la natura non ha fatto in qualche migliaio di anni è però molto reale.

Per quale motivo la specializzazione dei ruoli è nata al di fuori del gruppo sociale umano, ma si è formata all'interno della colonia di formiche? La risposta sta semplicemente nei numeri. Un gruppo di raccoglitori-cacciatori è completamente autosufficiente e perfettamente adattato al territorio, se è composto da qualche decina di individui (di solito mai più di cento), mentre un formicaio, per raggiungere l'autosufficienza, necessita di un numero di individui notevolmente superiore. Cento formiche sono in balia dei predatori quasi quanto lo può essere una sola formica. È la massa dei singoli che da potenza al formicaio. C'è però una tassa da pagare: non sarebbe possibile coordinare decine o centinaia di migliaia di individui senza una ferrea suddivisione dei compiti. Naturalmente le formiche non necessitano di una organizzazione gerarchica, perché sono totalmente guidate dal loro codice genetico, quindi la specializzazione dei ruoli non prelude affatto a una diversa ripartizione dei privilegi. Le formiche sono perciò «comuniste» anche se i loro ruoli economici sono diversificati e la loro struttura sociale è suddivisa in «caste» biologiche.

Discorso diverso per il «formicaio» umano, poiché la specializzazione (inesistente nel comunismo primitivo, ma necessaria in un sistema che di fatto ha perso l'autosufficienza territoriale) si è basata, fin dall'inizio, sulla diversa remunerazione dei ruoli, che ha determinato il formarsi delle classi sociali e dei privilegi delle classi dominanti.

Specializzazione dei ruoli

Il corpo umano è un'immensa federazione di parecchie migliaia di miliardi di cellule. Esso ci insegna che per mantenere efficiente questo stato di aggregazione è necessaria una forte specializzazione dei ruoli tra le cellule. Ogni cellula ha un incarico specializzato che deve adempiere per il bene del collettivo. Similmente gli abitanti della federazione dovranno avere dei ruoli specializzati, in modo tale che gli incarichi si completino l'un l'altro per garantire l'autosufficienza dell'intero complesso sociale. Nemmeno una sola cellula del nostro corpo ha però un trattamento economico discriminante nei confronti delle altre. Non ci sono cellule che sono alimentate meglio o di più, né cellule che lavorano meno delle altre, né cellule che competono tra loro. Tutte assolvono in modo ottimale i compiti che sono loro assegnati e il loro unico guadagno e la loro ragione di esistere è quella di far parte integrante del grande complesso pluricellulare.

L'assenza di proprietà privata e il mancato uso di denaro impedirà che la diversità dei ruoli possa significare diversità di trattamento tra gli individui. Essendo concatenato l'un l'altro, ogni singolo ruolo specializzato ha un'importanza fondamentale per l'economia della federazione. La formazione professionale si realizzerà «sul campo», nel senso che l'istruzione avverrà seguendo l'esempio pratico dei lavoratori specializzati, secondo delle attitudini psicofisiche dei giovani apprendisti. Questo potrà permettere un lavoro soddisfacente per gli individui e garantirà la

182

piena occupazione. Ad ogni individuo deve essere assegnata una mansione specifica, affinché tutti abbiano un'occupazione utile al collettivo.

A conti fatti, sarebbero sufficienti poche ore di lavoro al giorno (indicativamente tre o quattro ore al giorno: una condizione paritetica a quella dei raccoglitori) per assolvere con scrupolo al proprio incarico, al quale dovrà essere aggiunto un po' di tempo da dedicare al lavoro volontario, in qualsiasi campo si presenti la necessità. Il lavoro volontario dovrà sopperire ad eventuali ritardi o disguidi (che ovviamente ci saranno per varie motivazioni) nello svolgimento del normale programma di lavoro, ma soprattutto permetterà ad ognuno d'integrarsi bene nel sistema sociale ed eviterà potenziali emarginazioni o soprastime.

Il lavoro volontario sarà, per forza di cose, non specializzato (guidato tuttavia dagli specialisti), ma permetterà agli individui di impratichirsi in varie mansioni e conoscere le reali necessità produttive. Al lavoro volontario saranno affidate le grandi opere di bonifica e ristrutturazione ambientale del territorio, l'assistenza ai malati, agli anziani e ai bambini, i piccoli lavori di manutenzione, le raccolte stagionali di prodotti alimentari, il soccorso ad altre federazioni. L'utilizzo di una tecnologia più sofisticata non farà aumentare la produzione (cosa perfettamente inutile in una struttura autosufficiente), ma farà diminuire l'orario di lavoro. Non è neanche importante il tipo di lavoro che sarà assegnato ai singoli, poiché tutti gli incarichi avranno la stessa importanza per il funzionamento del collettivo. Personalmente, penso che non sarei (e non mi sentirei) meno considerato se avessi l'incarico di spandere letame per concimare, piuttosto che essere un medico o un tecnico delle comunicazioni.

Lavoratori esterni

È impensabile che una singola federazione, che necessariamente dovrà far uso di tecnologia complessa, possa essere completamente autosufficiente, poiché non potrebbe fabbricarsi da sé tutti gli strumenti tecnologici necessari al suo funzionamento. Quasi tutta la tecnologia complessa dovrà inizialmente provenire dall'esterno e i modi per ottenerla sono soltanto due (ovviamente a mia conoscenza): acquisendola con la vendita nel mercato esterno di beni prodotti nel territorio comunitario, oppure con l'acquisizione di valuta corrente con la prestazione d'opera nel sistema economico esterno. È noto che ogni forma di commercio tra la «civiltà» e i raccoglitori si tramutava in un vantaggio unilaterale, non certo in favore di questi ultimi. Stiamo pur certi che se la moneta di scambio fosse il legname pregiato, le multinazionali americane, europee e giapponesi indurrebbero al disboscamento totale. Se lo scambio si basasse sui prodotti del sottobosco si distruggerebbe il suolo del territorio, così come si estinguerebbero specie animali autoctone per procurare al mercato esterno carne e pellicce.

Ci ridurremmo come molti nativi americani, che per procurarsi bevande alcoliche, zucchero, sale, hanno praticamente disgregato i loro rispettivi gruppi. Le regole del gioco non le stabiliremmo noi, ma le multinazionali. Siamo noi che avremo bisogno della tecnologia e saranno loro in potere di procurarcela. La tecnologia dovrebbe servire per ristrutturare e conservare l'ambiente, ma in questo modo si otterrebbe l'effetto contrario. Il ripristino di un'ecologia umana comporta l'uscita insindacabile dall'economia di mercato, perciò una qualsiasi forma di commercializzazione con l'esterno (fosse anche solamente l'insalata della famiglia che abita nei pressi dei confini territoriali della federazione) è da valutare con cautela.

La seconda opzione prevede che una parte relativamente piccola di residenti (indicativamente 70-80 persone) dovrà avere un'occupazione retribuita al di fuori del territorio e portarne all'interno la valuta. Questi lavoratori esterni equivalgono, nel corpo umano, ai globuli rossi portatori del prezioso ossigeno, la «valuta» sottratta dall'ambiente esterno, che permette ad ogni cellula del nostro corpo di effettuare tutte le operazioni vitali per se stessa e per il sistema pluricellulare. Non credo sia possibile superare l'iniziale insufficienza tecnologica con metodi diversi da quello fornito dai lavoratori esterni. Va precisato che questi non dovranno essere una «casta» specializzata, un corpo a parte dentro il sistema sociale della federazione, ma tutti gli abitanti, in un determinato periodo della loro vita, dovranno dare un tributo in termini di lavoro prestando la loro opera, sia nel mercato esterno (retribuita con valuta corrente) sia nel territorio di altre federazioni (scambio di manodopera gratuita). Sarà una sorta di «chiamata di leva» come avviene attualmente in molte nazioni per la ferma militare.

I giovani con i necessari requisiti saranno chiamati, per un certo periodo (indicativamente uno o due anni) ad impegnare le proprie energie per procurare la valuta necessaria all'acquisto di tecnologia complessa, dopo di che potranno essere sostituiti da altri giovani e vivere al sicuro dentro la federazione (se lo desidereranno) per il resto della loro vita.

Le preoccupazioni per i pericoli culturali, fisici e psichici, ai quali saranno soggetti questi giovani, sono più che legittime. Le potenti suggestioni dell'economia di mercato potrebbero certamente far dimenticare lo scopo per il quale un giovane dell'oasi comunitaria si trova in quel determinato luogo, in quel determinato momento. Ci sono vent'anni di tempo per «vaccinare» culturalmente il giovane, ma soprattutto sarà il paragone tra la vita nella federazione e la vita nel sistema metropolitano che dovrà cautelarlo da sgradevoli sorprese. La vita nel territorio comunitario dovrà offrire necessariamente qualcosa di più e di meglio di quanto possa offrire il mondo esterno: se ciò non fosse, cesserebbe il motivo di esistere di queste esperienze. Nonostante questo la droga, la prostituzione, il potere del denaro, la tentazione di guadagni facili, la voglia di carriera o semplicemente l'innamoramento per la persona sbagliata, sono pericoli reali per l'integrità del giovane.

Probabilmente un anno, o poco più, di lavoro nel sistema competitivo sarà un'esperienza sgradevole, ma è bene che lo sia. Se fosse invece un'esperienza soddisfacente, sarebbe l'evidente dimostrazione del fallimento dell'ecologia sociale umana che si vorrebbe ripristinare con l'istituzione delle federazioni di gruppi sociali. La mancanza di specializzazione indirizzerà i giovani lavoratori esterni a occupare le mansioni più umili e magari più faticose, ma anche questa è una condizione necessaria per vari motivi. Per prima cosa disincentiva il giovane dalla potenziale voglia di fare carriera, che a sua volta lo preserva da deleterie rivalità con l'altro personale «competitivo». In seconda analisi permette di trovare un posto di lavoro anche in un sistema economico in crisi. A mali estremi, per facilitare l'assunzione dei giovani, la comunità potrebbe addirittura accordarsi con le aziende private per un breve periodo di apprendistato non retribuito.

Il giovane lavoratore temporaneo esterno è una figura enormemente importante per il funzionamento della federazione, quindi è logico che siano curati anche i particolari minuti, in primo luogo l'immunoresistenza alle sirene del mondo esterno. In ogni caso non si butteranno i giovani allo sbaraglio, ma sarà loro affidato l'incarico di lavoratore esterno solo se si ritiene che siano in grado di sopportarlo (non è necessario che tutti i giovani diventino lavoratori temporanei esterni). L'impatto dei giovani lavoratori sarà costantemente monitorato e in caso di evidenti cedimenti fisici, psichici e culturali, il giovane sarà richiamato nel territorio. Quando un numero sufficientemente alto di federazioni, collaboranti tra loro, permetterà di produrre tecnologia complessa, si allenterà la dipendenza dall'economia di mercato, ma i lavoratori esterni continueranno ad essere una colonna portante per l'economia comunitaria, poiché produrranno tecnologia all'interno delle varie federazioni.

Formazione individuale

Molte nazioni permettono l'istituzione di scuole private a patto che la preparazione dei singoli studenti segua un corso che lo Stato esige, quindi, anche se le scuole saranno all'interno della struttura centralizzata, saranno necessari esami statali per l'accesso alle scuole di livello superiore. Oltre che nozioni di cultura generale delle materie d'obbligo della scuola statale, è necessario uno studio sistematico di un «codice culturale» per permettere la collaborazione attiva tra i gruppi, le famiglie e gli individui, perciò tutti, giovani e adulti, sono tenuti a sottostare a questo tipo di insegnamento. Non meno importante è l'apprendimento di tutte le attività lavorative che permetteranno al sistema di funzionare. Queste tre fasi sono concatenate una all'altra, poiché la cultura generale faciliterà l'apprendimento del codice culturale, quest'ultimo faciliterà i rapporti sociali tra gli individui e lo svolgimento di tutte le attività lavorative, in un clima di collaborazione. Non ci sarà distacco tra istituzioni e privato, poiché il corpo insegnante sarà composto da membri della federazione. Un bambino al quale si insegnerà a far suoi i principi della comunità in cui vive diventerà, in seguito, un adulto che non entrerà in conflitto d'interessi con gli altri individui e sarà spinto a collaborare con loro.

Lo scopo essenziale dell'istruzione non sarà solo quello di formare professionalmente l'individuo ma, soprattutto, sarà quello di formare le persone come elementi bene integrati nel sistema sociale. In pratica, dovrebbe essere insegnato alle persone come soddisfare le proprie necessità soddisfacendo le necessità altrui, come è ben riassunto dalla «regola aurea» cristiana: «Fai agli altri ciò che desideri che gli altri facciano a te», così tanto disattesa, fraintesa e strumentalizzata dal potere ecclesiastico ed economico.

Si potrebbe obiettare che l'interesse collettivo è secondario e mediato, poiché nessuno dedica ai beni comuni neppure un istante delle proprie energie, che invece si è pronti a dedicare ai propri congiunti. È proprio questo il punto! Il gruppo sociale dei raccoglitori è formato da famiglie che sono imparentate tra loro, quindi da individui che sono disposti a spendere energie per i propri congiunti. Niente a che vedere, dunque, con le economie centralizzate socialiste, che hanno ritenuto sufficiente coalizzare (il più delle volte con la violenza) un certo numero di persone tra loro estranee, per presumere che potessero altruisticamente collaborare. I gruppi sociali che costituiranno le federazioni saranno sistemi sociali strutturalmente simili a quelli dei raccoglitori e avranno un elevato grado d'indipendenza all'interno della federazione.

L'instabilità sociale delle varie comunità del passato si doveva principalmente al fatto che non erano legati da parentele o forti vincoli di amicizia. Il loro legame era solo di natura culturale, perciò molto più «friabile». Questo vale anche per quei sistemi utopici come *La Città del*

Sole o per *Utopia* o per la *Repubblica*, che poggiavano la loro sopravvivenza sulla loro «imprendibilità» militare. Non denota questo che si trattava di sistemi chiusi, in perenne conflitto col mondo esterno, dal quale erano costretti loro malgrado a difendersi? La federazione di gruppi sociali può invece rapportarsi in modo proficuo con qualsiasi sistema politico e non ha affatto bisogno di trincerarsi per non subire le influenze culturali, economiche e militari del sistema competitivo.

Servizi e prevenzione

La carenza di strutture pubbliche di protezione ai deboli come asili nido e d'infanzia, parchi giochi, scuole, oppure ospedali e strutture sanitarie, oppure case di riposo o centri d'incontro per anziani, sono solo un falso problema. In realtà a produrre questi bisogni è la competizione su cui si fonda questo sistema, che crea disparità ed emarginazione tra i ceti sociali e le generazioni. Nella struttura centralizzata della federazione il problema della cura ai deboli potrà essere risolta con l'assistenza domiciliare, sia per i bambini, sia per i malati, sia per gli anziani, ma il vero grande vantaggio offerto sarà quello di eliminare le cause dell'emarginazione eliminando di netto la competizione tra gli individui.

Nella società di mercato l'individuo si trova da solo davanti alla lentezza asfissiante di ciò che è chiamato servizio pubblico. Le dimensioni mastodontiche del pubblico servizio sono tali da renderlo poco efficiente e antieconomico. In ogni caso è sempre il cittadino che si deve accostare al servizio e mai viceversa, per questo ci siamo abituati a lunghi tempi di attesa per una visita medica, per una pratica burocratica, per una domanda di lavoro o semplicemente per fare la spesa. A volte pagando un ulteriore servizio privato si possono abbreviare i tempi e ottenere una migliore qualità dei servizi, ma è sempre l'iniziativa dei singoli ad accostarli al servizio necessario: la chiamano libertà d'iniziativa ma è quello che provoca emarginazione e ingiustizia per i più deboli. Questo rapporto cittadino-istituzioni sarà totalmente ribaltato nella federazione grazie alle dimensioni ideali del complesso, della completa assenza di competizione individuale e dello spirito di collaborazione che può essere instaurato nella coscienza delle persone.

Nessuno dovrà mai più cercarsi un posto di lavoro, né sarà l'individuo a fare la spesa o ad occuparsi di una pratica burocratica. Non sarà l'individuo che andrà dal medico quando è malato, ma sarà il medico a recarsi da lui per impedire che la persona si ammali. Nessuna persona anziana dovrà più essere «scaricata» in un ricovero come un pacco ingombrante. Nella struttura centralizzata sarà garantita l'assistenza domiciliare a tutti coloro che ne avranno bisogno, in modo particolare malati e persone anziane, che potranno ricevere amorevoli cure non solo dal personale specializzato ma anche dai parenti, dagli amici, dai volontari, perché tutti abitano nello stesso piano o, comunque, dentro la struttura centralizzata.

La grande costruzione polifunzionale può permettere anche l'attuazione di un'efficace medicina preventiva, con una politica di informazione capillare che tocca in eguale misura tutta la popolazione, affinché si applichino le necessarie norme igieniche e sanitarie, comprese le periodiche visite mediche e le analisi fisiologiche. Operazioni semplici (ma importanti ai fini del risultato) di prevenzione medica, come i rilievi periodici di temperatura corporea, pressione arteriosa, peso, ecc., possono essere effettuati a «domicilio» dall'individuo o dalla famiglia, con strumenti collegati ai terminali dei singoli piani, che fanno capo al personale medico specializzato. In questo modo, anomalie anche lievi possono essere segnalate tempestivamente e, se è possibile, superate. Non saranno neanche necessari numerosi letti specifici per la degenza degli ammalati, non solo perché con una massiccia prevenzione le persone si ammalano di meno, ma anche perché tutta la struttura stessa potrebbe funzionare come un grande ospedale. Il malato, nella maggioranza dei casi, può usufruire della sua camera, del suo letto e dei suoi servizi igienici personali nella sua abitazione, perché sarà il personale medico e di assistenza che si sposterà: la minima distanza faciliterà queste operazioni.

Per rafforzare i legami tra gli abitanti sarà privilegiata la tecnologia di comunicazione, sia con la videotelefonia interna via cavo, (per restare in tema di risparmio si potrà comunicare per quanto tempo si vorrà con ognuna delle 1500 o più persone della federazione ai soli costi di manutenzione impianti), sia con la telefonia mobile locale, sia con la videotelefonia satellitare e internet per tenere i contatti con le altre federazioni. Informazione significa prevenzione, prevenzione significa risparmio di energia, per questo una voce importante nel bilancio sarà determinata dalla necessità di accedere alla tecnologia di informazione: computer, videotelefonia, stereofonia, materiale didattico scritto e audiovisivo. Una buona comunicazione produrrà un'altrettanto buona collaborazione, sia tra le famiglie di ogni gruppo, sia tra i gruppi, in modo tale che la coesione porti ad un sistema sociale stabile e funzionale.

Cooperazione e risparmio

La cooperazione organizzata tra la popolazione permetterà un notevole risparmio di energia e, nello stesso tempo, l'utilizzo di strumenti altamente tecnologici, sofisticati e costosi, che individualmente sono di solito inaccessibili. Pensiamo ai costi che le singole famiglie devono sobbarcarsi per vivere con un minimo di decorosità e di agio. Ogni famiglia dispone, per esempio, di una cucina con le relative attrezzature per la conservazione, la preparazione e il consumo dei pasti quotidiani. Già questa non è una spesa indifferente per il bilancio di ogni singola famiglia ma, se la dovessimo moltiplicare per le circa 400 famiglie potenziali della federazione, è facile capire quanto sarebbero più convenienti delle mense di gruppo. Naturalmente ogni famiglia e ogni individuo potrà scegliere se consumare i suoi pasti nel proprio appartamento o in locali collettivi. A nessuno, in nessun caso, sarebbe tolta la sua «privacy», ma quello che è importante sottolineare è il vantaggio economico e funzionale che ha la preparazione dei pasti collettivi nei confronti di tante piccole cucine familiari o individuali. Ogni gruppo, in ogni piano, potrebbe organizzare la sua mensa affidandone la gestione a personale specializzato, coadiuvato dal lavoro volontario degli altri membri del gruppo.

Che dire poi delle attrezzature da «bricolage» che sicuramente ogni famiglia, chi più chi meno, tiene a casa propria? A parte la semplice attrezzatura leggera anche attrezzi di un certo valore come trapani, smerigliatori, taglia erba, motoseghe, saldatrici, ecc. sono utilizzati per un tempo parziale, solo in determinate occasioni, ma hanno comunque gravato, in misura diversa, sul bilancio familiare.

La cooperazione organizzata permetterebbe, invece, di ridurre gli sprechi, poiché sarebbe utilizzata a tempo pieno tutta la tecnologia acquistata e, con costi di gran lunga inferiori, si potrebbe disporre di attrezzature sofisticate, gestite da personale specializzato per il vantaggio di tutto il collettivo. Questo non deve far pensare che la sopravvivenza economica della federazione sia legata a una corsa all'ultimo modello tecnologico. Non è per nulla così. Stiamo parlando di comunità autosufficienti che non devono sottostare alla legge di mercato, perciò se l'autosufficienza alimentare è garantita oggi con l'utilizzo di determinati strumenti tecnologici, lo sarà anche domani con gli stessi strumenti, a patto che funzionino. Solamente quando l'usura imporrà dei costi di manutenzione economicamente inaccettabili, uno strumento o un impianto potrà essere sostituito.

Nella società di mercato uno strumento tecnologico deve essere in ogni caso sostituito, anche se funzionante, poiché deve reggere il peso della competizione economica: ossia rinnovarsi tecnologicamente per poter vendere. La federazione non vende niente e non fa perciò concorrenza a nessuno. D'altra parte, però, è un acquirente di tecnologia e quindi un mercato appetibile per il capitale, anzi, è per questo un cliente formidabile. Quale nazione non vorrebbe vendere il suo prodotto interno senza avere la necessità di comprare nulla in cambio?

Autosufficienza energetica

Gli esseri viventi utilizzano due modi diversi per produrre energia: quello foto-sintetico, che è definito «primario», che trasforma la luce solare in energia chimica (cellule vegetali) e quello «secondario», che scompone e riutilizza quelle stesse sostanze chimiche (cellule animali). L'energia solare è la più abbondante e la più accessibile: è sufficiente una temporanea esposizione alla luce del sole per procurarsi il necessario per vivere, senza necessità di spostarsi, ed è appunto quello che fanno gli organismi vegetali. Gli animali, invece, non sono in grado di utilizzare direttamente la luce del sole e devono spostarsi per procurarsi l'energia chimica sottoforma di materiale organico, vale a dire il loro cibo. Seguendo l'esempio della cellula biologica, anche da questo punto di vista, la federazione dovrà garantirsi l'autosufficienza energetica e dovrà produrre da sé tutta l'energia elettrica e l'energia termica che le occorre. La luce solare le potrà fornire energia pulita, sicura, inesauribile (sotto quest'aspetto il territorio della federazione sarà simile ad una cellula vegetale).

Attualmente l'energia a celle fotovoltaiche, prodotta trasformando in energia elettrica la luce del sole, è ancora poco utilizzata e stenta a «decollare» nell'economia di mercato. Ciò è dovuto agli alti costi di produzione rispetto alla resa e per la domanda insufficiente. Infatti, grandi centrali ad energia solare sono poco pratiche perché necessitano di grandi e costosi impianti di esposizione. Le centrali nucleari, termoelettriche e idroelettriche possono produrre la stessa quantità di energia in spazi più contenuti e con rese maggiori, per questo vengono costruite grandi centrali che irradiano energia elettrica anche in zone lontane.

Ora però bisogna fare alcune considerazioni. Per prima cosa dobbiamo considerare il rischio che queste centrali comportano, sia sull'ambiente sia sulla salute della gente. Nelle centrali nucleari c'è sempre il rischio di fuoriuscita di materiale radioattivo; sulle centrali termoelettriche grava la colpa dell'inquinamento; nelle grandi centrali idroelettriche, oltre all'impatto ambientale diretto prodotto dagli invasi, c'è sempre il rischio di rottura delle dighe di sbarramento. Come seconda cosa si deve considerare che quando parliamo di federazioni di gruppi sociali parliamo di entità locali di dimensioni ridotte, per cui sarebbero inutili e dispendiose la progettazione e la costruzione di grandi centrali, ma sono idonee fonti di energia elettrica sufficienti per una piccola popolazione di circa 1500 persone. C'è da dire, inoltre, che la tecnologia riguardante l'energia solare ha ancora un grandissimo margine di miglioramento e possono ridursi i costi di produzione, aumentando la potenzialità e la produttività delle celle foto voltaiche.

Energia solare

La struttura centralizzata può fornire la soluzione ideale per quanto riguarda lo spazio necessario all'esposizione dei pannelli fotovoltaici. I circa 6000 o 7000 metri quadrati di pannelli, occorrenti per la produzione dell'energia elettrica necessaria, possono essere ricavati, direttamente, dalla superficie esterna della grande costruzione. Tre pareti su quattro e il tetto della struttura possono essere parzialmente rivestiti di questo materiale fotoelettrico che, tra l'altro, è impermeabile e termoisolante. In funzione di ciò la struttura sarà costruita orientandola in modo tale da trarre la maggior quantità di luce solare possibile. Un vantaggio, non solo estetico, di questi impianti è che non sono necessari costosi elettrodotti o pericolosi cavi elettrici sospesi, col loro relativo inquinamento elettromagnetico.

Da sola, però, l'energia solare non sarà completamente sufficiente per tutte le esigenze della popolazione, almeno nell'immediato futuro. Innanzi tutto la produttività di energia elettrica sarebbe variabile secondo la latitudine, le stagioni, il clima e le ore della giornata. Queste variabilità possono essere in parte colmate con batterie di accumulatori elettrici (attualmente molto sensibili di miglioramento tecnologico, vista la ricerca sistematica dovuta alla competizione tra le case automobilistiche per l'auto elettrica), in modo da avere sufficiente energia elettrica nelle ore notturne e nelle giornate poco illuminate.

L'energia temporaneamente eccedente, oltre che per caricare gli accumulatori, potrebbe essere utilizzata per scindere dall'acqua, per elettrolisi, ossigeno e idrogeno: il primo utilizzabile per funzioni igienizzanti e industriali e il secondo come carburante altamente energetico. L'idrogeno liquido, almeno inizialmente, potrà essere prodotto solo in piccole quantità e potrà essere utilizzato, oltre che come carburante di mezzi agricoli e di trasporto, anche per produrre energia termica o per alimentare gruppi elettrogeni. La dotazione di gruppi elettrogeni (motori a scoppio che azionano turbine per la produzione di energia elettrica) sarà indispensabile, sia per integrare la variabilità dell'energia solare, sia per far fronte ad emergenze improvvise.

Oltre all'idrogeno si potrà far uso di metano, un gas facilmente riproducibile con impianti relativamente semplici. Con l'ausilio di particolari batteri tutti gli scarti d'origine organica possono essere parzialmente convertiti in questo gas combustibile. I fumi prodotti dalla combustione del metano utilizzato per alimentare i gruppi elettrogeni sarebbero incanalati con i fumi del riscaldamento domestico (anch'esso prodotto in parte dalla combustione di questo gas) e neutralizzato in modo identico per mezzo di filtri elettrostatici.

La società di mercato fa largo uso d'energia prodotta da risorse non rinnovabili, non solo esauribili, ma anche molto inquinanti. È la solita competizione economica (dove si antepone il profitto di pochi alla salute di molti) che fa ancora preferire il petrolio, il carbone, il gas fossile o l'uranio ad un'energia sicura e pulita ma economicamente non competitiva. Proprio perché le federazioni saranno completamente fuori della logica della competizione economica, quindi, ciò che conterà sarà solamente la salute e il benessere di tutti, potranno utilizzare solamente energia rinnovabile fornita dal sole, in modo diretto (fotovoltaica) o indiretto (eolica, idrica....).

Risanamento ambientale

Fino ad ora l'aria che si respira, l'acqua che si beve, il suolo che si calpesta sono state considerate risorse gratuite, vista la loro abbondanza e la facilità con la quale vi si può accedere. Che i conti non tornino cominciamo a verificarlo quando, per una qualsiasi produzione industriale, parliamo di costi ambientali. La cellula biologica ha ricercato le soluzioni più idonee per conciliare la vita in un ambiente pulito con la spesa energetica destinata a questo scopo. Ne è venuto fuori un esemplare modello ecologico di riciclaggio dei rifiuti e di depurazione ambientale, con un bilancio costi-ricavi in perfetto pareggio, tale da far arrossire qualsiasi amministrazione cittadina che si vanta di essere all'avanguardia nella prevenzione ambientale. Per la verità non esiste città al mondo che sia in grado di riciclare la totalità dei rifiuti che produce, anzi, più frequentemente, una città, tanto più è grande tanto più ha difficoltà, non solo a riciclare i propri rifiuti ma anche solo di neutralizzarli o distruggerli.

È significativo osservare come l'evoluzione tecnologica non possa stare al passo con i problemi che essa stessa crea all'uomo. È vero che vengono di continuo migliorate le tecniche per la raccolta differenziata dei rifiuti solidi, per la depurazione dei rifiuti liquidi e per frenare l'immissione dei rifiuti aerei, ma resta il fatto che per adeguarsi allo stile di vita che è loro imposto dall'ammodernamento urbano le persone producono sempre più rifiuti, per il semplice motivo che cresce la spesa energetica individuale necessaria all'adattamento.

La federazione, per essere ecologicamente «neutra», cioè con un tasso d'inquinamento «zero», non deve immettere nell'atmosfera fumi, gas, polveri; non immettere nel suolo e nei corsi d'acqua inquinanti d'origine biologica e chimica; riciclare e neutralizzare i rifiuti solidi nella loro totalità. La maggior parte dei rifiuti solidi che oggi produciamo sono imballaggi di prodotti alimentari e non, necessari per il loro trasporto: carta, cartone, plastica, metalli, legno... Sicuramente una metodica raccolta differenziata permetterebbe di riciclare buona parte di questi materiali e risparmiare energia, però bisogna essere consapevoli che in questo modo si attenua l'effetto deleterio ma non s'incide sulla causa che lo ha prodotto. C'è invece da chiedersi: perché mai c'è così tanto bisogno di imballare merci? E in seconda analisi: perché mai c'è bisogno di un trasporto così intensivo? C'è forse in ballo una necessità vitale nel fatto che della semplice acqua sia imbottigliata e trasportata a centinaia di chilometri di distanza, magari in zone ricche di sorgenti d'acqua e a loro volta esportatrici d'acqua imbottigliata? Dal punto di vista del risparmio energetico è un non senso, uno spreco totale, anche se in perfetta sintonia con lo stile di vita consumistico in cui siamo immersi.

Ogni territorio, se opportunamente ristrutturato e curato, può essere in grado di offrire la maggior parte di ciò di cui i propri abitanti hanno bisogno, almeno per quanto riguarda l'acqua e gli alimenti, perciò l'obiettivo di una federazione dovrà essere l'autosufficienza alimentare. Questo ridurrebbe drasticamente l'energia adibita al trasporto e l'inquinamento ad esso collegato, compresi i materiali d'imballaggio. I rimanenti rifiuti solidi saranno rifiuti «umidi» facilmente riciclabili in mangimi animali, fertilizzanti naturali o per produrre metano. Grazie alla struttura centralizzata saranno dimenticate le varie «campane» per la raccolta differenziata dei rifiuti solidi, oggi dislocate negli angoli più accessibili dei territori comunali, e gli antigienici «cassonetti», disseminati lungo tutte le strade comunali, che impegnano non poco personale ed energie per lo smaltimento dei rifiuti solidi.

Rifiuti liquidi e aerei

Concentrando la popolazione in un'unica struttura abitativa, anche lo smaltimento dei rifiuti liquidi può trovare la soluzione ideale, cosa che attualmente non sta avvenendo in nessuna parte della Terra, se come risultato possiamo considerare l'inquinamento generalizzato, più o meno serio, dei fiumi, dei laghi, delle zone costiere del mare e delle falde acquifere. A volte parte delle reti fognarie cittadine (quando ci sono!) scaricano il loro contenuto direttamente nei vicini corsi d'acqua, così pure i liquidi di scarto delle lavorazioni industriali. L'applicazione di severe leggi a riguardo potrebbe attenuare l'inquinamento delle acque ma, come per i rifiuti solidi e aerei, cresce più in fretta la quantità di rifiuti liquidi prodotta che non la capacità di smaltirli, perché cresce la spesa energetica individuale necessaria all'adattamento. Non che il livello tecnologico sia carente dal punto di vista della qualità, ma non è sempre raggiungibile per i suoi costi elevati. D'altra parte, i grandi inquinamenti necessitano di grandi impianti di depurazione, con relativi costi d'insediamento e di gestione.

L'impossibilità pratica di provvedere alla totale depurazione delle acque è dovuta alla grande dispersione nel territorio degli insediamenti abitativi e degli impianti industriali. Solo potendo concentrare gli uni e gli altri si avrebbero impianti di depurazione a costi ragionevoli ed è l'obiettivo che dovrà prefiggersi la federazione.

Prendiamo per esempio un Comune attuale di meno di duemila abitanti, dove le persone dimorano in case e palazzine distribuite su buona parte del territorio comunale. Se la popolazione potesse concentrarsi in un'unica struttura efficiente, altamente tecnologica, sarebbe enormemente facilitato lo smaltimento dei rifiuti liquidi, perché non sarebbero più necessarie le reti fognarie e le lunghe condutture per il convogliamento ai depuratori (che, come detto, sono ancora «optional» di lusso per la maggior parte dell'umanità), mentre un piccolo impianto di depurazione in dotazione ad ogni federazione sarebbe sufficiente alla soluzione del problema. Non saranno necessari neanche depuratori chimici perché non si farà uso di prodotti non biodegradabili. I soli rifiuti liquidi della popolazione saranno d'origine biologica.

Attualmente, nella società di mercato, gli inquinanti aerei d'origine umana sono per lo più prodotti da scarichi industriali, dall'uso di mezzi di trasporto, dal riscaldamento domestico e dall'attività agricola. L'imposizione di combustibili, carburanti e prodotti chimici meno inquinanti può attenuare il problema, ma resta il fatto che, in conseguenza delle attività umane, aumenta il concentramento di gas nocivi nell'atmosfera, mentre stanno diminuendo le zone forestali della Terra che sono i filtri naturali di questi gas.

Concentrando le circa 1500 persone della federazione in un'unica struttura abitativa ne trarrebbe vantaggio anche la depurazione dei rifiuti aerei. Si potrebbero incanalare tutti i fumi prodotti dal riscaldamento domestico (cosa inattuabile con la diffusione odierna dei siti abitativi) per poi abbatterli con filtri elettrostatici e trasformarli in polveri facilmente neutralizzabili o addirittura riutilizzabili. Questa tecnologia è ancora relativamente costosa e non è ancora accessibile alla singola famiglia e neanche a gruppi di famiglie condominiali di ceto medio, per questo è impensabile che la società di consumo possa offrire una soluzione al problema. Così come saranno neutralizzati i fumi da riscaldamento, saranno neutralizzati i rifiuti aerei delle attività industriali (che comunque saranno modeste).

Fattore tutt'altro che trascurabile, sarebbe drasticamente ridimensionato l'uso d'autovetture private col loro relativo inquinamento aereo. Questo per due motivi. Il primo motivo è perché non sarebbero più necessarie le strade «tra» le case, giacché non ci sarebbero più le case, ma sarebbero sufficienti pochissime vie di comunicazione tra i «nuclei», nei rispettivi territori, quindi sarebbero preferiti mezzi di trasporto collettivi, come piccoli treni e autobus elettrici o ad alimentazione a idrogeno liquido. Il secondo motivo è perché la ricerca dell'autosufficienza farà sì che la maggior parte della popolazione abbia un'attività lavorativa all'interno del territorio e verrebbe a ridursi sensibilmente la necessità di viaggiare, almeno per lavoro. Anche i macchinari agricoli saranno alimentati elettricamente o con idrogeno liquido, energie che il territorio potrà produrre da sé.

Autosufficienza alimentare

Le cellule del corpo umano sono strutture autonome che dipendono solo in parte dal collettivo per il loro metabolismo. In modo similare la popolazione della federazione potrà trarre il suo fabbisogno alimentare dal territorio in cui è insediata, il quale, opportunamente ristrutturato, potrà offrire tutto il necessario sottoforma di proteine, vitamine, carboidrati, grassi, zuccheri, sali minerali, acqua. Ognuna di queste entità potrà variare le sue colture e i suoi allevamenti (o indirizzare la propria economia alimentare verso la permacoltura) secondo i gusti degli abitanti e delle caratteristiche morfologiche e geografiche del territorio. L'unica cosa in comune che dovranno avere è la programmazione delle risorse nei rispettivi territori.

Solo quando l'autosufficienza alimentare non è materialmente possibile (o ancora non lo è), sarebbe auspicabile l'intervento di altre federazioni per integrare queste carenze alimentari, ma soprattutto è auspicabile una massiccia opera di volontariato da parte di queste ultime, tesa alla ristrutturazione del territorio della federazione non autosufficiente, perché lo possa infine diventare. Essere ecologicamente «neutri», inutile dirlo, significa anche produrre alimenti non trattati con sostanze tossiche, quali insetticidi, anticrittogamici, erbicidi, oppure con conservanti, aromatizzanti, coloranti, o ancora con antibiotici, ormoni e altre meraviglie sintetiche che oggi siamo costretti, o quasi, nostro malgrado a inghiottire.

Ciò sarà possibile, in primo luogo, perché gli alimenti prodotti non saranno soggetti a nessuna legge di mercato, ma utilizzati per proprio bisogno. Va anche detto che una sana alimentazione farà parte del programma di medicina preventiva.

Anche se i costi di produzione alimentare saranno superiori a quelli del mercato esterno (senza trattamenti chimici la quantità d'alimenti prodotti sarà certamente inferiore, anche con la lotta biologica o altri accorgimenti tecnici), ci saranno però notevoli vantaggi nella trasformazione e nella distribuzione. Un prodotto a coltura intensiva immesso oggi sul mercato deve aggiungere, ai suoi bassi costi di produzione, l'onere del trasporto e della distribuzione all'ingrosso e al dettaglio, nonché gli scarti delle giacenze invendute.

Nella federazione queste voci aggiuntive non esisteranno, poiché gli alimenti avranno un trasporto molto limitato, giacché saranno prodotti, trasformati e consumati dentro il territorio. Non subiranno mediazioni di mercato in quanto ci sarà un passaggio diretto dal produttore al consumatore, anzi, queste due figure saranno in realtà lo stesso soggetto. Non ci saranno lunghe giacenze di magazzino, poiché i prodotti facilmente deperibili come la carne, il pesce o gli ortaggi saranno consumati freschi secondo le richieste preventive degli abitanti, anzi saranno loro stessi a partecipare alla stesura di un programma per la produzione e la trasformazione di alimenti.

Cambiamenti utili

La ricerca della soluzione dei nostri problemi immediati provoca dei mutamenti sociali e ambientali che, apparentemente, avanzano in direzioni non prevedibili. Una visione complessiva della natura nel suo divenire evidenzia, invece, come tutta la storia umana abbia in realtà una finalità cui la nostra specie non potrà sottrarsi. È dunque perfettamente inutile contrastare la corrente impetuosa della «civiltà», l'uomo non ne ha il potere. Tutte le rivoluzioni, o pseudo tali, che dovevano portare a una condizione di vita a «misura d'uomo» hanno contribuito anch'esse all'imbarbarimento della società e alla spogliazione del pianeta.

La realizzazione pratica di ideali umani di solidarietà, di libertà, di uguaglianza, di giustizia non potrà avvenire cercando di modificare o abbattere la natura intrinsecamente aggressiva del capitalismo e di ogni forma di autoritarismo (significherebbe «cozzare» contro la logica della natura, rendendo vana e dispersiva ogni forma di impegno mirato), ma semplicemente evadendola, aggirandola, quasi disinteressandosi ad essa.

Cerco di spiegarmi meglio con un aneddoto sul mondo animale. I macachi del Giappone sono primati che vivono in gruppi sociali e sono strutturati in ordine gerarchico, al cui vertice c'è un maschio dominante, sempre intento a conservare i suoi privilegi sulle femmine, sul territorio e sui subordinati. Anche il minimo cambiamento di abitudini in seno al gruppo è inteso come un pericolo per il suo potere. Al contrario, i giovani del gruppo, che non hanno niente da perdere, sono disposti a cambiare con facilità le loro abitudini, se questo può giovare. I macachi sono tra gli animali selvatici più studiati in natura, perché vivono ai confini di insediamenti umani con alta densità di popolazione. Il turismo zoologico è molto diffuso e frequenti sono i visitatori che portano del cibo a questi animali, che, proprio per questo, hanno cambiato le loro abitudini alimentari, perdendo progressivamente la loro autosufficienza in natura. Si è cominciato a offrire dei chicchi di grano, depositandoli sulla sabbia nei pressi di un ruscello.

Inizialmente i macachi ingurgitavano chicchi mescolati a sabbia, fino a quando qualche animale ha avuto il «colpo di genio» di buttare il cibo in acqua, cosicché la sabbia andava a fondo e i chicchi rimanevano a galla, facilitandone la separazione. Questo comportamento è stato immediatamente imitato dai giovani, ma non dagli adulti, che continuavano imperterriti a trangugiare chicchi e sabbia. Il loro orgoglio (se di orgoglio si può veramente parlare per un animale) e la paura che le novità potessero scalzarli dalle loro posizioni sociali, li evidenziava come tenaci conservatori. Non so se quel maschio dominante è stato scalzato dal suo trono da un pretendente, oppure se è invecchiato mantenendo inalterati i suoi privilegi sociali, ma certamente la «rivoluzione» era stata compiuta, ed ora tutti i macachi, compresi i nuovi dominanti che si sono susseguiti nel tempo, lavano il grano prima di mangiarlo.

La lezione che potremmo trarne è questa:

- I cambiamenti utili partono sempre dal basso.

- I cambiamenti utili si diffondono per imitazione e non per imposizione.

- Il potere centrale è indifferente ai cambiamenti utili delle masse.

- I cambiamenti utili avvengono senza lo scontro diretto col potere.

- La violenza non è mai garanzia di cambiamento ma strumento di conservazione.

- Il potere non si modifica ma viene sostituito.

Strategia virale

Una rinnovata ecologia sociale e ambientale planetaria non avverrà mai per iniziativa delle persone e degli apparati che detengono il potere, che tendono invece a conservare i loro privilegi derivanti appunto dagli scompensi ecologici del pianeta, ma non avverrà neanche con lo scontro diretto col potere. Come la natura ci dimostra, una qualsiasi struttura semplice o complessa, come può essere una stella, una colonia di formiche o un corpo umano, non si crea modificando un aggregato già esistente, ma avviene sempre sviluppandosi progressivamente attorno a un piccolo nucleo centrale. In altre parole, la stabilità di Gaia non avverrà inducendo il sistema competitivo alla «riforma» o piegandolo con un rapporto di forza, ma impiantando degli «embrioni» (ossia delle federazioni di gruppi sociali) che, col loro sviluppo, andranno progressivamente a sostituire la struttura economica e sociale della nostra «civiltà», che nel frattempo, purtroppo, continuerà la sua azione cancerogena nei confronti del pianeta e della sua popolazione vivente.

Anche se apparentemente scenderanno a compromessi col potere, queste federazioni non saranno in simbiosi con esso, ma saranno un corpo estraneo nel corpo stesso del sistema. Eludere il sistema immunitario del sistema competitivo significa estraniarsi dalla vita politica della «civiltà», non creare situazioni controproducenti e pericolose scontrandosi con le istituzioni. Non solo non servirebbe a ottenere di più, ma scatenerebbe la reazione immunitaria del sistema capitalistico. La strategia di un virus è quella di infiltrarsi nel Dna cellulare e indurre la cellula, inconsapevole, a replicare tante copie virali. Occorre una strategia d'azione che superi i confini nazionali, come se non esistessero, «infettando» il sistema (con federazioni autosufficienti) come un virus che infetta le cellule del corpo umano. Anzi, come il virus dell'Aids, che non solo elude la sorveglianza del sistema immunitario, ma attacca «silenziosamente» proprio i globuli bianchi incaricati di distruggere i corpi estranei. Se questo virus avesse optato per uno scontro diretto col sistema immunitario, non avrebbe nemmeno fatto notizia e sarebbe già stato distrutto e dimenticato. È ciò che è accaduto a tutte le rivoluzioni violente, che hanno stravolto un sistema politico ma non hanno spezzato il «cerchio della civiltà». Non è sufficiente lottare contro un potere politico ed economico, la lotta dell'umanità dovrà essere contro tutta la sua storia.

Evitare lo scontro con lo Stato non significa scendere a compromessi col nemico, ma usufruire di tutti quei vantaggi «legali» che possono far crescere questi embrioni, che gradualmente cominceranno a infiltrarsi nella vecchia struttura competitiva e parassitaria, fino a svuotarla dall'interno ed esautorarla, un processo che sarà possibile solo creando così poco disturbo da non svegliare il suo «sistema immunitario». In qualche modo siamo tutti invischiati nella ragnatela del sistema e, per poterne uscire indenni, non dobbiamo «agitarci» troppo, perché possiamo svegliare il ragno e rischiamo di essere punti e paralizzati dal suo veleno. Quello che possiamo fare dovremmo farlo alla luce del sole, in perfetta armonia con le leggi vigenti, nel pieno rispetto delle autorità costituite. Non è un paradosso: è l'unica rivoluzione possibile.

Rapporti col potere

I problemi che si porranno innanzi alla realizzazione di queste microsocietà autosufficienti sono molteplici. Si presenterebbe comunque il problema di come preservare integro il nascente sistema sociale per le pressioni esterne. Per evitare che un potere nazionale possa smantellare militarmente queste entità, c'è realisticamente un solo modo: avere buoni rapporti col potere nazionale. Uno scontro col potere, fosse anche solo formale, non porterebbe alcun beneficio pratico alla popolazione, che, invece, avrebbe la possibilità reale di ritrovare la propria ecologia sociale avvalendosi di leggi già esistenti. Penso perciò che cercare di dare caratteristiche di «imprendibilità» a queste comunità locali, sia anacronistico, inutile e deleterio.

Per avere la garanzia di esistere, prima ancora di essere un'alternativa appetibile per le persone che dovrebbero costruirle e viverci, queste esperienze comunitarie dovrebbero essere appetibili al potere economico. Dovrebbero cioè avere una qualche utilità per il mercato, perché essere un sistema socio-economico chiuso (quindi inutile per l'economia capitalistica) e non interferire nelle vicende altrui, non significa che gli altri accettino di non interferire nelle nostre vicende. Purtroppo non si possono basare i rapporti con le istituzioni sulla fiducia e sulla reciproca dichiarata onestà. Mi ricordano i trattati stipulati dai «bianchi» con le popolazioni native del Nord America! Non è sufficiente non dare fastidio a nessuno per garantirsi l'esistenza, e il «vivi e lascia vivere» è una regola che il capitale accetta solamente se ci guadagna. Sarebbe oltremodo ingenuo pensare che una promessa scritta possa fermare l'avidità dei potenti, davanti a degli ipotetici guadagni. Insomma, il potere deve guadagnarci dall'esistenza delle federazioni di gruppi sociali e certamente potrà avere il suo guadagno. I rapporti commerciali saranno a senso unico, in quanto sarà il mercato esterno a vendere a queste oasi comunitarie e non viceversa (potrebbero sorgere pericolose inimicizie anche solo se si entrasse in competizione col piccolo mercato locale).

Con i proventi dei «lavoratori esterni» le federazioni potranno acquistare la tecnologia necessaria al loro funzionamento, diventando perciò un mercato «appetibile». Oltretutto sarebbe un mercato con nuovi sbocchi, perché si tratta di una tecnologia particolare, ad uso più collettivo che individuale (non una tecnologia «fai da te», ma «fai con gli altri»). Questo accentuerebbe la competizione tra le società produttrici e metterebbe le comunità al riparo da ipotetici ricatti economici. Sarebbe paradossalmente lo stesso governo nazionale a proteggere una sua fonte di reddito che, per contro, non gli costa quasi nulla, dal momento che i «servizi» sono a carico di queste comunità locali (che sono autosufficienti anche in questo).

Passato e presente

La «grande casa comune» non potrà permettere l'immediato ripristino della naturale socialità umana dei cacciatori-raccoglitori, ma potrebbe essere l'indispensabile avvio per l'auspicata inversione di tendenza. Inoltre ci sono innumerevoli vantaggi materiali che inciderebbero positivamente sulla qualità della vita. Si moltiplicherebbe la quantità di terreno coltivabile disponibile e lo spazio necessario alla riforestazione; si eliminerebbero di netto tutte quelle sovrastrutture inutili, dannose e costose, come strade, case, fognature, gasdotti, oleodotti, acquedotti, elettrodotti e tutti gli altri... «dotti» indispensabili, invece, per adattarsi (in malo modo!) alla «civiltà». Sarà anche una battuta d'arresto per l'inquinamento (solido, liquido, aereo). Fattore non trascurabile sarà la possibilità di uno sviluppo demografico adeguato all'effettivo ricambio generazionale e non alle risorse disponibili.

La vita comunitaria non creerà problemi più di quanti ne ha creati per migliaia e migliaia di anni ai raccoglitori-cacciatori. Solo alla luce dei fatti, però, si potrà dire quanto il condizionamento culturale del sistema è stato, per ognuno di noi, più forte della nostra socialità innata. Per la verità, nel corso della storia umana sono sorti parecchi tipi di comunità, che erano in controtendenza rispetto al normale vivere individuale e competitivo, dagli Esseni del Mar Morto agli Hamish americani, dai Kibbutz israeliani alle Comuni agricole cinesi, dalle confessioni di monaci cristiani occidentali a quelle buddiste orientali; così come molte sono rimaste sulla carta e mai espresse, come la *Città del sole* di T. Campanella o *Utopia* di T. More. Tutte queste entità erano destinate a rimanere isolate, così come lo erano gli antichi gruppi di raccoglitori, perché, per federarsi e creare un sistema di livello superiore, sarebbe stata indispensabile una forma di comunicazione in tempi reali, che solo ora, o in futuro prossimo potrà essere disponibile.

Forse potrebbero svilupparsi tanti modelli di oasi comunitarie, così come, ai primordi dell'evoluzione biologica, dopo la formazione della prima cellula nucleata, la natura si è sbizzarrita per formare una miriade di protozoi e alghe unicellulari, diversi per forme e dimensioni, ma solo una e una sola, tra queste migliaia di specie, è stata abbastanza «sociale» per dare inizio al processo di formazione degli organismi pluricellulari, uomo compreso. È probabile che un solo modello di queste esperienze comunitarie possa riprodursi per dare corpo a un sistema planetario.

Ormai l'ecologia umana non potrà più concretizzarsi solo a livello di gruppo o di federazione di gruppi, ma solo in un contesto globale, come alternativa alla globalizzazione del sistema di mercato. Sarebbe estremamente limitativo cercare di appropriarsi delle briciole ancora non divorate dal sistema (che prima o poi divorate lo saranno), come le ultime foreste vergini equatoriali o le foreste sub-artiche di conifere, ma sarebbe rivoluzionario essere invece in grado di utilizzare gli scarti «digeriti» da questo sistema, come i deserti o gli insediamenti abbandonati. Si ripeterà la rivoluzione biologica che hanno visto come protagoniste le prime cellule nucleate, che utilizzavano l'ossigeno come loro elemento vitale, cioè il prodotto di scarto del processo «digestivo» dei batteri che le hanno precedute. Sul piano teorico, non è per nulla un'utopia ma una realizzazione fattibile, perché il momento storico che stiamo vivendo assume potenzialità del tutto diverse dal passato, proprio per le opportunità offerte dal rapido sviluppo delle telecomunicazioni.

Emancipazione

Le contraddizioni sociali ed economiche sorte con l'inizio della storia umana si sono accentuate fino ai nostri giorni, facendo crescere, di pari passo, la necessità degli esseri umani di uscire da queste stesse contraddizioni. I problemi sono sempre stati più numerosi delle proposte e dei tentativi di soluzione, ma la speranza di poterli risolvere e di vivere in una società di uomini liberi è legata alla possibilità di liberarsi dai bisogni artificiali indotti dal sistema della competizione. L'emancipazione sarà possibile solo col proponimento e la realizzazione di una società priva di contraddizioni: vale a dire un sistema (la federazione di gruppi) che, pur tenendo conto del potenziale offerto dalla conoscenza scientifica e dalla tecnologia, poggi la sua condotta sociale, economica e ambientale sul modello degli antichi raccoglitori, in una parola sul comunismo primitivo. Ogni altra soluzione è da considerarsi solo una temporanea pausa, un tentativo di freno verso quel tragitto obbligato della natura, che porterà ineluttabilmente al sistema federativo.

Perché pensare che sia sufficiente tornare indietro solo per un tratto di strada se le esperienze dimostrano che tutta la strada è sbagliata? La strada sbagliata noi l'abbiamo imboccata quando siamo usciti dal giardino dell'Eden, quando abbiamo iniziato a disgregare il gruppo sociale: perché andare a ricercarla altrove? È inevitabile che l'umanità debba perciò compiere un percorso rivoluzionario rispetto alla sua storia. Forse è meglio precisare che per «rivoluzione» si dovrebbe intendere un'inversione di 360° (così la Terra fa ogni anno una rivoluzione intorno al Sole) ma, vista la cosa in questa prospettiva, durante tutto l'arco della storia umana, in sostanza di rivoluzioni non ce ne sono mai state. Perfino i moti insurrezionali marxisti-leninisti, se fossero stati effettivamente rivoluzionari avrebbero, obbligatoriamente, indirizzato a condizioni sociali, economiche e ambientali simili al comunismo primitivo (inversione di 360°), ma sono malinconicamente approdati tutti nella… «fattoria degli animali» (la metafora perfettamente illustrata da G. Orwell sullo statalismo autoritario sovietico)!

Si possono trovare cento scuse per giustificare il fallimento degli obiettivi di una rivoluzione violenta, ma ci saranno sempre centouno motivi per non avventurarsi in un insensato, inutile, inumano dispendio di energia e di vite. Al di là delle sue giustificazioni e dei suoi obiettivi, non c'è nessuna guerra che vale la pena di essere combattuta: né una guerra tradizionale, poiché serve sempre ai ricchi e uccide sempre i poveri, né una guerra di «liberazione», che, alla luce dei fatti, impone o uccide la libertà di una parte di popolazione e non porterà mai a una società a misura d'uomo. Secondo i dettami marxisti, la collettivizzazione dei mezzi di produzione doveva essere il tramite per arrivare a una società senza classi, ma il mezzo si è trasformato in obiettivo, un ostacolo insormontabile.

La verità è che nessuna imposizione culturale potrà mai portare alla libertà e all'emancipazione da questo sistema di cose. La vita in una federazione autosufficiente sarà «storicamente» rivoluzionaria, ma la vera rivoluzione comportamentale deve avvenire in ogni singolo individuo, plasmando la propria personalità alla vita comunitaria. Ogniqualvolta le masse si sono coalizzate è stato invece per soddisfare una contingente materialità: «La storia ci ha insegnato che un popolo affamato fa la rivoluzion»… evviva la pappa col pomodoro!

Le masse non sono un corpo unico, ma sono solo un aggregato temporaneo di persone che in un determinato momento hanno delle esigenze comuni. La cosa mi ricorda le locuste che, in condizioni di particolare avversità ambientale, diventano eccezionalmente gregarie e formano quegli enormi sciami migratori distruttivi per la ricerca del cibo. Una volta soddisfatto questo bisogno l'aggregazione esaurisce la sua funzione e si frantuma, perché non ha più motivo di esistere.

La coscienza rivoluzionaria deve invece essere qualcosa che lega gli individui in modo perenne, facendo in modo che i loro bisogni siano comuni in modo continuativo. Le masse non sono come una vigna, dove i singoli grappoli maturano quasi contemporaneamente, consentendo di fare una sola «vendemmia», ma sono come un fico, dove i singoli frutti maturano in tempi diversi su periodi relativamente lunghi, semplicemente perché, in una società competitiva come la nostra, i bisogni individuali tendono a diversificarsi in misura crescente da persona a persona.

Azione non politica

La transizione al sistema federativo avverrà gradualmente, in tempi proporzionali al desiderio della gente di liberarsi, fornendo un programma nel quale gli individui, non la massa, possano riconoscersi e liberamente partecipare. Tuttavia sarà necessaria un'organizzazione di sostegno, che non avrà mai l'obiettivo di ricercare lo scontro frontale con lo Stato: perché cercare di sfondare una porta quando si hanno le chiavi in tasca? La politica è qualsiasi rapporto tra cittadino e istituzioni, finalizzato a mutare di continuo le regole che sono alla base di questo stesso rapporto. È un tiro alla fune tra governo e governati, ma per fare politica non è necessario militare in qualche partito politico tradizionale o in qualche movimento d'opinione. Anche facendo parte di associazioni culturali o ecologiste o umanitarie, si fa politica. Un gruppo di persone che sottoscrive una petizione al Comune, per fare spostare un cassonetto dei rifiuti o per fare installare un lampione in più in una via cittadina, fa politica. «Contrattare» con lo Stato e le sue istituzioni significa legittimare il sistema politico ed economico, per cui l'organizzazione popolare di sostegno alle federazioni, che non si riconosce nel sistema competitivo in cui vive, non può quindi fare politica. D'altra parte, qualora non pagassi le tasse o, comunque, non rispettassi le regole dello Stato, entrerei in competizione con le istituzioni e quindi farei politica.

Le leggi liberiste istituite per legittimare la grande proprietà privata e lo sfruttamento del lavoro salariato sono valide, a tutti gli effetti, anche per la costituzione di federazioni. La proprietà è sacra? Ebbene, gli abitanti di una federazione saranno proprietari di un territorio, al cui interno non ci saranno né proprietà privata né lavoro salariato. Gli imprenditori vogliono mettere in ginocchio la pubblica sanità o la pubblica istruzione, lucrando su case di cura, case di riposo e scuole private? In questo modo è dato alla federazione la possibilità di gestire autonomamente la sanità, l'assistenza e l'istruzione. Si tende a privatizzare la produzione e la vendita di energia elettrica, gas, acqua, telefonia? La federazione è perfettamente in grado di prodursi da sé tutte queste cose (risparmiando!).

Perché resistere allo Stato a livello nazionale e lottare per il diritto alla scuola, all'assistenza sanitaria e sociale, per un lavoro sicuro, per la riduzione dell'orario lavorativo, per un migliore rapporto cittadini-istituzioni, per migliori servizi, ecc., o addirittura per tentare di prendere un potere nazionale che non si potrebbe mai usare per il bene comune, quando tutte queste cose (in condizioni notevolmente migliori) si possono ottenere in modo completo e senza conflitti sociali, usufruendo di leggi già esistenti nel territorio nazionale? A livello locale si potranno effettivamente risolvere tutti i problemi sociali e ambientali caratteristici di questo sistema, che non potrebbero mai essere risolti a livello di nazione, non importa se capitalista o socialista. Che lo Stato possa servirsi di queste microsocietà autonome fino a quando gli farà comodo è scontato, ma saranno soprattutto queste comunità che potranno servirsi dello Stato per la loro sopravvivenza e il loro sviluppo. Una grande organizzazione popolare, inerte politicamente ma «feroce» culturalmente, avrebbe quindi anche una funzione preventiva in vista dei futuri accadimenti.

Siti di insediamento

Un altro ostacolo che può frapporsi nella realizzazione di una struttura così complessa, come lo è la federazione di gruppi sociali, è la ricerca di uno spazio fisico idoneo per il suo insediamento. È senz'altro vero che un'oasi comunitaria, per insediarsi, ha bisogno di un territorio vergine o comunque libero, ma non è necessario emigrare negli angoli meno accessibili del pianeta per trovare gli spazi necessari. Per la verità, nella sua conquista economica del mondo, il capitalismo lascia dietro di sé enormi spazi inutilizzati, perché antieconomici.

In questo momento, mentre scrivo, sto guardando fuori della finestra e vedo chilometri di terreni inutilizzati o scarsamente utilizzati. Abito in una zona collinare morenica di 400-500 metri di altitudine, in prossimità delle Prealpi biellesi, in un Comune che ha trecento abitanti scarsi, a una ventina di chilometri da Biella. Nel Biellese è sorta nel Settecento la prima industria italiana, quella della lavorazione della lana. Innumerevoli stabilimenti tessili sono stati impiantati lungo i torrenti (il Biellese è una zona ricca d'acqua) e i macchinari erano mossi direttamente dalla forza dell'acqua, giacché ancora non era stato inventato il motore a vapore, a scoppio o elettrico. Ancora oggi i maggiori impianti si trovano lungo i torrenti.

Anticamente questa era una zona povera e l'economia poggiava prevalentemente su attività silvo-pastorali, da qui la produzione della lana. Fino a quando era vantaggioso produrre la lana in loco i pascoli collinari erano ben curati, ma con l'acquisto di lane d'importazione, più economiche e di migliore qualità, l'allevamento locale delle pecore ha perso importanza e i pascoli sono stati progressivamente abbandonati, sostituiti da fitte boscaglie incolte. Il danno ecologico è stato enorme, perché la manutenzione dei torrenti non era più effettuata con regolarità, causando alluvioni e frane. Solo nel 1968 un'alluvione ha causato più di cento morti tra la popolazione locale.

Per le loro caratteristiche geografiche i terreni di questa zona hanno scarso valore commerciale, perché, così come sono, sono inadatti ad attività agricole o turistiche. Per esserlo dovrebbe accadere ciò che è scritto in Isaia 40:4, cioè: «Ogni valle sia colmata, ogni monte e colle siano abbassati; il terreno accidentato si trasformi in piano e quello scosceso in pianura». Certamente questo è fuori da ogni logica di profitto e nessun imprenditore privato, come neppure lo Stato e le sue emanazioni istituzionali, si sognerebbe mai di attuare una cosa simile, perché economicamente «il gioco non vale la candela». Le federazioni sono però fuori dalla logica della competizione e del profitto, e potrebbero veramente bonificare in questo modo il territorio; non ha importanza il tempo occorrente, perché ogni palata di terra è una conquista territoriale sottratta al sistema di mercato. Io conosco la mia zona e so bene quanto spazio sarebbe disponibile a questo proposito, ma questo discorso si estende a qualsiasi altro territorio. Nulla vieta, per esempio, che nella stessa fertile pianura Padana, definita con ragione un deserto coltivato a cereali, si possano acquistare i territori necessari per insediare delle oasi sperimentali, a parte il fatto che i costi sarebbero proibitivi.

È logico e scontato che i primi insediamenti sperimentali di sistemi federativi avverranno ai margini dell'economia capitalistica. D'altra parte l'abbandono delle campagne, la progressiva desertificazione, l'incuria ecologica di questo sistema, lasciano ampi spazi ovunque nel pianeta, sia in paesi industrializzati sia paesi tecnologicamente sottosviluppati. Dato il suo carattere di autosufficienza, queste oasi comunitarie non hanno bisogno di servizi concessi dallo Stato, per cui potrebbero funzionare ugualmente bene sia in una fertile valle, sia in un deserto roccioso opportunamente bonificato. Non si pensi che in quest'ultimo caso la popolazione vivrebbe in ristrettezze economiche, perché sarebbe comunque una struttura altamente tecnologica e l'isolamento geografico sarebbe superato con la collaborazione a distanza con altre oasi, in attesa che si arrivi all'autosufficienza alimentare con la bonifica del territorio.

Ovviamente i tempi di ristrutturazione ambientale sono proporzionati all'utilizzo di tecnologia complessa.

Organizzazione di sostegno

Un altro problema importante è il reperimento dei fondi necessari per l'insediamento. Facendo dei conti approssimativi, il costo materiale di una singola oasi comunitaria sarebbe superiore ai cento milioni di euro, almeno dalle nostre parti, non tenendo conto della manodopera, che sarebbe ovviamente fornita dalle stesse persone che abiteranno l'oasi e da volontari dell'organizzazione esterna. Se suddividiamo questa cifra per il numero dei futuri abitanti della federazione, ne risulta che difficilmente una singola famiglia metterebbe a disposizione questi fondi, per realizzare un progetto che non offre matematiche garanzie di successo (oltretutto non si dovrebbe mettere le famiglie in condizioni di poter rivendicare un «pezzo» di oasi). Un'organizzazione internazionale, invece, farebbe sì che i costi fossero distribuiti in misura enormemente più allargata, facilitandone il finanziamento (senza potenziali «diritti di proprietà»). La contribuzione economica iniziale non sarà il solo compito di cui si farà carico l'organizzazione esterna, perché avrà pure la funzione di preparare culturalmente gli individui e le famiglie che dovranno dimorare in queste strutture comunitarie.

Quando le federazioni saranno sufficientemente numerose cesserà gradualmente la necessità di un'organizzazione esterna, fino al suo esaurimento totale, ma si sarà formata nel frattempo un'organizzazione interna, che ne consentirà l'aggregazione coordinata in un unico sistema planetario. Ecco perché nessuna ipotesi di federazione potrà mai concretizzarsi, se non sarà nata prima un'organizzazione di sostegno. D'altra parte per essere in qualche modo operativa, l'organizzazione non deve aspettare di aver raccolto i fondi necessari per realizzare le federazioni, ma può rendersi utile da subito, appena costituita, in vari modi.

Suddividendosi in gruppi di attività, numericamente simili ai gruppi di raccoglitori, potrà diffondere il concetto di ecologia umana, raccogliere idee e informazioni in tutti i settori utili alla costruzione e al funzionamento di queste future esperienze comunitarie (non ultimo un progetto di realtà virtuale che simuli il funzionamento delle stesse), individuare i siti più idonei all'insediamento e, compito fondamentale, instillerà negli associati il desiderio di collaborare per un mutuo soccorso, per «resistere» alle vessazioni del sistema competitivo, in attesa che le federazioni siano realizzabili.

Queste federazioni non dovranno però funzionare per il sostegno

di un'organizzazione esterna, perché non solo dovranno essere autosufficienti, ma dovranno avere un bilancio in attivo, per contribuire alla messa in opera di altre oasi comunitarie ed eventualmente sostenere la stessa
organizzazione esterna. Lo scopo di quest'ultima è quello di dare l'avvio
materiale a un numero sufficiente di comunità locali, affinché siano in
grado di riprodursi da sole (come la manovella per mettere in moto il
motore delle antiche auto).

Democrazia diretta

Se dovessimo dare una definizione della sua forma politica, potremmo dire che la federazione è una *democrazia diretta*, nel senso letterale del termine. Ogni gruppo fa riferimento a un «consiglio degli anziani», così come i gruppi della federazione faranno riferimento a un organo
decisionale collegiale. Chi ci garantisce però che queste istituzioni non
esercitino poi di fatto una dittatura sottratta ad ogni controllo democratico? Forse dovrebbero bastare come garanzia decine di migliaia di anni di
esperienza umana. Il problema della prevaricazione di un individuo
sull'altro è sorto con l'affermarsi di interessi economici privati, ossia con
il concetto stesso di proprietà privata. Ancora oggi gli ultimi uomini «liberi» (mi si perdoni l'esagerazione) hanno un «esecutivo» non molto ben
definito, in quanto solo in particolari decisioni importanti per il gruppo
viene riconosciuto un «capo». Di solito il consiglio degli anziani, che in
pratica è l'assemblea dei capifamiglia, riesce a trovare un accordo unani-
me sul da farsi, senza nominare (temporaneamente) un «super partes». Il
«legislativo», poi, è del tutto inesistente: è la natura stessa a fare le leggi
e nessun raccoglitore si sognerebbe mai di metterle in discussione.
Ora consideriamo che la federazione è l'associazione di gruppi
(composti da famiglie legate da vincoli di parentela o di forte amicizia)
di per sé giuridicamente autosufficienti. L'assemblea centrale della federazione può intervenire sui gruppi ma non sugli individui, così come un
consiglio planetario potrà intervenire giuridicamente sulle federazioni ma
non sui gruppi e sugli individui. Federazione di gruppi in sostanza potrebbe significare assenza di governo e assenza di Stato. Un sistema sociale che giuridicamente si autocontrolla dal basso, a livello di famiglie e
di gruppi, renderebbe inutile qualsiasi forza governativa superiore.
Se potessimo immaginare una nazione interamente composta da
federazioni di questo tipo, non avrebbe nemmeno senso parlare di nazione o di Stato: concetti culturali praticamente inapplicabili. Potremmo immaginare che anche l'intero pianeta sia infine composto totalmente da federazioni di gruppi sociali, per cui il consiglio planetario avrebbe il solo

compito di coordinare entità autosufficienti anche dal punto di vista giuridico, così come, similmente, il cervello coordina decine di migliaia di miliardi di cellule autosufficienti. Ci sarà da chiedersi a questo punto: una cellula è una libera «cittadina» o un suddito nei confronti del corpo umano? Dal mio punto di vista posso rispondere con una vecchia canzone di Giorgio Gaber: «la libertà non è uno spazio libero, libertà è partecipazione»! Per questo penso che il gruppo sociale è la naturale espressione della libertà umana e la federazione ne è garanzia di stabilità.

Adesione consapevole

I membri di un gruppo sociale saranno comunque sudditi o cittadini della nazione nella quale la federazione è insediata, perché dovranno sottostare anch'essi, come tutti gli altri, alle leggi che lo Stato promulga. Infatti, dal punto di vista giuridico, stando così le cose, la federazione sarebbe soltanto un agglomerato di popolazione che ha in gestione un determinato territorio nazionale (come può esserlo un Comune) e deve rispettare le leggi e le istituzioni dello Stato. Sarebbe oltremodo inutile e controproducente ostinarsi a rivendicare un'effettiva autonomia politica. Se lo Stato mi obbligasse a pregare cinque volte al giorno in direzione della Mecca, o di farmi il segno della croce prima e dopo i pasti, oppure fare l'alzabandiera e relativo saluto, allora io prego, mi faccio il segno della croce e saluto la bandiera. Sono però consapevole che sono solo gesti formali (o meglio, una deformazione culturale) che non potranno intaccare l'ecologia sociale degli abitanti della federazione. Non ci sono leggi che di fatto impediscono di coalizzare famiglie e individui in gruppi e questi in federazioni. Il problema non è tanto come liberare l'intera umanità dalla schiavitù economica e culturale del sistema di mercato, poiché dovrà essere la gente, consenzientemente e individualmente, a decidere di liberarsi da sola.

Ciò da cui non si potrà prescindere è che qualsiasi cambiamento utile in direzione di un'ecologia sociale umana, dovrà necessariamente essere un'entità autosufficiente formata da gruppi stabili, anzi, da una federazione di gruppi. Questa è la nostra natura genetica, che fortunatamente non si modifica al ritmo dei cambiamenti culturali. Forse il nostro ruolo finale nell'ecosistema di «Gaia» sarà quello di tornare ad essere dei raccoglitori, senza far uso di tecnologia complessa, in un ambiente naturale completamente ristrutturato che avremo il compito di conservare. Ora, però, abbiamo davanti a noi problemi completamente diversi, come progettare un modo di vivere ecologicamente e socialmente sostenibile, scevro da violenze e prevaricazioni, nel pieno rispetto dell'essere umano, combattendo nell'unico modo possibile la «civiltà». «Chi ben comincia è già a metà dell'opera» e da qualche parte bisogna pur cominciare. Queste esperienze comunitarie possono davvero diventare gli «embrioni» di una rinascita ecosociale.

Il deserto fiorirà

Anche se la tecnologia complessa non è indispensabile per l'affermazione della natura sociale umana, solamente col suo sostegno si potranno realizzare quelle grandi opere di bonifica ambientale a livello planetario. Naturalmente la tecnologia da sola non è sufficiente a questo scopo ma è necessaria una nuova struttura sociale che la guidi; lo dimostra il fatto che il sistema competitivo non solo non è in grado di fare alcuna bonifica, ma continua a produrre danni all'ambiente e all'ecologia sociale umana. Come sarà possibile, ad esempio, fermare la desertificazione e rinverdire un deserto? Un deserto è considerato tale perché c'è assenza o insufficienza di acqua. In realtà sulla superficie del pianeta c'è più acqua che terra, ma nella quasi totalità si tratta di acqua salata, deleteria per la vegetazione. Si tratterebbe di dissalare l'acqua del mare e convogliarla all'interno per irrigare il deserto. Ovviamente ciò non viene fatto perché c'è un grosso squilibrio tra costi e ricavi, che disincentiva quest'opera da parte di società private o nazionali. Immaginiamo, però, un'organizzazione internazionale «no profit» che acquista dei terreni costieri deserti (che hanno prezzi abbordabili) per installare degli impianti di desalinizzazione dell'acqua marina.

L'energia necessaria sarebbe ricavata col sistema fotovoltaico o direttamente dal concentramento del calore solare, vista l'abbondanza del sole nel deserto. L'acqua dolce modellerebbe presto l'ambiente, rendendolo ospitale per insediarvi delle oasi comunitarie. L'obiettivo non è solo l'autosufficienza di oasi costiere, ma utilizzare queste come cellule specializzate nella produzione di acqua dolce, che sarebbe convogliata sempre più all'interno, permettendo la creazione di altre oasi. I costi degli impianti idraulici e di desalinizzazione (che sono elevati e il rapporto costi-ricavi è all'inizio enormemente sproporzionato) verrebbero ammortizzati man mano che crescerà il numero di federazioni già attive e autosufficienti. Col sistema di lavoratori esterni temporanei le singole oasi avrebbero un bilancio in attivo, con un utile per la gestione degli impianti e per nuovi insediamenti. La velocità di bonifica del deserto aumenterebbe progressivamente e la riforestazione andrebbe a modificare il clima locale.

Ora rapportiamo il tutto al corpo umano per farne un paragone.

Un'aggregazione coordinata di cellule può costituire una ghiandola, con l'incarico specializzato di secernere una sostanza chimica utile all'intero organismo. Così il gruppo di federazioni costiere funzionerà come una ghiandola che produce acqua per le proprie necessità e per le necessità altrui. Lo stesso discorso può valere se nel territorio di un'oasi comunitaria è presente in abbondanza un qualsiasi elemento di effettiva utilità generale. Dove è abbondante la sabbia sono abbondanti il silicio e altri minerali vetrosi, indispensabili per la produzione di celle fotovoltaiche. È in questi luoghi che sarà conveniente installare impianti per la produzione di pannelli per l'energia solare. Dove c'è acqua (anche quella dissalata) ed energia solare ci sarà produzione di ossigeno e idrogeno liquidi. Ecco allora che questa zona non sarà più una semplice ghiandola, ma un organo intero o addirittura un apparato al servizio dell'intero corpo.

Con lo stesso criterio possono essere installate oasi nelle foreste più impervie. Qui le produzioni di utilità collettiva saranno diverse, come per esempio l'estrazione di principi attivi vegetali per la produzione di medicinali indispensabili o il campionamento di biodiversità destinato alla ricerca. Ogni federazione dovrebbe funzionare come una cellula specializzata del corpo umano, secondo le caratteristiche dell'ambiente d'insediamento. Tutto dovrà avvenire al di fuori della logica della competizione di mercato e niente di quello che sarà prodotto dovrà essere venduto o barattato nel mondo esterno, ma solo distribuito tra le oasi secondo le necessità. È questo il rapporto di collaborazione esistente tra le cellule del corpo umano.

Sarà solo il lavoro ad essere scambiato, o meglio, i lavoratori esterni temporanei, che in parte lavoreranno nelle imprese private o pubbliche del sistema metropolitano per acquisire valuta corrente, in parte presteranno la loro opera in oasi specializzate per la produzione di un bene utile all'organismo intero. I lavoratori addetti agli impianti di desalinizzazione, all'estrazione mineraria, alle produzioni industriali, ecc. saranno tutti lavoratori temporanei che arrivano da altre oasi, che saranno ospitati nella struttura residenziale della comunità. La popolazione residente continuerà normalmente a svolgere tutte le operazioni quotidiane necessarie all'adattamento all'ambiente del territorio e al soddisfacimento dei propri bisogni immediati, senza interferire con le produzioni specializzate, che avverranno nel territorio comunitario delle singole oasi.

Specializzazione delle federazioni

Le cellule del nostro corpo sono fortemente specializzate, ma esiste tra esse un centralismo politico ed economico? Il nostro corpo ha un cervello che, attraverso ramificazioni nervose, tiene i contatti con tutte le altre cellule. È curioso notare, però, che è solamente un controllo politico, non economico, poiché ogni cellula è una struttura economicamente autosufficiente. Il cervello non interferisce sul metabolismo delle singole cellule, ma chiede ad ognuna di loro una certa quota di lavoro utile per tutto l'organismo. È quindi naturale l'esistenza di un'organizzazione internazionale delle federazioni, che coordini le attività industriali di utilità generale, senza tuttavia interferire nelle vicende interne delle singole realtà locali.

L'unico obbligo di una comunità locale verso il nascente sistema planetario sarà quello di fornire un certo numero di giovani lavoratori per un tempo determinato, per avere in cambio tutta l'assistenza e la tecnologia necessaria al suo funzionamento. Certo ai tropici o in zone montane ci saranno esigenze ambientali diverse da quelle dei climi temperati o delle zone desertiche, per cui il traguardo dell'autosufficienza potrà avvenire in modi del tutto differenti, ma ci sono punti fondamentali che tutte le esperienze comunitarie, che vorranno far parte di un organismo internazionale, dovranno avere in comune.

Tutto si può riassumere nel rispetto dell'ecologia sociale umana, determinato dalle caratteristiche genetiche della nostra specie. Una volta rispettate queste regole non ci sarà bisogno di cavillare dettagli a tavolino: ogni comunità sarà libera di decidere le sue modalità di adattamento. Con la nascita di federazioni autonome inizierà la costituzione del sistema planetario (il vertice della piramide della natura) e inizierà nel contempo la «perdita d'identità» delle federazioni stesse.

Per aggregarsi tra loro le federazioni dovranno infatti specializzarsi e adattarsi alle esigenze di questo organismo internazionale in crescita: si ripeterà dunque il processo evolutivo per il conseguimento di un livello superiore. A questo proposito ancora due considerazioni. La prima cosa evidente è che i gradini della piramide della natura vengono scalati a velocità crescente, perciò non dovremo aspettare migliaia di anni per vedere realizzato il sistema planetario a partire dalle prime federazioni. Come seconda cosa dobbiamo considerare che l'evoluzione della natura non avviene in modo omogeneo e contemporaneo, per cui potrebbero realizzarsi le prime federazioni quando ancora saranno presenti gruppi sociali di raccoglitori-cacciatori. A questo punto, per concludere, si può affermare che non è necessario aspettare particolari condizioni politiche, sociali, economiche o ambientali favorevoli per agire. Si può iniziare da subito, basta volerlo, semplicemente ignorando le condizioni mutevoli della «civiltà» e affidandoci, invece, alla nostra innata socialità.

Postfazione

A distanza di un decennio da quel dibattito posso tranquillamente dire di condividere ancora quasi tutto quel che mi scrisse Piero Nigra, nonostante io non abbia le sue basi scientifiche, né voglia averle per poter cercare un'alternativa al sistema che non ci fa essere quel che vorremmo.

In particolare apprezzo il suo continuo rifarsi all'epoca delle foreste, in cui i cacciatori-raccoglitori vivevano sicuramente un'esistenza più umana della nostra.

Tuttavia continuo a restare molto perplesso quand'egli vincola la realizzazione del suo progetto federativo allo sviluppo della tecnologia della comunicazione.

Anche a costo di sembrare un po' provinciale, vorrei qui dire che, secondo me, le comunità locali, se davvero riescono ad *autogestirsi*, non hanno alcun bisogno di sostenersi a vicenda grazie a una comunicazione ininterrotta e planetaria, a meno che non lo richiedano specifiche esigenze, da valutarsi caso per caso.

La comunicazione non è un processo che deve per forza essere esplicitato, per poter definire «vera» l'esperienza che le è sottesa. È sufficiente che ogni comunità viva autonomamente nella *democrazia sociale*, per sentirsi in sintonia con tutte le altre, anche in assenza di scambi comunicativi, i quali comunque possono sempre servire per confrontare usi e costumi.

Se ogni comunità fosse davvero *democratica* (e per poterlo diventare non ha bisogno d'attendere un elevato livello di tecnologia), nel momento in cui si accingesse a comunicare alle altre, parimenti democratiche, la propria esperienza, non potrebbe avere alcuna difficoltà a farlo, non troverebbe alcun vero impedimento.

Vorrei qui fare un esempio di tipo «religioso», visto che Piero Nigra presume d'ispirarsi, per il suo progetto, a una sorta di «cristianesimo laico». Noi chiamiamo «cattolica» la chiesa romana, ma anche gli ortodossi dicono di esserlo. Eppure l'interpretazione che le due confessioni danno al termine in questione è del tutto divergente: infatti i cattolici intendono l'universalità a partire da un centro (il papato); gli ortodossi invece intendono infinite esperienze locali che si riconoscono liberamente in uno spirito comune.

Non ci può essere nulla di fisico o di esteriore (politico o tecnologico non fa differenza) che possa tenere veramente uniti gli esseri umani a prescindere dalla loro *libertà di coscienza*.

Bibliografia su Amazon

Attualità:
La resa (marzo-giugno 2023)
La linea rossa (dicembre 2022-marzo 2023)
Multipolare 2022 (luglio-dicembre 2022)
La guerra totale (maggio-giugno 2022)
Il signore del gas (aprile-maggio 2022)
La truffa ucraina (gennaio-marzo 2022)
Diario di Facebook (2017-2020)
Diario di Facebook (gen-mar 2021)
Diario di Facebook (apr-dic 2021)

Memorie:
Sopravvissuto. Memorie di un ex
Grido ad Manghinot. Politica e Turismo a Riccione (1859-1967)

Storia:
L'impero romano. I. Dalla monarchia alla repubblica
L'impero romano: II. Dalla repubblica al principato
Homo primitivus. Le ultime tracce di socialismo
Cristianesimo medievale
Dal feudalesimo all'umanesimo. Quadro storico-culturale di una transizione
Protagonisti dell'Umanesimo e del Rinascimento
Storia dell'Inghilterra. Dai Normanni alla rivoluzione inglese
Scoperta e conquista dell'America
Storia della Spagna
Il potere dei senzadio. Rivoluzione francese e questione religiosa
Cenni di storiografia
Herbis non verbis. Introduzione alla fitoterapia

Arte:
Arte da amare
La svolta di Giotto. La nascita borghese dell'arte moderna

Letteratura-Linguaggi:
Letterati italiani
Letterati stranieri
Pagine di letteratura
Pazìnzia e distèin in Walter Galli
Dante laico e cattolico
Grammatica e Scrittura. Dalle astrazioni dei manuali scolastici alla scrittura creativa
Contro Ulisse

Poesie:

Nato vecchio; La fine; Prof e Stud; Natura; Poesie in strada; Esistenza in vita; Un amore sognato

Filosofia:

La filosofia ingenua

Laicismo medievale

Ideologia della chiesa latina

l'impossibile Nietzsche

Da Cartesio a Rousseau

Rousseau e l'arcantropia

Il Trattato di Wittgenstein

Preve disincantato

Critica laica

Le ragioni della laicità

Che cos'è la coscienza? Pagine di diario

Che cos'è la verità? Pagine di diario

Scienza e Natura. Per un'apologia della materia

Spazio e Tempo: nei filosofi e nella vita quotidiana

La scienza nel Seicento

Linguaggio e comunicazione

Interviste e Dialoghi

Antropologia:

La scienza del colonialismo. Critica dell'antropologia culturale

Ribaltare i miti: miti e fiabe destrutturati

Economia:

Esegeti di Marx

Maledetto capitale

Marx economista

Il meglio di Marx

Etica ed economia. Per una teoria dell'umanesimo laico

Le teorie economiche di Giuseppe Mazzini

Politica:

Lenin e la guerra imperialista

L'idealista Gorbaciov. Le forme del socialismo democratico

Il grande Lenin

Cinico Engels. Oltre l'Anti-Dühring

L'aquila Rosa. Critica della Luxemburg

Società ecologica e democrazia diretta

Stato di diritto e ideologia della violenza

Democrazia socialista e terzomondiale

La dittatura della democrazia. Come uscire dal sistema

Dialogo a distanza sui massimi sistemi

Diritto:

Siae contro Homolaicus

Diritto laico

Psicologia:

    Psicologia generale

    La colpa originaria. Analisi della caduta

    In principio era il due

    Sesso e amore

Didattica:

    Per una riforma della scuola

    Zetesis. Dalle conoscenze e abilità alle competenze nella didattica della storia

Ateismo:

    Cristo in Facebook

    Diario su Cristo

    Studi laici sull'Antico Testamento

    L'Apocalisse di Giovanni

    Johannes. Il discepolo anonimo, prediletto e tradito

    Pescatori di uomini. Le mistificazioni nel vangelo di Marco

    Contro Luca. Moralismo e opportunismo nel terzo vangelo

    Metodologia dell'esegesi laica. Per una quarta ricerca

    Protagonisti dell'esegesi laica. Per una quarta ricerca

    Ombra delle cose future. Esegesi laica delle lettere paoline

    Umano e Politico. Biografia demistificata del Cristo

    Le diatribe del Cristo. Veri e falsi problemi nei vangeli

    Ateo e sovversivo. I lati oscuri della mistificazione cristologica

    Risorto o Scomparso? Dal giudizio di fatto a quello di valore

    Cristianesimo primitivo. Dalle origini alla svolta costantiniana

    Guarigioni e Parabole: fatti improbabili e parole ambigue

    Gli apostoli traditori. Sviluppi del Cristo impolitico

Indice